कालिदास की लालित्य योजना

कालिदास की लालित्य योजना

हजारीप्रसाद द्विवेदी

राजकमल प्रकाशन

ISBN : 978-81-7178-050-1

मूल्य : ₹695

पहला संस्करण : 1970
चौथा संस्करण : 2015
This book is printed on **Print on Demand** Technology : 2026

प्रकाशक : राजकमल प्रकाशन प्रा. लि.
1-बी, नेताजी सुभाष मार्ग, दरियागंज
नई दिल्ली-110 002

शाखाएँ : अशोक राजपथ, साइंस कॉलेज के सामने, पटना-800 006
पहली मंजिल, दरबारी बिल्डिंग, महात्मा गांधी मार्ग, प्रयागराज-211 001

वेबसाइट : www.rajkamalprakashan.com
ई-मेल : info@rajkamalprakashan.com

KALIDAS KI LALITYA YOJANA
by Dr. Hazari Prasad Dwivedi

प्रथम संस्करण की भूमिका

मुझे कालिदास के सम्बन्ध में दो व्याख्यान देने का अवसर मिला था। ये व्याख्यान अलग-अलग आयोजित किए गए थे। कालिदास समारोह के समय उज्जैन में 'कालिदास की प्रसाधन-सामग्री' पर और पंजाब सरकार के भाषा-विभाग के समारोह पर 'कालिदास की लालित्य योजना' पर। इन दोनों व्याख्यानों को नये सिरे से फिर से लिखकर यह पुस्तक बनी है। चि० मुकुन्द के अत्यन्त आग्रह के कारण ही इन व्याख्यानों को नया रूप दे सका। परन्तु यदि चि० पुरुषोत्तम ने रात-दिन करके लिखा न लिया होता तो कदाचित् ये यूँ ही पड़े रहते। इसलिये इस पुस्तक को प्रकाश में आने का श्रेय इन दोनों आयुष्मानों को ही है। पुस्तक अनेक विघ्न-बाधाओं को पार करके अब प्रकाशित हो रही है, यह मेरे लिए सन्तोष की बात है परन्तु वास्तविक परितोष तो तभी होगा जब वह सहृदय पाठकों को कुछ आकृष्ट करने में समर्थ होगी। जिन दो समारोहों की ऊपर चर्चा की गई उनके आयोजकों का हृदय से कृतज्ञ हूँ। उन्हीं की प्रेरणा से कुछ इस दिशा में सोचने का अवसर मिला। फिर जिन विद्वानों की कृतियों से सहायता ली गई उनके प्रति भी आभार प्रकट करता हूँ। यदि इस प्रयास में कालिदास की लालित्य योजना के प्रति सहृदयों की कुछ जिज्ञासा उद्बुद्ध हुई तो इसे सार्थक मानूंगा।

—हजारीप्रसाद द्विवेदी

अनुक्रम

राष्ट्रीय कवि कालिदास

कवि तो बहुत होते हैं पर ऐसे कवि कम ही होते हैं जिन्हें राष्ट्र की समग्र सांस्कृतिक चेतना को अभिव्यक्ति देने की कला पर अधिकार होता है। कालिदास ऐसी ही राष्ट्रीय सांस्कृतिक चेतना को मूर्ति देनेवाले महान् कवि हैं। भारतवर्ष के ऋषियों, सन्तों, कलाकारों, राजपुरुषों और विचारकों ने जो कुछ उत्तम और महान् दिया है, उसके सहस्रों वर्ष के इतिहास का जो कुछ सौंदर्य हैं, उसने मनुष्य को पशु-सुलभ धरातल से उठाकर देवत्व में प्रतिष्ठित करने की जितनी विधियों का संधान किया है उन सबको ललित-मोहन और सशक्त वाणी देने का काम कालिदास ने किया है। किसी पुराने कवि ने कालिदास का परिचय देते हुए कहा था कि मैं जब सच्चे कवियों की गिनती करने लगता हूँ तो कनीनिका (सबसे छोटी उँगली) पर पहला नाम कालिदास आता है, पर दूसरे नम्बर पर अनामिका नामक उँगली है जिस पर कोई और नाम सूझता ही नहीं, क्योंकि आज तक उस टक्कर का कोई दूसरा कवि हुआ ही नहीं, यह देखकर लगता है कि इस उँगली का नाम जो 'अनामिका' अर्थात् बिना नाम की उँगली दिया गया है सो बिल्कुल ठीक ही है—

पुराकवीनां गणनाप्रसङ्गे कनिष्ठिकाधिष्ठितकालिदासः।
अद्यापि तत्तुल्यकवेरभावादनामिका सार्थवती बभूव॥

यह बात बहुत दूर तक सत्य है। भारतवर्ष बहुत विशाल देश है—स्थान में भी और काल में भी। यह विशाल भूखण्ड भौगोलिक दृष्टि से सब प्रकार से एक अविभाज्य इकाई है। उत्तर में पर्वतराज हिमालय दोनों भुजाओं से पूर्व और पश्चिम समुद्र को छूता हुआ इस प्रकार छाया हुआ है मानो पृथ्वी का मानदंड हो। कालिदास ने कहा है—"अस्त्युत्तरस्यां दिशि देवतात्मा हिमालयो नाम नगाधिराजः। पूर्वापरौ तोयनिधीवगाह्य स्थितः पृथिव्या इव मानदण्डः।" हिमालय के प्रदेशों को कालिदास ने देवभूमि कहा है—पितुः प्रदेशास्तव देवभूमयः और हिमालय पर्वत को देवतात्मा। रघुवंशियों ने जिस विशाल देश पर शासन किया था वह कालिदास की भारतभूमि है। उन्होंने उसका वर्णन करते हुए कहा

है—आसमुद्रक्षितीशानाम्—समुद्र तक फैली हुई पृथ्वी के शासक। सो, देवतात्मा नगाधिराज हिमालय द्वारा विभाजित समुद्र-मेखला भारतभूमि ही वह महान् राष्ट्र है जो कालिदास की वाणी में अपने सम्पूर्ण आध्यात्मिक और आधिभौतिक वैभव के साथ प्रकट हुआ है। इतिहास में तो यह देश और भी विपुल और विचित्र है। कालिदास के आविर्भाव-काल तक बाहर से अनेक मानवमंडलियाँ इस देश में आ चुकी थीं। कुछ आक्रामक रूप में आईं और कुछ इस देश की उर्वराभूमि में बस जाने की कामना से आईं। उनके विविध प्रकार के आचार-विचार, नृत्य, गीत, उत्सव-आयोजन आदि ने इस महान् देश की जनमंडली के वैचित्र्य में वृद्धि की थी। ये मानवमंडलियाँ इस देश का अंश बन गईं। यहाँ के मनीषियों के आध्यात्मिक विचारों से वे प्रभावित हुईं परन्तु इस देश की रहन-सहन को प्रभावित करने में भी समर्थ हुईं। यह देश मानो विधाता की ओर से ही समस्त धर्म और संस्कृतियों का संगमस्थल बनाया गया था। नाना आचार-विचारों और विश्वासों की मिलनभूमि होने के कारण इस देश की संस्कृति में अनेक प्रकार के वैचित्र्य आए। काव्य में, चित्र में, मूर्ति में, वास्तु में, नृत्य-गीत-वादित्र में और नाटक आदि चाक्षुष कलाओं से नवीन बातों का समावेश होता गया और एक प्रकार की प्रच्छन्न गतिशीलता का प्रादुर्भाव हुआ। इस बहु-विचित्र जनमंडली के सर्वोत्तम को रूप—ललित रूप—देना बड़ी मर्मभेदिनी दृष्टि और अर्थग्राहिका शक्ति का परिचायक है। कालिदास में यह शक्ति पूरी मात्रा में थी। इसीलिए वे सम्पूर्ण राष्ट्रीय चेतना को ललित रूप देने में कृतकार्य हुए।

कालिदास जिस युग में आविर्भूत हुए थे उसके पहले भारतवर्ष के अनेक महिमान्वित शास्त्रों का उद्घोष हो चुका था, कई धार्मिक और आध्यात्मिक आन्दोलनों का उद्भव और विलय हो चुका था, अनेक कलाएँ प्रौढावस्था को प्राप्त कर रूढिबद्धता की ओर अग्रसर हो चुकी थीं। वैदिक कर्मकाण्ड एक ओर उपनिषदों के अद्वैतवाद और दूसरी ओर बौद्ध और जैन धर्म के वेदविरोधी आन्दोलनों की प्रतिक्रिया का सामना कर चुका था, रामायण और महाभारत के शक्तिशाली कथा-साहित्य के बाद पौराणिक और निजन्धरी कथाओं का विपुल साहित्य निर्मित हो चुका था, ब्राह्मण ग्रंथों के प्रतिपादित कर्मकाण्ड-प्रधान धर्म के बाद अन्तरात्मदर्शन के पक्षपाती सांख्य और योग के दार्शनिक सिद्धान्त जड़ जमा चुके थे, यवन शिल्पों का प्रवेश और तज्जन्य शक्तिशाली प्रतिक्रिया का उन्मेष हो चुका था, भारतवर्ष नयी राष्ट्रीयता के उत्साह से भरपूर था। उपनिषदों से ज्ञानमार्गी अद्वैत साधना का, रामायण से मानवीय आदर्शों

से मुखरित आदर्शवाद का, महाभारत से बौद्धिक 'चरित्र विकास का, धर्मसूत्रों और स्मृतियों से ब्राह्मण धर्मानुमोदित आचारसंहिता का, पुराणों से विभिन्न मानव-मण्डलियों में परिव्याप्त मिथक कल्पना के समृद्ध तत्त्वों का, भरत मुनि के नाट्यशास्त्र से नाटकीय व्यवस्था का, पाशुपत आगमों से सृष्टि-रहस्य का, सांख्य-योग से अन्तःकेन्द्रित चित्समाधि का सार लेकर उन्होंने अपना जीवन-दर्शन रूपायित किया था। 'कुमारसंभव' में पार्वती के मनोहर रूप का वर्णन करते हुए उन्होंने लिखा था कि ऐसा जान पड़ता है कि ब्रह्मा संसार का संपूर्ण सौन्दर्य एक ही स्थान पर देखना चाहते थे, इसीलिये उन्होंने उपमा देने के लिए व्यवहृत होने वाली सभी वस्तुओं को यत्नपूर्वक एकत्र कर उनके सौन्दर्य को यथास्थान विनिवेशित करके पार्वती का निर्माण किया था—

सर्वोपमाद्रव्यसमुच्चयेन यथाप्रदेशं विनिवेशितेन ।
सा निर्मिता विश्वसृजा प्रयत्नादेकस्थसौन्दर्यदिदृक्षयेव ॥

ठीक यही बात कालिदास की कविता के बारे में कही जा सकती है। भारतीय धर्म, दर्शन, शिल्प और साधना में जो कुछ उदात्त है, जो कुछ दृप्त है, जो कुछ महनीय है, और जो कुछ ललित और मोहन है उनका प्रयत्न-पूर्वक सजाया-सँवारा रूप कालिदास का काव्य है। यही कारण है कि सैकड़ों वर्ष तक उनकी कविता ने हमारे इस महान् देश को आनन्द और प्रेरणा दी है। वाल्मीकि और व्यास की कविता के समान ही उनकी कविता भी शक्ति-शाली और महनीय चरित्रों की सृष्टि करने में समर्थ हुई है। सुकुमारता के साथ सुशीलता का, मानसिक मृदुता के साथ चारित्रिक दृढ़ता का, अपार वैभव के साथ विपुल वैराग्य का—सौन्दर्य के साथ धर्म का—ऐसा मणिकाञ्चन योग संसार के साहित्य में विरल है। पार्वती का रूप-वर्णन करते समय उन्होंने मानो अपनी कविता के रूप की ही बात कही थी—'ध्रुवं वपुः काञ्चन पद्मधर्मि यन्मृदु प्रकृत्या च संसार मेव च। (पार्वती का शरीर काञ्चन पद्मधर्मी था, वह प्रकृति से ही जितना मृदु था उतना ही संसार भी था)। योगिराज श्री अरविंद ने लिखा है कि "उनकी काव्य-सृष्टि रूप, शब्द, रस, घ्राण, स्पर्श, स्वाद और कल्पना के आनन्दों के ताने-बाने से बनी हुई है। इसमें उन्होंने भावात्मक, बौद्धिक, रसात्मक आदर्श के अत्यन्त मनोज्ञ कुसुम उगा दिए हैं। उनकी काव्य-रचना की दृश्यावली शोभन वस्तुओं की मनोरम स्वर्गस्थली है। उन सभी में पार्थिव सुषमा के केवल एक अधिनियम का शासन है। नैतिकता, रसमय बना दी गई है; बुद्धि सौन्दर्य-भावना से ओतप्रोत और शासित हो गई है; और फिर भी, वह कविता मन

के दुर्बल द्रव में नहीं सन्तरण करती, ऐन्द्रिय विवशता में घुल-मिलकर अपनी सत्ता विलीन नहीं कर देती। इन्द्रियपरक सामान्य कविता के समान अपने ही माधुर्य से छककर यह कविता-कामिनी निद्रालस पलकों और घुँघराले केशों और शिथिल चरित्र के भार से बोझिल नहीं हो गई है। कालिदास अपनी शैली के परिमार्जन, पदावली की सटीकता एवं शक्तिमत्ता, तथा अपनी सतर्क कलात्मक जागरूकता के कारण इस दुर्बलता से बच गए हैं।" परन्तु कालिदास के विषय में और भी आगे बढ़कर कहा जा सकता है कि उन्होंने सहजात मानस-विकारों का उदात्तीकरण किया है, उसे विलासिता से ऊपर उठाकर अध्यात्म तक पहुँचाया है। उन्होंने रूप को पार्थिव जड़ता से मुक्त किया है। शिवजी के मुख से उन्होंने पार्वती से कहलवाया है—हे पार्वति, यह जो कहा जाता है कि सुन्दर रूप पापवृत्ति के लिए नहीं हुआ करता वह वचन आज सत्य सिद्ध हुआ है—'यदुच्यते पार्वति पापवृत्तये न रूपमित्यव्यभिचारि तद्वचः।' कविवर रवीन्द्रनाथ ने ठीक ही कहा है कि "कालिदास ने अनाहूत प्रेम के उन्मत्त सौन्दर्य की उपेक्षा नहीं की है; उसे तरुण लावण्य के समुज्ज्वल रंगों से चित्रित किया है। किन्तु इसी उज्ज्वलता में उन्होंने अपना काव्य समाप्त नहीं किया महाभारत के सारे कर्मों का अवसान जैसे महा प्रस्थान में हुआ, वैसे ही 'कुमारसम्भव' में सारे प्रेम का वेग मंगल-मिलन में समाप्त हुआ है।······कठिन तप और दुःसह विरह-व्रत द्वारा जो मिलन सम्पन्न हुआ है उसकी प्रकृति ही भिन्न है। यह मिलन, सौन्दर्य के सारे बाहरी आडम्बरों को छोड़कर, निर्मल वेश में कल्याण की कमनीय दीप्ति से जगमगा उठा है।" शकुन्तला नाटक की भी यही कहानी है। कुमार-सम्भव और शकुन्तला दोनों में ही अनाहूत रूपासक्ति भस्म होती है और तपस्या की ज्योति से विशुद्ध प्रेम के रूप में अभिव्यक्त होती है। रूपासक्ति का अविचारित आक्रमण, काम है; तपस्या द्वारा शोधित उसकी निर्मल कान्ति, प्रेम है। कालिदास ने भारतीय मनीषा के सुचिन्तित तत्त्ववाद को मोहन रूप दिया है।

कुमारसम्भव की ब्रह्मा-स्तुति और रघुवंश की विष्णु-स्तुति में कालिदास ने उपनिषदों का सार दे दिया है। भारतवर्ष के तत्त्वचिन्तन की ऐसी मनोरम प्रतिमा अन्यत्र दुर्लभ है।

कहने का अभिप्राय यह है कि कालिदास की वाणी से भारतवर्ष का महान्, उदात्त, और शान्तशोभन रूप मुखरित हुआ है। उन्होंने भारतवर्ष की अन्तरात्मा को वाणी दी है। उस वाणी में इस देश की अपूर्व मनीषा और महान् जीवन आदर्शों को रूप मिला है। वे सही अर्थों में हमारे राष्ट्रीय कवि हैं।

आज संसार के मनीषी कालिदास की इस महिमा को स्वीकार करते हैं। राजशेखर ने 'काव्यमीमांसा' में तीन प्रकार के कवियों की चर्चा की है—कुछ ऐसे होते हैं जिनकी कविता अपने घर तक ही सीमित रह जाती है, कुछ ऐसे होते हैं जिनकी रचना मित्रमण्डली तक पहुँच जाती है, परन्तु ऐसे कृती कवि थोड़े ही होते हैं जिनकी कविता सभी के मुखों पर पदन्यास करती हुई विश्व-कुतूहली की भाँति दुनिया-भर में फैल जाती है—

एकस्य तिष्ठति कवेर्गृह एव काव्यमन्यस्य गच्छति सुहृद्भवनानि यावत्।
न्यस्याविदग्धवदनेषु पदानि शश्वत् कस्यापि संचरति विश्वकुतूहलीव ॥

कालिदास की कविता ऐसी ही है। वह आज सारे संसार के सहृदयों को मुग्ध बना रही है पर यह नहीं भूला जा सकता कि उसमें भारतवर्ष का जो-कुछ सर्वोत्तम है, उसी का स्वर गूंज रहा है।

कालिदास की रचनाएँ

कालिदास कब इस देश में उत्पन्न हुए, इस विषय में पंडितों में मतभेद है। परम्परा-क्रम से उन्हें सन् ईसवी के पूर्व की प्रथम शताब्दी का कवि माना जाता है, परन्तु आधुनिक विद्वान् उन्हें गुप्तकाल का कवि मानने लगे हैं। यद्यपि उनके समय, जन्म-स्थान, कुल-गोत्र आदि के बारे में विद्वानों में बहुत मतभेद हैं पर इस बात से किसी का मतभेद नहीं है कि वे हमारे देश के शीर्षस्थानीय कवियों में हैं। वाल्मीकि ग्रौर व्यास के बाद आसेतु हिमाचल जो कवि सबसे अधिक सम्मान-भाजन है वह कालिदास ही हैं। नये और पुराने आलोचक उन्हें निश्चित रूप से भारत का श्रेष्ठ कवि मानते हैं। उनके सात ग्रंथ प्रामाणिक माने गए हैं जिनमें तीन नाटक हैं और चार काव्य। तीन नाटकों के नाम हैं---मालविकाग्निमित्र, विक्रमोर्वशीय, और अभिज्ञान-शाकुन्तल। चार काव्य हैं---ऋतुसंहार, मेघदूत, रघुवंश और कुमारसम्भव। कुमारसम्भव के केवल आठ सर्ग ही प्रामाणिक समझे जाते हैं। इन नाटकों और काव्यों में कालिदास ने भारतवर्ष की समूची साधना का निचोड़ रख दिया है। सम्पूर्ण भारतवर्ष इनका सम्मान करता है। बहुत प्राचीन काल से ही उन्हें राष्ट्रीय कवि की मर्यादा मिली हुई है। उनकी महिमा के बारे में कभी भी संदेह नहीं किया गया है। सैकड़ों वर्ष तक कालिदास ने भारतीय मनीषा को प्रेरणा दी है और आज भी दे रहे हैं। विभिन्न रुचि के विद्वानों ने विभिन्न दृष्टिकोणों से इस महान् कवि के साहित्य का अध्ययन किया है। अब भी वह प्रक्रिया चल रही है। चलती भी रहेगी। इस पुस्तक में उनकी लालित्य-योजना पर विचार करने का प्रयास किया गया है।

परन्तु इस विषय में विचार करने के पूर्व संक्षेप में उनकी कृतियों का परिचय पा लेना आवश्यक है। आगे यही प्रयास किया जा रहा है।

ऋतुसंहार

विद्वानों ने 'ऋतुसंहार' को कालिदास की आरम्भिक कृति माना है। कुछ तो ऐसे लोग भी हैं जो इसे कालिदास की कृति मानना ही नहीं चाहते। इसका

कारण यह बताया जाता है कि यह कविता कालिदास के अन्य ग्रन्थों में पाई जाने वाली नैतिक विशेषताओं से बिल्कुल शून्य है। इसमें किसी प्रकार का वैचित्र्य नहीं है और किसी प्रकार का जीवन-दर्शन इसमें अभिव्यक्त नहीं हुआ है। कालिदास के प्रसिद्ध टीकाकार मल्लिनाथ ने इस ग्रंथ पर टीका भी नहीं लिखी। यह भी इन विद्वानों के लिए एक ऐसा पक्का प्रमाण है जो यह सिद्ध करता है कि ऋतुसंहार कालिदास की रचना नहीं है। परन्तु अधिकतर विद्वान् इस मत को स्वीकार नहीं करते। अधिक-से-अधिक वे इतना मानने को तैयार हैं कि यह उनकी आरम्भिक कृति है।

निस्संदेह यह काव्य कालिदास के ही हाथ का लिखा हुआ है। इसकी भाषा, इसकी सहज प्रसन्न शैली और जीवन-रस के प्रति इसमें अभिव्यक्त उल्लास-मुखर मनोभाव निश्चित रूप से बताते हैं कि यह कालिदास की ही रचना है।

'ऋतुसंहार' में ऋतुओं का बड़ा ही मार्मिक वर्णन है। यहाँ प्रकृति कोई तटस्थ बाहरी सत्ता नहीं है बल्कि मनुष्य की आशा-आकांक्षा के साथ निरन्तर ताल मिलाकर चलने वाली वैसी ही अविच्छेद्य संगिनी है जैसी वह कालिदास के अन्य ग्रन्थों में मिलती है। कठोर ग्रीष्म हो या कोमल वसंत, आह्लादायिनी वर्षा हो या वेधक हेमंत, अनुराग-प्रबोधक शरत् हो या मुरझा देने वाला शिशिर, सर्वत्र प्रकृति मनुष्य की सहचरी के रूप में आती है, उसके अनुराग को दीप्त करती है, वियोग को उकसा देती है, आकांक्षा को तीव्र बनाती है और रमणेच्छा को उद्दीप्त करती है। युवक और युवतियों का विलास प्रकृति के साहचर्य से सौगुना वर्धित होकर प्रकट होता है। यद्यपि ग्रीष्म के दिन बड़े ही कष्टदायक होते हैं तथापि चन्द्रकिरणों से चमकती हुई रात्रियाँ विलासी और विलासिनियों के प्रेम में नवीन प्राण-शक्ति का सञ्चार करते हैं। इस भयंकर गर्मी में कमलों से भरे हुए और खिले हुए पाटल की गन्ध में बसे हुए जल में स्नान करना बहुत सुहाता है, चन्द्रमा की चाँदनी और मोतियों के हार सुख देते हैं। कालिदास विलासियों को आशीर्वाद देते हैं कि यह ऋतु तुम्हारे लिए, आनन्ददायक हो, ऐसा हो कि महल की ऊपरी छत पर ललित गीत के साथ सुन्दरियाँ आपका इस ऋतु में मनोविनोद करें।

कमलवनचिताम्बु-पाटलामोदरम्यः
सुखसलिलनिषेकंसेव्यचन्द्रांशुहारः ।
व्रजतु तव निदाघः कामिनीभिः समेतो
निशि सुललितगीते हर्म्यपृष्ठे सुखेन ॥

इसी प्रकार जल की फुहारों से भरे हुए बादलों के मतवाले हाथी पर चढ़ा हुआ, बिजली की पताका फहराता हुआ, बादलों की गरज के नगाड़े बजाता हुआ पावस राजसी ठाट-बाट से पृथ्वी पर उतरता है। हरिणियों के मुँह की कुतरी हुई हरी-हरी घासों और नई कोंपलों वाले वृक्ष वनस्थली को आकर्षक बना देते हैं और अभिसारिकाएँ गरजते हुए बादलों से घनघोर बनी हुई रात्रि में भी अपने प्रेमियों का प्रसादन करने निकल पड़ती हैं और जो लोग परदेश में गए हुए हैं उनकी प्रियाएँ माल्य आभरण एवं अनुलेपन आदि छोड़कर उदास हो जाती हैं। नई केसर, केतकी और कदम्ब के नये फूलों की मालाएँ गूँथकर विलासिनियाँ अपने जूड़ों में बाँधती हैं और ककुभ के फूलों का झुमका कानों में पहन लेती हैं। वर्षा का मनोरम मेघ-गर्जन, चमकती विद्युल्लता, उमड़ते सरोवर, उल्लोल नदियाँ, कदम्ब और केसर आदि के फूल, धरती पर छाई हुई लाल-लाल वीरबहूटियाँ, मयूरों का उन्मद नर्तन, चातकों की व्याकुल पुकार, हंस-बलाकाओं का सोत्कंठ अभिसार—सब-कुछ विलासियों के लिए उत्तेजक मनोभाव और अननुभूत तृप्ति प्रदान करते हैं।

और लो, यह काँस के वस्त्र पहने, प्रफुल्ल कमल के समान सुन्दर मुखवाली, उन्मत्त हंसों की ध्वनि का नुपूर पहने, पके हुए धान-से मनोहर शरीर वाली, शरत् ऋतु नववधू के समान धरती पर उतर आई। धरती काँस की झाड़ियों से, रात्रियाँ ठंडी किरण वाले चन्द्रमा से, नदियों का पानी हंसों से, वनान्त सप्तच्छद पुष्पों से और उपवन मालती-सुमनों से सफेद हो गया। स्त्रियाँ अपनी घनी, घुँघराली, काली लटों में नवमालती की माला धारण करने लगीं और काञ्चन-कुण्डल के स्थान पर कानों में नील कमल पहनकर खिल उठीं। विलासिनियों ने मोतियों की माला, चन्दन रस, रशनाकलाप, और कलनुपूरों से प्रेमियों का चित्त हरण करना शुरू कर दिया। कुमुदों के पुष्प, निर्जल सफेद बादलों की पंक्ति, निर्मल आकाश और स्वच्छ चन्द्रमा अनुराग को सौ-सौ गुना बढ़ाने लगा। कालिदास यहाँ भी विलासियों को आशीर्वाद देते हैं कि ऐसा हो कि यह विकच-कमलमुखी, फुल्लनीलकमलनयना, नवीन काशकुसुम-वसना, कुमुदरुचिरकान्ति यह शरदवधू कामिनी की भाँति तुम्हारे चित्त में अनुराग की नयी उमंगें तरंगित करे। यह आशीर्वाद हर ऋतु के प्रसंग में आता है।

फिर हेमन्त भी वैसा ही मनोरम है। नये शस्यों के अंकुर निकल आए, कामिनियों के मुख को उज्ज्वल बनाने वाले पुष्प पराग का जनक लोध्रकुसुम खिल उठा, धान पक गए, कमल मुरझा गए और हेमन्त काल आ गया।

कामिनियों ने नये वस्त्र धारण किए, नये गहने पहने और प्रेमियों के चित्त में उन्माद की झंझा बह गई। इसी प्रकार शिशिर काल भी युवकों और युवतियों के चित्त में उन्माद संचार करता है। यह ऐसा काल है कि कामिनियाँ कनक-कमल के समान मनोहर लाल-लाल सुन्दर अधरों वाले, कान तक फैले हुए, रतनार शोभा वाले नेत्रों वाले मनोहर मुखों से ऐसी शोभा उत्पन्न करने लगीं कि ऐसा जान पड़ता है जैसे घर-घर में आकर लक्ष्मी बैठ गई हो।

और अन्त में, वसंत आता है। वसंत क्या आया, प्रफुल्ल आम्रमंजरियों के पैने बाण लेकर, भ्रमरावली की प्रत्यंचा वाले धनुष पर उन्हें सन्धान करके युवक प्रेमियों के चित्त को वेध देनेवाला कोई योद्धा ही आ पहुँचा। अद्भुत है यह वसंत! सब प्रकार से सुन्दर वृक्ष फूलों से लद गए, तालाबों में कमल खिल उठे, पवन में सुगन्धि आ गई, स्त्रियों में अनुराग-भावना संचरित हुई, सन्ध्या सुखदायक हो गई और दिन रमणीय हो उठे। पुराने मोटे कपड़े छोड़ दिए गए, कुंकुमराग से रञ्जित महीन साड़ियाँ शरीरों पर जगमगा उठीं और प्रमदाएँ कानों में कर्णिकार, चंचल अलकों में अशोक तथा कबरी में नवमल्लिका की माला पहनकर घरों में "जगर-मगर द्युति" फैलाने लगीं। कूजते हुए भौंरे, कूकते हुए कोकिल, पुष्पित शाखा वाले आम्र वृक्ष, लाल-लाल पलाश, अनुरागियों के चित्त को चंचल बनाने लगे। सारा-का-सारा वसंत काल जिसमें संध्याकाल रमणीय है, चन्द्रमा की ज्योत्स्ना में चटक आ गई है, कोकिलों की कूक में मस्ती आ गई है, पवन सुगन्धित हो उठा है, मत्त भ्रमर गली-गली घूमने लगे हैं, फूलों के बाण धारण करने वाले प्रेम देवता का रसायन ही हो उठा है।

इस प्रकार 'ऋतु संहार' अनुराग की अग्नि को प्रदीप्त करने वाला काव्य है। पुष्प, लता, वृक्ष, पक्षी, नदी, सरोवर, आकाश, चन्द्रमा सभी युवजनोचित अनुराग को उद्दीप्त और मादक बनाते हैं। कालिदास ने इसमें किसी प्रकार जीवन-दर्शन तो नहीं दिया परन्तु सारा काव्य मादक जीवन-रस से परिपूर्ण है।

मेघदूत

'मेघदूत' कालिदास का अत्यधिक लोकप्रिय काव्य है और इसमें कोई संदेह नहीं कि वह बहुत सधे हाथों की रचना है। यह विरह का काव्य है। कर्तव्य से च्युत होने पर अपने स्वामी कुबेर द्वारा अभिशप्त एक यक्ष निर्वासित होकर रामगिरि पर आश्रय लेता है। उसे केवल सालभर के लिए ही निर्वासित होना पड़ा है। साल के कुछ महीने तो वह जैसे-तैसे काट लेता है पर मेघों के घन-

घुम्मर काल में उसका चित्त व्याकुल हो जाता है और मेघ को ही दूत बनाकर वह अपनी प्रिया के पास संदेश भेजता है। कहानी बस इतनी-सी ही है, परन्तु कालिदास ने इतने ही में प्रकृति के प्रति अपने गाढ प्रेम को यक्ष के माध्यम से वियोग-व्याकुल भाषा में मुखर किया है। रामगिरि से अलकापुरी के मार्ग में विभिन्न स्थानों का वर्णन करते हुए उन्होंने मनुष्य के चिरन्तन विरह-व्याकुल भाव को ऐसी शक्तिशाली अभिव्यक्ति दी है कि संसार में यह काव्य अद्वितीय स्थान का अधिकारी माना जाने लगा है। यद्यपि यक्ष देवयोनि का व्यक्ति है तथापि उसको बहाना बनाकर कालिदास ने मनुष्य के व्याकुल भावों को प्राणवन्त भाषा में प्रकट किया है। पद-पद पर प्रकृति इस मनोभाव के साथ सहानुभूति दिखाती है, उसे सहारा देती है, सहलाती है, शामक मलहम लगाती है।

मेघ को दूत बनाने का कोई तुक है? धूम-ज्योति-सलिल और मरुत् का संनिपात जड़ मेघ भला वह काम कर सकता है जो चतुर जीवन्त मनुष्य का करणीय है? कालिदास इसका समाधान करते हुए कहते हैं कि मेघों का दिखाई दे जाना कुछ ऐसा रहस्यमय व्यापार है कि जो लोग प्रियजन के साथ गले मिले रहते हैं वे भी, सुखी होकर भी, न जाने क्यों उत्कण्ठित हो उठते हैं, वियोगी की तो बात ही क्या है? कोई नहीं जानता कि मेघों के घुमड़ने से यह औत्सुक्य भाव क्यों आता है। देवयोनि का यक्ष भी व्याकुल हो उठा, उसका चेतन-अचेतन का विवेक जाता रहा। प्रकृति मनुष्य के जीवन को किसी पर्दे के अन्तराल से प्रभावित करती रहती है। मेघ को वह अपने परम हितू सखा के रूप में देखता है। उसकी खुशामद करता है, अनुकूल बनाने के लिए प्रयत्न करता है, प्रलोभन देता है और मन-ही-मन मान लेता है कि अब मेघ उसकी बात अवश्य मानेगा। माने भी क्यों नहीं। सारी सृष्टि उसकी सहानुभूति पाने को तरसती है। वह सन्तप्त लोगों का शरणदाता है, प्रेमिकाएँ आँख बिछाकर उसकी प्रतीक्षा करती हैं, हंस-बलाका की कतारें उसके दर्शनमात्र से व्याकुल होकर उसके पीछे भागने लगती हैं, धरती की गुप्त अभिलाषा अंकुरों के रूप में फूट पड़ती है, नदियाँ उसके मधुर मिलन के लिए उच्छ्वसित हो उठती हैं, पर्वत इस वरणीय अतिथि के स्वागत के लिए रोमाञ्चित हो उठते हैं—जड़ चेतन सभी में उसके दर्शन से रहस्यमयी व्याकुलता जाग उठती है। सबके चित्त को औत्सुक्य-व्याकुल करने वाले मेघ से अधिक उपयुक्त सन्देश-वाहक कौन हो सकता है?

यद्यपि मेघ को रास्ता बताने के बहाने ही सब-कुछ बताया जाता है पर कालिदास की इन्द्रजाली भाषा और शैली भविष्य में होनेवाली घटनाओं को

आँखों के सामने प्रत्यक्ष कर देती हैं। मेघ जब यक्ष-संदेश लेकर उड़ेगा तो जो होगा वह प्रत्यक्ष होकर सामने आ जाता है। उसके श्रवण-सुभग गर्जन और नयन-सुभग रूप की महिमा अपरम्पार है। भ्रू-विलास से अनभिज्ञ ग्राम-युवतियाँ उसे स्निग्ध दृष्टि से देखती हैं, क्योंकि वही उनकी कृषि को सफल बनाता है, रेवा नदी उसे सिर-आँखों उठा लेती है, कदम्ब के पुष्प उसकी सूचनामात्र से रोमांच-कंटकित हो जाते हैं, ग्रीष्मताप-दग्ध वनस्थली मुकुलित हो उठती है, हिरण धमाचौकड़ी मचा देते हैं, सिद्धों और विद्याधरों में प्रियमिलन की अभिलाषा गाढ़ हो उठती है, मयूरियाँ आँसू-भरे नयनों से स्वागत करती है, पर्वतों पर उल्लास छा जाता है। मेघ को रास्ता बताते समय कालिदास विदिशा ले जाते हैं जहाँ वेत्रवती के भ्रूभङ्ग-मनोहर मुख का चुम्बन उसे सुलभ होता है, नीचैः नामक पहाड़ियों पर पहुँचाते हैं जहाँ के शिलावेश्म (पत्थर के घर) विलासिनियों की मुख-मदिरा की महक उगलते रहते हैं, फूल चुनने वाली मालिनियों के बीच उपस्थित करते हैं जिनके श्रमबिन्दुओं के मार्जन करने का सुख उसे अनायास मिल जाता है और तब फिर अपनी प्रिय नगरी उज्जयिनी में ले जाते हैं। यह सब रास्ता बताने के बहाने होता है। उज्जयिनी के विशाल हर्म्यों की सुंदरियों के लोल अपांग चितवन और निर्विन्ध्या के चटुल तरंगों से अभिव्यक्त अनुरागभाव का प्रलोभन देकर कालिदास ने मेघ को इस समृद्धिशाली नगरी में जाने को राजी किया है। अद्भुत है यह नगरी, मोहिनी है उसकी माया ! मेघ के पहुँचते ही सारसों का कलकूजन और भी व्याकुल हो उठता है, प्रातःकालीन कमल पुष्पों की सुगन्धि से आमोदित और शिप्रा तरंगों से शीतलित पवन अधीर प्रेमियों के समान चंचल और चाटुकार दिखाई देने लगता है, केश संस्कार के लिए सुन्दरियों द्वारा आयोजित धूप-धूम खिड़कियों से निकलकर मेघ को मोटा-ताजा बना देते हैं, भवन मयूर उन्मत्त-नर्तन से उसका स्वागत करते हैं, उसे भवन की ऊँची अटारियों पर विश्राम करने का उचित स्थान मिलता है। कालिदास यहाँ महाकाल का स्मरण करना नहीं भूलते। उज्जयिनी विचित्र विरोधों का सामंजस्य करके विराजमान है। एक ओर वहाँ भक्तों की आराधना है तो दूसरी ओर अभि-सारिकाओं की साहसिक मिलन-यात्रा। इस प्रकार नदियों, पर्वतों, नगरियों और अरण्यानियों को औत्सुक्य-चंचल बनाता हुआ, सबको रसमय करता हुआ और सबका रस लेता हुआ मेघ अलकापुरी की ओर अग्रसर होगा। मेघदूत के पूर्वार्द्ध में कालिदास ने प्रकृति के साथ जीवमात्र के अद्भुत रहस्यमय सम्बन्ध को बड़ी ही मार्मिक भाषा में जीवंत रूप में उपस्थित किया है। यक्ष मेघ को

रास्ता बताता है और प्रकृति सम्पूर्ण महिमा के साथ व्यक्त होती जाती है।

उज्जयिनी के बाद मेघ को चर्मण्वती नदी का भावोच्छ्वसित रूप देखने को मिलेगा, वह दशपुर, ब्रह्मावर्त, कुरुक्षेत्र होता हुआ कनखल पहुँचेगा जहाँ से गंगा हिमालय से धरती पर उतरती है, फिर क्रौंचद्वार और कैलाश। सर्वत्र नदियाँ उससे मिलने को कातर हैं, वनस्थली सोल्लास स्वागत करने को प्रस्तुत है, वृक्ष और लताएं प्रतीक्षा-विह्वल अवस्था में खड़ी हैं। मेघ जिधर से होकर निकलेगा उधर ही जीवन लहरा उठेगा, अनुराग की झंझा बह उठेगी, सरस आत्मनिवेदन हिल्लोलित हो उठेगा।

वहाँ से वह अलका पहुँचेगा। वहाँ उसे यक्षप्रिया का घर खोजने में विशेष आयास नहीं करना पड़ेगा। दूर से ही उस घर का विशाल तोरण दिखेगा, मरकत शिला की सीढ़ियों वाली वह वापी दिखाई देगी जिसमें सुवर्ण कमल खिले होंगे, राजहंस हमेशा के लिए जमकर रह रहे होंगे। उस वापी के तट पर छोटा-सा तरुण मंदार वृक्ष होगा। इन्द्रनील मणियों से बना क्रीड़ा-पर्वत होगा, कुरबक पुष्पों के बेड़े से घिरा माधवी मण्डप होगा और होंगे अशोक और बकुल के पेड़ जिनमें एक तो यक्षप्रिया के सनूपुर वामचरण की ताड़ना से खिल उठने का शौकीन होगा और दूसरा उसकी मुख-मदिरा के सेचन से। वहीं कहीं सोने की वासयष्टि पर यक्षप्रिया की सारिका बैठी होगी। सब-कुछ मोहन, सब-कुछ महनीय, सब-कुछ शालीन! यक्षप्रिया को पहचानना बहुत कठिन नहीं होगा। शोभा और विलास की उस नगरी में वह अकेली विरह-व्याकुला बैठी होगी। पर रूप उसका अब भी मनोहर होगा। वह कृश हो गई होगी, केश उसके लटिया गए होंगे. चेहरा सूख गया होगा। बड़ी सावधानी से, बड़ी सुकुमारविधि से उससे उसके प्रेमी का सन्देशा सुनाना होगा। हड़बड़ी में कुछ कहने से अनर्थ हो सकता है। संदेशा भी कैसा है? पत्थर को भी गला देने वाला। वह एकान्त प्रेमी की व्याकुल व्यथा है, सन्तप्त हृदय का करुण क्रन्दन है। संदेशे में पुरानी स्मृतियाँ, नई अवस्था की दारुण वेदना है, आशाओं और आकुलताओं का समाचार है, पुनर्मिलन का आश्वासन है। कोई ऐसी बात नहीं है जो अन्य साधारण मनुष्यों के अनुभव से बाहर हो। सब-कुछ परिचित, सब-कुछ साधारण और फिर भी अनुभूति की तीव्रता से विद्ध। अनुभूति की यह तीव्रता उसमें नवीनता का संचार करती है। वह साधारण स्तर से उठकर असाधारण बनता है। कोई आश्चर्य नहीं कि लोगों ने अनुमान भिड़ाया है कि इसमें कुछ-न-कुछ कालिदास के व्यक्तिगत अनुभव अवश्य हैं।

काव्य के दो खंड हैं। पूर्व मेघ और उत्तर मेघ। इसकी योजना है—रास्ता बताने के बाद संदेशा। लेकिन कालिदास को जल्दी नहीं मालूम पड़ती। यक्ष-प्रिया का पूर्ण रूप तभी निखरकर प्रकट हो सकता है जब उसे हम संपूर्ण वातावरण की पृष्ठभूमि में देखें। अलका का मोहन प्राकृतिक दृश्य, वहाँ के लोगों की विस्मयकारी समृद्धि, वहाँ के वृक्ष, लता, सरोवर, वापी, देवालय, अधिदेवता, सबका परिचय आवश्यक है। वहाँ के कण-कण में व्याप्त मोहन सौन्दर्य, ललित कला, सुरुचिपूर्ण विलास लीला का शानदार वर्णन करके ही उस विरह-व्याकुला यक्षप्रिया के कातर दुःख को समझा जा सकता है। जहाँ आनन्द और विलास वगरे फिरते हैं, जहाँ संगीत और काव्य उच्छलित होते रहते हैं, जहाँ केवल सुख ही सुख है, वहीं एक विरहिणी व्याकुल भाव से दिन गिन रही है। यक्षप्रिया की सुकुमार चारुता के इर्द-गिर्द उल्लास तरंगित हो रहा है। मेघ को उस वातावरण में जाना है और यक्षप्रिया को उसके व्याकुल प्रेमी की बातें सुनानी हैं। रास्ते का वर्णन अग-जग में व्याप्त व्याकुल वेदना को प्रकट करता है और अलका की समृद्धि और विलास एक ओर यक्ष के हृदय में व्याप्त पूर्व-अनुभूतियों का मादक वातावरण प्रस्तुत करता है तो दूसरी ओर यक्षप्रिया के 'पानी-बिच-मीन-पियासी' पीड़ा की दारुण अवस्था का आभास देता है। सब मिलाकर मेघदूत चिरन्तन मानव-हृदय की व्याकुल वेदना को प्रत्यक्ष कराता है। उसमें कहीं भी पुरानापन नहीं है, वह सनातन है।

इस खंड काव्य में कालिदास अपने जीवन-दर्शन का थोड़ा-थोड़ा संकेत देते हैं। व्यक्ति मनुष्य के हृदय की व्याकुल वेदना को अग-जग में व्याप्त वेदना की पृष्ठभूमि में, उसी के साथ एकमेक करके निखारते हैं। कुछ भी विच्छिन्न नहीं है, कुछ भी अजनबी नहीं है, बिन्दु से लेकर पर्वत तक एक ही व्याकुल वेदना समुद्र की लहरों की तरह पछाड़ खा-खाकर लोट रही है। एक तार को छुओ और सहस्रों तार झनझना उठते हैं। सब तार मिलकर पूर्ण संगीत के निर्माण का कार्य करते हैं। नर लोक से किन्नर लोक तक एक ही व्याकुल अभिलाष भाव उल्लसित हो रहा है। मिलन स्थिति-बिन्दु है, विरह गति-वेग है। दोनों के परस्पर आकर्षण से रूप की प्रतीति होती रहती है, विचार मूर्त आकार ग्रहण करते हैं, भावना सौन्दर्य बनती है। विरह में सौभाग्य पनपता है, रूप निखरता है, मन निर्मल होता है, बुद्धि एकता का संधान पाती है।

कुमार संभव

अपने अन्यान्य काव्यों और नाटकों में कालिदास ने शिव की महिमा का

श्रद्धा विगलित भाषा में उद्घोष किया है । 'रघुवंश', 'अभिज्ञान शाकुन्तल', 'विक्रमोर्वशीय' और 'मालविकाग्निमित्र' में मंगलाचरण के रूप में शिव की वंदना की है। परन्तु 'कुमारसम्भव' में उन्होंने ऐसा करना आवश्यक नहीं समझा । यह काव्य शिव-पार्वती के विवाह और कुमार के जन्म की ही कथा कहता है। इसलिए यह समष्टि प्रेम का काव्य है। शिव कोई एक व्यक्ति नहीं बल्कि 'विश्वमूर्ति' हैं। पार्वती निखिलभूत में व्याप्त ह्लादिनी शक्ति हैं। इसलिए कवि ने इसके मंगलाचरण में केवल एक ही शब्द का प्रयोग किया है जो प्रथम श्लोक के आरम्भ में आया है—'अस्ति' अर्थात् 'है' । 'अभिज्ञान शाकुन्तल' के साथ तुलना करने पर यह बात और भी अधिक स्पष्ट हो जाती है। वहाँ अष्टमूर्ति शिव की वंदना है, अर्थात् जो शिव अपने-आपको बहुधा विभक्त करके संसार में व्याप्त हैं उनसे कल्याण प्राप्त करने की प्रार्थना की गई है। वह व्यक्ति-प्रेम का काव्य है जबकि कुमारसम्भव समष्टि-प्रेम का काव्य है। इसलिए कवि ने केवल 'अस्ति' शब्द का प्रयोग करके इंगित से यह बताने का प्रयत्न किया है कि शिव और पार्वती का प्रेम सत्ता मात्र है। वह 'है', प्रत्येक पिण्ड के भीतर मनुष्य-लोक से देवलोक तक व्याप्त महाशक्ति की प्रेम-लीला है । यह सम्भव है कि कालिदास ने अपने काव्यों में पुरुष और स्त्री के पारस्परिक आकर्षण का जो मोहक चित्रण किया है उसके कारण कुछ लोग उनके जीवन-काल में ही उन पर घोर शृङ्गारी कवि होने का दोषारोप करने लगे हों और उन्हीं आक्षेपों के उत्तर में कवि ने पुरुष और स्त्री के प्रेम को शाश्वत भूमिका पर रखकर इस महान् काव्य के प्रणयन की बात सोची हो। इस काव्य में स्पष्ट रूप से कवि ने यह घोषणा की है कि देवाधिदेव शिव ने ही पुरुष और स्त्री के रूप में अपने-आपको द्विधा-विभक्त किया है । इस पुरुष-तत्त्व और स्त्री-तत्त्व में जो पारस्परिक आकर्षण है वह भगवान् शिव की आदि सिसृक्षा का ही विलास है। एक-दूसरे की ओर आकृष्ट होकर वे उस प्रथम शिवत्व की अवस्था को ही प्राप्त करना चाहते हैं। विशुद्ध प्रेम में जो अद्वैत भावना आती है वह शिवत्व की ही अनुभूति का एक रूप है। इसी महान् उद्देश्य को दृष्टि में रखकर महाकवि ने शिव और पार्वती को सनातन पुरुषत्व और स्त्रीत्व का प्रतीक बनाया है—और यह दिखाने का प्रयत्न किया है कि शुद्ध पवित्र और सच्चा प्रेम क्या होता है। काव्य के आरम्भ में ही हिमालय का बड़ा ही महनीय रूप उपस्थित किया गया है, उसे 'देवतात्मा' कहा गया है और समस्त रत्नों और प्रसाधन-सामग्रियों की उद्भव-भूमि कहा गया है। पार्वती इसी महान् हिमालय की कन्या है। प्राण डालकर

कवि ने उनकी बाल्यावस्था से लेकर किशोरावस्था तक का मोहक चित्र प्रस्तुत किया है।

हिमालय के एक किनारे पर कैलाश पर्वत है, जहाँ शिवजी समाधि लगाकर बैठे हुए हैं। उधर तारकासुर नामक भयानक दैत्य ने देवनगरी को विध्वस्त कर दिया है। आसुरी शक्ति के सामने दैवी शक्ति पराजित हो गई है और संसार महानाश की काली छाया का शिकार हो चुका है। देवता ब्रह्मा की स्तुति करते हैं और वहीं उन्हें यह जानने को मिलता है कि शिव और पार्वती के समागम से जो पुत्र उत्पन्न होगा वही इस महान् असुर का विनाश कर सकता है। ब्रह्मा ने बताया था कि इसका केवल एक ही उपाय है कि आप लोग कोई ऐसा यत्न करें जिससे शिवजी का चित्त उमा (पार्वती) की ओर आकृष्ट हो जिस प्रकार चुम्बक से लोहा खिंच आता है। ब्रह्मा ने इसका कारण भी बताया। शिव कोई मामूली देवता नहीं हैं। वे तम के उस पार रहने वाले परम-ज्योतिस्वरूप हैं। ऐसा करना इसलिए आवश्यक था कि शिव के महान् तेज को ग्रहण करने की क्षमता एकमात्र पर्वतराज की महिमामयी कन्या पार्वती में ही है। यहीं कालिदास ने अपने महान् काव्य का उद्देश्य स्पष्ट कर दिया है। तमोगुणी आसुरी शक्ति को परास्त करने के लिए उस देवता का तेज ही काम आ सकता है जो स्वयं 'तमःपारेव्यवस्थित' है। और इस तेज को ग्रहण करने के लिए भी वैसे ही उपयुक्त पात्र की आवश्यकता है। जो कन्या स्वयं तामसिक वृत्ति की होगी वह उस तेज को ग्रहण नहीं कर सकती। महान् उद्देश्य के लिए महान् तेज को ग्रहण करने की क्षमता कोई 'तमःपारेव्यवस्थिताः' कन्या ही रख सकती है। पार्वती वही कन्या है।

समाधिस्थ शिव के चित्त में लालसा तरंगित करने का कार्य बड़ा ही कठिन है। परन्तु, देवताओं के राजा इन्द्र ने इस महान् कार्य के लिए कामदेव को चुना। स्मरण करने पर जो कामदेव उनके सामने पहुँचे वे रति-कंगन की छाप पड़े हुए गले में सुन्दर स्त्री की भौंहों के समान कमनीय धनुष कंधे पर लटकाये हुए और अपने साथी वसंत के हाथ में आम्रमंजरी का बाण देकर बगल में लिए हुए सामने आ खड़े हुए—

अथ स ललितयोषिद्भ्रूलताचारुशृङ्गं
रतिवलयपदाङ्के कण्ठमासज्य चापे।
सहचरमधुहस्तन्यस्तचूतांकुरास्त्रः
शतमुखमुपतस्थे प्राञ्जलिः पुष्पधन्वा ॥

कितना महान् उद्देश्य, कितने बड़े तेज का सामना और कितना दुर्बल साधन ? अस्तु, कामदेवता—प्रेम के इस देवता ने कैलाश पर्वत पर अपने मित्र बसंत की सहायता से अकाल में ही वसन्त का आयोजन करा दिया। जड़ और चेतन सबमें अकारण अभिलाषा की झंझा बह गई। शिव के चित्त में भी किंचित् विक्षोभ हुआ और पूजन के लिए आई हुई 'वसंतपुष्पाभरणधारिणी' पार्वती के बिम्बाफल के समान अधर वाले मुखमण्डल पर उनकी दृष्टि क्षणभर के लिए जम गई। शिव ने अपने चित्त के विक्षोभ को जानने के लिए दिक्-प्रान्त में देखा और नमेरु वृक्ष की शाखा पर छिपकर बाण-सन्धान करने वाले, शारीरिक आकर्षणजन्य प्रेम को संचरित करने वाले इस देवता की ओर देखा, उनके तीसरे नेत्र से भयानक ज्वाला निकली और कामदेव जलकर राख का ढेर बन गया।

चौथे सर्ग में काम की पत्नी रति का बड़ा ही मर्मान्तिक विलाप है। वह सती होने को तैयार हुई, लेकिन उसी समय आकाशवाणी हुई कि तुम्हारा पति थोड़े ही दिनों में तुम्हें फिर मिल जायेगा और इस प्रकार उसने चिता पर भस्म होने का संकल्प छोड़ दिया।

'कुमारसम्भव' का पाँचवाँ सर्ग सबसे महत्त्वपूर्ण है। अपने सामने ही मनोजन्मा (कामदेव) को इस प्रकार भस्म होते देख पार्वती ने अपने बाह्य रूप की मन-ही-मन निन्दा की और उसे सफल बनाने के लिए तपस्या करने का निश्चय किया। कालिदास के मत से रूप को सफल बनाने के लिए यह अत्यन्त आवश्यक कार्य था। क्योंकि ऐसा अद्‌भुत प्रेम और ऐसा महान् पति बिना तपस्या के मिल भी कैसे सकता है—'अवाप्यते वा कथमन्यथा द्वयं तथाविधं प्रेम पतिश्च तादृशः!'

बाह्य रूप को सफल बनाने के लिए इस तपस्या का आयोजन कालिदास ने बड़े ठाट-बाट से किया है। तीसरे सर्ग के अकाल वसंत के प्रादुर्भाव और मनोभव (काम) देवता के उत्पात को उन्होंने क्षणभर में मटियामेट कर दिया और तपस्या की ऐसी तैयारी में लग गए मानों पहिले कुछ हुआ ही नहीं। पार्वती ने पिता की आज्ञा से गौरी शिखर नामक पर्वत पर घोर तपस्या की, मोतियों का हार उतार दिया और लाल-लाल वल्कल धारण कर लिया। संस्कार की हुई वेणियों के स्थान पर जटा आ गई, कमनीय रशना के स्थान पर मूँज की तिहरी तगड़ी शोभित हो उठी, कोमल उँगलियों में रुद्राक्ष की माला, मुलायम शय्या के स्थान पर कठोर पत्थरों का बिछावन और बाहुओं की तकिया आ गई। उनके [illegible] सारा आश्रम पवित्र और महनीय हो उठा। यद्यपि

२

उन्होंने बड़ी कृच्छ्र साधना की, गर्मी के दिनों में पंचाग्नि तापी, सर्दी के दिनों में रात-रात भर खड़ी रहीं और अन्य अनेक कठोर विषयों का पालन करती रहीं परन्तु उनके हृदय की कोमलता ज्यों-की-त्यों बनी रही। मृगों पर, चक्रवाकों पर, हंसों पर, लता-पुष्पों पर उनका कोमल अनुराग बराबर बरसता रहा। इस प्रकार कठिन तपस्यानिरत पार्वती की परीक्षा लेने के लिये ब्रह्मचारी वेष में स्वयं शिव उपस्थित हुए। पार्वती की सखियों से यह जानकर कि वे शिव को वर-रूप में प्राप्त करने के लिये तपस्या कर रही हैं, ब्रह्मचारी बने हुए शिव ने उनका उपहास किया, शिव की निन्दा की और इस व्यर्थ परिश्रम से विरत होने को कहा। पार्वती इससे रुष्ट हुईं। उन्होंने सखियों से कहा कि इस ब्रह्मचारी को रोको नहीं तो यह फिर कुछ कह उठेगा। महत् व्यक्तियों की निन्दा ही पाप नहीं है उसे सुनना भी पाप है। ऐसा कहकर वे झटके से वहाँ से हट जाने को चलीं और ठीक इसी समय ब्रह्मचारी ने शिव-रूप में दर्शन दिए और उनका हाथ पकड़ कर रोक लिया। कालिदास ने इस दृश्य को बड़ी ही जीवन्त भाषा में चित्रित किया है। शिव को देखते ही पार्वती के शरीर में कम्प उत्पन्न हुआ, वे पसीने से भीग गईं और आगे चलने के लिये उठते हुए कदम जहाँ-के-तहाँ रह गए। यह कुछ ऐसा ही हुआ जैसे धारा के बीच में पहाड़ पर जाने से नदी न आगे बढ़ पाती है और न पीछे हट पाती है। शैलाधिराजतनया पार्वती की भी यही गति हुई। वे न आगे बढ़ सकीं, न पीछे हट सकीं :—

तं वीक्ष्य वेपथुमती सरसांगयष्टि—
निक्षेपणाय पदमुद्धृतमुद्वहन्ती ।
मार्गाचलव्यतिकराकुलितेव सिन्धुः
शैलाधिराजतनया न ययौ न तस्थौ ॥

शिव ने कहा कि हे कोमल शरीर वाली पार्वती ! आज से मैं तुम्हारी तपस्या से खरीदा हुआ दास हुआ। बहुत से लोग कालिदास के महाकाल-सम्बन्धी भक्तिपूर्ण विचारों को पढ़कर सन्देह करते हैं कि कालिदास का नाम 'कालदास' रहा होगा या कम-से-कम होना चाहिए। जो व्यक्ति महाकाल का भक्त हो उसका नाम कालदास ही उचित है। कालिदास शब्द या तो गलत रूप में हमारे सामने आया है या समझ में आने लायक नहीं है। परवर्ती-काल में तो लोगों ने काली जी से वर प्राप्त करने की कहानियाँ भी गढ़ ली हैं। परन्तु इस स्थान पर शिव ने अपने को अवनताङ्गी पार्वती का दास कहा है। इससे अनुमान किया जा सकता है कि कालिदास शब्द का अर्थ शिव ही होगा।

छठे सर्ग में विवाह की तैयारी है और सातवें में वास्तविक विवाह का प्रसंग आता है। कालिदास ऐसे प्रसंगों के वर्णन करने में बड़े ही पटु हैं। विवाह के उल्लास का दृश्य इस काव्य में भी आया है। कन्या की विदाई के समय पार्वती की माता मैंना की आँखों में आँसू भर आए थे और पार्वती के हाथ में जो कंगन उन्हें बाँधना था वह कहीं अन्यत्र बाँध गईं। यद्यपि कन्या की विदाई का वैसा मार्मिक दृश्य इस काव्य में नहीं आया है जैसा शकुन्तला नाटक में आया है, तथापि माँ के हृदय का उल्लास और अवसाद निखर कर प्रकट हो ही गया है।

आठवें सर्ग में शिव और पार्वती की विलास-लीला का वर्णन है। बहुत-सी प्रतियों में सातवें सर्ग के बाद ही काव्य समाप्त हो जाता है। जगत् के माता-पिता शिव और पार्वती की विलास-लीला भक्त जनों को रुचिकर नहीं प्रतीत होती। मल्लिनाथ ने भी उस पर कोई टीका नहीं लिखी। परन्तु, यदि यह सर्ग न लिखा जाता, तो कालिदास का वह मूल उद्देश्य जिसकी ओर शुरू में ही इंगित किया गया है, सिद्ध नहीं होता, और व्यथित मानव के चित्त में उत्पन्न होने वाली प्रेमतरंगों को विश्वव्यापी प्रेम-लीला का ही विस्फूर्जन बताने का उनका संकल्प अधूरा रह जाता।

यद्यपि इसके बाद भी इस ग्रन्थ में नौ सर्ग और मिलते हैं, परन्तु वे निस्संदेह प्रक्षिप्त हैं।

'कुमारसम्भव' में कवि ने अपने जीवन-दर्शन को बहुत बड़ी पट-भूमिका पर रखकर व्यक्त करने का प्रयास किया है। त्याग के साथ ऐश्वर्य का और तपस्या के साथ प्रेम का मिलन होने पर ही स्त्री और पुरुष का प्रेम धन्य होता है। कालिदास ने इस महाकाव्य में यह दिखाने का प्रयत्न किया है कि त्याग और भोग के सामञ्जस्य से ही जीवन चरितार्थ होता है। एकान्त वैराग्य आसुरी शक्ति का दमन नहीं कर सकता। भोग और वैराग्य के यथोचित सामंजस्य में ही जीवन की चरितार्थता है। जो प्रेम केवल शारीरिक आकर्षण पर निर्भर होता है, वह क्षणस्थायी होता है। जब तक वह तपस्या की अग्नि में तप कर नहीं निकलता तब तक वह वन्ध्य है, निष्फल है। पार्वती का जीवन तपस्या और प्रेम का सामंजस्य है, शिव का भोग और वैराग्य का। कामदेव, जड़ शारीरिक विषयों के आकर्षण का अधिदेवता है। सच्चा प्रेम और गहराई में पलता है।

रघुवंश

रघुवंश में रघुकुल के कई राजाओं का वृत्त है। आरम्भ में सन्तान के लिये व्याकुल दिलीप और उनकी पत्नी सुदक्षिणा कामधेनु की कन्या नन्दिनी गौ की सेवा करते हैं और उससे वरदान प्राप्त करके रघु को पुत्र-रूप में उपलब्ध करते हैं। रघु के बड़े होने पर उन्हें राज्य-भार सौंपकर दिलीप वानप्रस्थ जीवन बिताने के लिए वन चले जाते हैं। यहाँ तक तीसरा सर्ग समाप्त हो जाता है। चौथे सर्ग में रघु के दिग्विजय का वर्णन है। वे सुह्मों के विरुद्ध अभियान करते हैं, बंगाल को पराजित करके गंगा के द्वीपों में अपने विजयस्तम्भ स्थापित करते हैं, कलिंगराज की गजसेना उनका रास्ता नहीं रोक पाती और वे कावेरी पार करके दक्षिण पर आक्रमण करते हैं और पाण्ड्य राजाओं से मुक्ता की भेंट ग्रहण करते हैं। इसके बाद वे उत्तर की ओर मुड़ते हैं; मलय, दर्दुर और सह्य पर्वतों को पार करते हैं, केरल को दबाते हुए मुरला और त्रिकूट नदियों को अपने यश का साक्षी बनाते हुए वे स्थल-मार्ग से पारसीकों और यवनों पर चढ़ाई करते हैं, फिर उनके अश्व वंक्षु नदी की सैकत-भूमि में आगे बढ़ते हैं और हूणों और काम्बोजों को परास्त करते हैं। फिर हिमालय की पार्वत्य जातियों का दमन करते हुए वे उत्तर के हिमालय मार्ग से ही पूर्व की ओर बढ़ते हैं और लौहित्य या ब्रह्मपुत्र नदी पार करके प्राग्ज्योतिष और कामरूप में अपनी विजय-ध्वजा फहराते हैं। रघु की इस दिग्विजय में विद्वानों ने समुद्रगुप्त के दिग्विजय का आभास पाया है।

पाँचवें सर्ग में वे विश्वजित् यज्ञ करते हैं, फिर गुरुदक्षिणा के लिये आए हुए कौत्स मुनि को कुबेर के भण्डार से द्रव्य दिलाते हैं और उन्हीं के आशीर्वाद से अज नामक पुत्र प्राप्त करते हैं।

छठे सर्ग में अज इन्दुमती के स्वयंवर में जाते हैं और इन्दुमती उन्हें वरण करती है।

सातवें में अज और इन्दुमती का विवाह होता है। स्वयंवर में हारे हुए अपमानित राजा इन्दुमती को बलपूर्वक छीन लेने का प्रयत्न करते हैं और अज उन्हें पराजित करते हैं। इन्दुमती वस्तुतः अप्सरा थी। वायुमण्डल से गिरी हुई एक पुष्पमाला से ही उसकी मृत्यु हो गई और वह फिर गन्धर्वलोक को चली गयी।

आठवें सर्ग में बड़ी ही करुण भाषा में अज के विलाप का वर्णन है। भग्नहृदय अज की भी मृत्यु हो जाती है और उनके पुत्र दशरथ राजगद्दी पर बैठते हैं।

नवम सर्ग दशरथ के आखेट और वसंतकालीन वनविहार का सर्ग है।

ग्यारहवें सर्ग से रामायण की कथा आरम्भ होती है, पन्द्रहवें सर्ग तक चलती है। इन पाँच सर्गों की विशेषता यह है कि इनमें कवि ने एक ऐसे विषय को हाथ में लिया है जिसे वाल्मीकि जैसा महान् कवि अपने काव्य का विषय बना चुका था। कालिदास ने ऐसे बहुत से सुकुमार स्थलों को नवीन रूप दिया है, जो वाल्मीकि की व्यापक दृष्टि से किसी प्रकार छूट गए थे। तेरहवाँ और चौदहवाँ सर्ग उनकी इसी अभिनव सूझ के निदर्शन हैं।

सोलहवें सर्ग मे राम के पुत्र कुश की कथा आरम्भ होती है, जिन्होंने कुशावती में अपनी राजधानी स्थापित की थी। रात के समय एक दिन अयोध्या वधूवेश में उनको दर्शन देती है और अपनी दयनीय अवस्था की सूचना देती है। कुश विध्वस्त अयोध्या का पुनः संस्कार करवाते हैं। इसके बाद रघुवंश की कथा उतार पर आती है। रघुवंश का अन्तिम उत्तराधिकारी बहुत ही विलासी चित्रित किया गया है। रघुवंश की कथा इसी पतनोन्मुख राजा के विलास-चित्रण में समाप्त होती है।

आरम्भ में दिलीप का जो उदात्त और महान् रूप चित्रित किया गया है उसका इस प्रकार पर्यवसान बहुत ही करुणाजनक है।

निस्संदेह रघुवंश में कालिदास की कवित्व-शक्ति बहु-विचित्र रूप में प्रकट हुई है। इसमें दिलीप, रघु और राम जैसे महान् और आदर्श राजाओं का चित्रण है। कालिदास की लेखनी उनके दृप्त-चरित्र की प्रशंसा करने में नहीं अघाती। परन्तु उसी राजवंश का अन्तिम उत्तराधिकारी बहुत दुर्बल और विलासी चित्रित किया गया है। कविवर रवीन्द्रनाथ ठाकुर ने इस काव्य के बारे में लिखा है कि—

'रघुवंश' में भारतवर्ष के प्राचीन सूर्यवंशी राजाओं का जो चरित्र-गान है उसमें भी कवि की वेदना निहित है। इस बात का प्रमाण दिया जा सकता है।

"हमारे देश के काव्य में अशुभ अन्त की प्रथा नहीं है। वास्तव में जहाँ श्री रामचन्द्र के चरित्र में रघु का वंश गौरव के उच्चतम शिखर पर पहुँचता है, वहीं यदि काव्य का अन्त होता तो कवि ने भूमिका में जो कहा है वह सार्थक होता।

"भूमिका के शब्द ये हैं—'जो राजा आजीवन शुद्ध रहते थे, जो फल-प्राप्ति के लिए कार्य करते थे; जिनका समुद्र-तट तक राज्य था और स्वर्ग तक रथमार्ग था; जो अग्नि में यथा-विधि आहुति दिया करते थे और प्रार्थियों की इच्छा-पूर्ति करते थे, जो अपराध के अनुसार दंड देते थे और उचित समय जाग उठते थे

जो त्याग के लिये अर्थसंचय करते थे, सत्य के लिये मितभाषी थे, यश के लिये विजयोन्मुख थे और सन्तान-प्राप्ति के लिये विवाह करते थे; जिनका बचपन विद्यार्जन में बीतता था, जो यौवन में विषय की कामना करते थे, वार्धक्य में मुनि-वृत्ति ग्रहण करते थे और योग-साधना के बाद जिनका देहान्त होता था—'रघुवंश' के उन्हीं राजाओं का मैं गुणगान करूँगा, क्योंकि यद्यपि मेरी वाक्सम्पदा अत्यन्त अल्प है, उनके गुणों की ख्याति सुनकर मेरा चित्त विचलित हो गया है।'

"परन्तु गुण-कीर्तन में यह काव्य समाप्त नहीं होता। कवि किस बात से इतना विचलित हुए थे यह हम 'रघुवंश' के परिणाम को देखकर समझ सकते हैं।"

" 'रघुवंश' को जिसके नाम से गौरव मिला उसकी जन्मकथा क्या है? उसका आरम्भ कहाँ है?

"'तपोवन में दिलीप-दम्पती की तपस्या से ही ऐसे राजा का जन्म हुआ था। कालिदास ने विभिन्न काव्यों द्वारा अपने राजप्रभु को बड़ी कुशलता से यह दिखाया है कि बिना कठिन तपस्या के किसी महान् फल को प्राप्त करना सम्भव नहीं है। जिस रघु ने उत्तर-दक्षिण-पूर्व-पश्चिम के सारे राजाओं को अपने तेज से पराजित किया, और समस्त पृथ्वी पर एकछत्र राजत्व स्थापित किया, वह अपने पिता-माता की तप-साधना का ही धन था। और जिस भरत ने अपने वीर्य-बल से चक्रवर्ती सम्राट् होकर भारत को अपने नाम से धन्य किया, उसके जन्म पर प्रवृत्ति-समाधान का जो कलंक पड़ा था उसे कवि ने तपस्या की अग्नि में जलाया है, दुःख के अश्रु-जल से धोया है।

" 'रघुवंश' का आरम्भ राजोचित ऐश्वर्य और गौरवमय वर्णन से नहीं होता। सुदक्षिणा को साथ लेकर राजा दिलीप तपोवन में प्रवेश करते हैं। चारों समुद्रों तक जिनके शासन का विस्तार था ऐसे राजा अविकल निष्ठा और कठिन संयम से तपोवन की धेनु की सेवा में लग जाते हैं। 'रघुवंश' का आरम्भ है संयम और तपस्या में; और उसका उपसंहार है, आमोद-प्रमोद में, सुरा-पान और इन्द्रिय-भोग में। इस अन्तिम सर्ग में जो चित्र है, उसमें काफी चमक-दमक है, लेकिन जो अग्नि नगर को जलाकर सर्वनाश लाती है, वह भी कम उज्ज्वल नहीं है। एक पत्नी के साथ दिलीप का तपोवन-निवास सौम्य और हलके रंगों में चित्रित है, अनेक नायिकाओं के साथ अग्निवर्ण का आत्म-विनाश में प्रवृत्त जीवन अत्यन्त स्पष्ट रूप से, विविध रंगों से और ज्वलंत रेखाओं से अंकित किया गया है।

"प्रभात शान्तिपूर्ण होता है, पिङ्गलजटाधारी ऋषि—बालकों की तरह पवित्र होता है। मोती की तरह स्वच्छ, सौम्य आलोक लेकर वह शिशिर-स्निग्धा

पृथ्वी पर धीरे-धीरे उतरता है और नवजीवन भी अभ्युदय-वार्ता से वसुधा को उद्‌बोधित करता है। उसी तरह कवि के काव्य में तपस्या द्वारा प्रस्थापित राजमाहात्म्य ने स्निग्ध तेज और संयम वाणी से महान् 'रघुवंश' के उदय की सूचना दी। विचित्र वर्णों के मेघ-जाल से आविष्ट सन्ध्या अपनी अद्‌भुत रश्मियों से पश्चिमी आकाश को क्षण-भर के लिये ज्योतिर्मय बना देती है, लेकिन देखते-ही-देखते विनाश का दूत आकर उसकी सारी महिमा का अपहरण करता है, और अन्त में शब्दहीन, कर्महीन, अचेतन अन्धकार में सब-कुछ विलीन हो जाता है। उसी तरह काव्य के अन्तिम सर्ग में भोग-वैचित्र्य के भीषण समारोह में 'रघुवंश' का नक्षत्र ज्योतिहीन हो जाता है।

"काव्य के इस आरम्भ और अन्त में कवि के हृदय की बात प्रच्छन्न है। ऐसा लगता है कि वह नीरव, दीर्घ निःश्वास के साथ कह रहा है, 'क्या था, और क्या हो गया।' जब अभ्युदय का युग आने वाला था उस समय तपस्या को ही हम प्रधान ऐश्वर्य समझते थे। और आज, जब कि हमारा विनाश समीप है, भोग-विलास के उपकरणों का अन्त नहीं, भोग की अतृप्त अग्नि सहस्र-शिखाओं में भड़क रही है और आँखों को चकाचौंध कर रही है।"

कालिदास की अधिकांश कविताओं में यह द्वन्द्व स्पष्ट दिखाई पड़ता है। 'कुमारसम्भव' में यह भी दिखाया गया है कि इस द्वन्द्व का समाधान कैसे हो। इस काव्य में कवि ने कहा है कि त्याग के साथ ऐश्वर्य का, तपस्या के साथ प्रेम का मिलन होने पर ही उस शौर्य का जन्म हो सकता है, जिसके द्वारा सब प्रकार की पराजय से मनुष्य का उद्धार हो।

अर्थात् त्याग और भोग के सामञ्जस्य में ही पूर्ण शक्ति है। त्यागी शिव जब एकाकी समाधि-मग्न बैठे थे, स्वर्गलोक असहाय था, और सती जब अपने पिता के घर ऐश्वर्य में अकेली ही आबद्ध थी, उस समय भी दैत्यों का उपद्रव प्रबल हो उठा था।

प्रवृत्ति के प्रबल हो जाने से ही त्याग और भोग का सामंजस्य टूट जाता है।

किसी एक संकीर्ण स्थान पर जब हम अपने अहंकार और वासना को केन्द्रित करते हैं, तब हम समग्र को क्षति पहुँचाते हैं और अंश को बढ़ा-चढ़ाकर देखने का प्रयत्न करते हैं। यही अमंगल की जड़ है। अंश के प्रति आसक्ति हमें समग्र के विरुद्ध विद्रोह करने के लिए प्रेरित करती है, और यही पाप है।

"इसीलिये त्याग आवश्यक है। यह त्याग अपने को रिक्त करने के लिये नहीं, अपने को पूर्ण करने के लिये होता है। हमें समग्र के लिये अंश का त्याग

करना है, नित्य के लिये क्षणिक का, प्रेम के लिये अहंकार का, आनन्द के लिये सुख का त्याग करना है। इसी लिये उपनिषद् में कहा गया है—तेनत्यक्तेन भुंजीथाः—त्याग द्वारा भोग करो, आसक्ति के द्वारा नहीं।

(रवीन्द्रनाथ ठाकुर : 'तपोवन' नामक निबन्ध।)

मालविकाग्निमित्र

'मालविकाग्निमित्र' और 'विक्रमोर्वशीय', ये दोनों नाटक कालिदास की आरम्भिक कृति माने जाते हैं। परन्तु कालिदास की शिल्प-विषयक मान्यताओं को समझने में इन दोनों का महत्त्व निःसंदिग्ध है। यद्यपि इनका भाव-गाम्भीर्य शकुन्तला से तुलनीय नहीं हो सकता। विदिशा का राजा अग्निमित्र 'मालविकाग्निमित्र' का नायक है और विदर्भराज की भगिनी मालविका नायिका है। इन्हीं दोनों की प्रणय-लीला नाटक का विषय है। भारतीय नाटककारों ने अन्तःपुर के प्रेम-व्यापार सम्बन्धी नाटिका लिखने में बहुत रुचि दिखाई है। अन्तःपुर की प्रणय-लीला वाली इन नाटिकाओं का मूल विषय प्रायः एक ही होता है। नायिका कहीं बाहर से आकर परिचारिका-रूप में काम करने लगती है। प्रायः यह कहा जाता है कि किसी सिद्ध या ज्योतिषी ने ऐसी भविष्यवाणी कर रखी है कि इस नायिका से विवाह करने वाला पुरुष चक्रवर्ती राजा होगा और मन्त्री जानबूझकर इस नायिका को अन्तःतुर में स्थान दिलवाता है। राजा की दृष्टि नायिका पर पड़ती है, प्रेम-व्यापार शुरू होता है, बड़ी रानी को ईर्ष्या होती है, वह नायिका को किसी-न-किसी प्रकार राजा की दृष्टि से बचाने के लिये अलग कर देती है। फिर घटना-चक्र ऐसा घूमता है कि राजा और नायिका का विचित्र परिस्थितियों में साक्षात्कार होता है, रानी को पता चल जाता है कि वस्तुतः परिचारिका बनी हुई नायिका उसकी बहिन है और वह अपने-आप अनुकूल होकर नायिका के साथ राजा का विवाह करवा देती है। मूल कथा का ढाँचा यही होता है। ब्यौरे में अवश्य थोड़ा-बहुत अन्तर होता है।

'मालविकाग्निमित्र' यद्यपि नाटिका नहीं है परन्तु बहुत-कुछ ऐसा ही नाटक है। इसके सारे दृश्य अन्तःपुर तक ही सीमाबद्ध हैं। मालविका पटरानी धारिणी की परिचारिका है। उसे गणदास नामक नृत्याचार्य से नृत्य-संगीत की शिक्षा प्राप्त करने की व्यवस्था स्वयं पटरानी धारिणी ही करती है। मालविका के एक चित्र को देखकर राजा उस पर अनुरक्त होता है। रानी धारिणी उसे राजा की नजरों से बचाने का प्रयत्न करती है। राजा के प्रणयसखा विदूषक गौतम के छल-प्रपंच से दो नृत्याचार्यों का विवाद होता है। दोनों अपनी शिष्याओं को

प्रतिद्वन्द्विता के लिये राजा, रानी और परिचारिका के सामने उपस्थित करते हैं। यहीं मालविका नृत्य करती है और राजा मालविका को प्रत्यक्ष देख पाता है। प्रथम दो अंकों की यही कथा है। यद्यपि चरित्र-चित्रण और नैतिक आदर्श की दृष्टि से इसमें कालिदास की महिमा के उपयुक्त कुछ भी नहीं, परन्तु भाव-लालित्य और सौन्दर्य-चित्रण की दृष्टि से ये अंक सफल कहे जा सकते हैं।

तीसरे अंक की कथावस्तु राजभवन के प्रमदवन में अशोक दोहद उत्पन्न करने की है। प्रमदवन के सभी वृक्षों में पुष्प आ गए हैं, लेकिन अशोक अभी तक नहीं फूला है। उसे किसी सुन्दरी के सुनूपुर चरणों के आघात की आवश्यकता है। मालविका को ही यह कार्य सम्पन्न करने का भार दिया गया है। यहीं राजा को मालविका के अपने प्रति प्रेम का आभास मिलता है। यहाँ राजा की एक दूसरी रानी इरावती उपस्थित होती हैं और प्रेम-व्यापार में बाधा उत्पन्न करती हैं।

चौथे अंक में मालविका और उसकी प्रिय सखी वकुलावती के भूगृह में वन्दी होने की कहानी है। उसके ऊपर कड़ा पहरा बैठा दिया गया है और माधविका नामक दासी को पहरे पर नियुक्त किया गया है। उसे कड़ा आदेश है कि जब तक महारानी की सर्पमुद्रांकित अँगूठी न दिखाई जाए तब तक उन्हें किसी प्रकार मुक्त न किया जाए। विदूषक को सब कुछ पता चल जाता है और साँप के काटने का वहाना करके वह महारानी के सामने व्याकुलता प्रकट करता है। रानी उसे ध्रुवसिद्धि नामक वैद्य के पास भेजती हैं और वैद्य सर्पमुद्रांकित कोई वस्तु माँगता है। रानी जयसेना के हाथ अपनी अँगूठी भिजवा देती हैं और उस अँगूठी की सहायता से विदूषक मालविका और वकुलावती को बन्दीगृह से छुड़ा लाता है। राजा और मालविका मिलते हैं, लेकिन फिर एक बार झटका लगता है। रानी इरावती और उनकी सखी निपुणिका इस प्रणय-लीला को देख लेती हैं और रुष्ट हो जाती हैं। इसी समय जयसेना यह सम्वाद ले आती है कि कुमारी वसुलक्ष्मी जब गेंद के पीछे दौड़ रही थीं उसी समय कोई पिंगल वानर उपस्थित हुआ और वे भय से काँप उठीं। सभी उधर ही लपकते हैं। चौथे अंक की घटना यहीं समाप्त हो जाती है।

पाँचवें अंक में कुछ महत्त्वपूर्ण सूचनाएँ प्राप्त होती हैं। विदर्भ का राजा यज्ञसेन अग्निमित्र की सेना द्वारा पराजित हुआ है और राजा का चचेरा भाई माधवसेन छुड़ा लिया गया है। सेनानायक वीरसेन ने अनेक अमूल्य रत्न तथा हाथी और घोड़े उपहार में भेजे हैं। फिर अशोक के दोहद के लिये मालविका

का किया गया प्रयत्न सफल हुआ है और रानी धारिणी प्रसन्न होकर मालविका का अग्निमित्र से विवाह करा देना चाहती हैं। अशोक की पूजा का आयोजन होता है, राजा भी निमंत्रित किए जाते हैं, परिव्राजिका भगवती कौशिकी मालविका का विवाह-शृङ्गार करती हैं। वीरसेन के द्वारा भेजी गई दो दासियाँ राजप्रासाद में आती हैं, मालविका को पहचानती हैं। यहीं पता चलता है कि परिव्राजिका माधवसेन के मंत्री सुमति की बहिन हैं। सीमान्त वाले उपद्रवों में जब माधवसेन पकड़ लिए गए थे तो सुमति मालविका और कौशिकी को लेकर व्यापारियों के एक दल में मिल गए। मार्ग में दस्युओं का आक्रमण हुआ। सुमति मारे गये और वीरसेन ने मालविका का उद्धार करके राजप्रासाद में भेज दिया। उन्हें पता था कि किसी सिद्ध ने भविष्यवाणी कर रखी है कि मालविका का विवाह योग्य वर से हो जाएगा। कौशिकी संन्यासिनी बन गई। चौथी सूचना यह मिलती है कि पुष्यमित्र ने राजकुमार वसुमित्र को अश्वमेध यज्ञ के घोड़े की रक्षा के लिये भेजा था। पुष्यमित्र का एक पत्र आया था जिसमें बताया गया था कि सिंधु नदी के दक्षिणी किनारे पर यवनों ने घोड़ा पकड़ लिया था परन्तु घोर युद्ध के बाद उन्हें पराजित किया गया है। इस विजय के उपलक्ष्य में पुष्यमित्र एक यज्ञ कर रहे हैं और उसने आने के लिये सपत्नीक अग्निमित्र को निमंत्रित किया है।

रानी धारिणी को जब मालविका की वास्तविक स्थिति का पता चलता है तो वे दुःखी होकर कहती हैं कि मैंने मालविका को राजपुत्री न समझ कर उसे कष्ट दिया और अपमानित किया। वे छोटी रानी इरावती की सहमति से विवाह-वेष में सज्जिता मालविका को राजा को सौंप देती हैं और कथा नायक-नायिका के चिर-प्रतीक्षित मिलन के रूप में समाप्त होती है।

जैसा कि ऊपर कहा गया है, इस नाटक का कोई बड़ा उद्देश्य नहीं है। शुंगकलीन राजपरिवारों की अन्तःपुर की विलासिता और षड्यन्त्र-लीला इसमें जरूर उद्घाटित होती है। अग्निमित्र बहुत साधारण कोटि का नायक है। उसके दो रानियाँ तो पहले से ही हैं। तीसरी के प्रति प्रणय कुछ अच्छी रुचि का परिचायक नहीं है। परन्तु कालिदास ने इस नाटक में नृत्य और संगीत आदि के विषय में अनेक इंगित दिए हैं। इन कलाओं से उनका गाढ़ परिचय भी सिद्ध होता है और इनके सम्बन्ध में उनके विचार भी प्रकट होते हैं। ऐसा जान पड़ता है कि चित्रकला और संगीत कला में कालिदास की केवल रुचि ही नहीं थी, वे

स्वयं भी अच्छे चित्रकार और गायक रहे होंगे। उनके ललित कला-सम्बन्धी विचारों की जानकारी के लिये यह नाटक बहुत ही महत्त्वपूर्ण है।

विक्रमोर्वशीय

'विक्रमोर्वशीय' नाटक कालिदास का दूसरा नाटक समझा जाता है। इसमें पाँच अंक हैं। इसमें राजा पुरूरवा और उर्वशी की प्रेम-कथा वर्णित है। सूर्य-पूजा के उपरान्त लौटते हुए राजा पुरूरवा को जब पता चलता है कि कुबेर भवन से वापस लौटती हुई उर्वशी को किसी दैत्य ने पकड़ लिया है तो वह उस दैत्य से उर्वशी का उद्धार करता है। उर्वशी को देखकर राजा का मन उसकी ओर आकृष्ट होता है। राजकीय प्रमदवन में उर्वशी भूर्जपत्र पर लिखकर एक प्रेम-पत्र पुरूरवा को देती है और स्वयं 'लक्ष्मी स्वयंवर' नामक नाटक में लक्ष्मी का अभिनय करने के लिये इन्द्र की राज सभा को लौट जाती है। पुरूरवा के प्रति वह इतनी अनुरक्त हो गई है कि अभिनय में 'पुरुषोत्तम' के स्थान पर 'पुरूरवा' बोल जाती है और भरत मुनि का कोपभाजन बनती है। भरत मुनि का शाप यह है कि वह स्वर्ग से भ्रष्ट हो जाएगी। देवराज इन्द्र उर्वशी की मानसिक अवस्था के साथ सहानुभूति प्रकट करते हैं और यह कहकर उसे मर्त्यलोक में भेज देते हैं कि जब तक पुरूरवा तुम्हारे पुत्र का मुँह न देखे तब तक तुम मर्त्य-लोक में राजा पुरूरवा के साथ रह सकती हो। इस प्रकार राजा पुरूरवा और उर्वशी का मिलन सम्पन्न होता है।

पुत्रोत्पत्ति के बाद इस मिलन में औशीनरी नामक पुरूरवा की ज्येष्ठा रानी का औदार्य भी सहायक होता है, जो बहुत स्वाभाविक नहीं लगता। केवल अपने पति की बिरह-विधुर अवस्था से कातर होकर ही उसमें त्याग-भावना और औदार्य संचरित होता है। गन्ध-मादन पर्वत पर उर्वशी अपनी गलती के कारण लता बन जाती है और उसे खोजने के लिये पुरूरवा पागलों की भाँति बेचैन हो जाता है और नदी, पर्वत, पेड़, लता सबसे अपनी प्यारी का पता पूछता फिरता है। वस्तुतः चौथे अंक का यह उन्मत्त प्रलाप ही 'विक्रमोर्वशीय' का महत्त्वपूर्ण अंश है। पर्वत की दरार में पुरूरवा को संगमनीय मणि प्राप्त होती है जो पार्वती के चरणों की लालिमा से बनी थी और जिसे धारण करने से प्रियमिलन निश्चित हो जाता है। इस मणि की महिमा से लतारूप में परिणता उर्वशी को राजा स्पर्श करता है और वह फिर उर्वशी बन जाती है।

पंचम अंक से पता चलता है कि उर्वशी के इस बीच एक पुत्र भी हुआ था, जिसका नाम था आयु। उर्वशी ने चुपचाप उसे च्यवन ऋषि के आश्रम में रख

दिया था और वह भगवती सत्यवती द्वारा पालित हो रहा था। एक पक्षी संगमनीय मणि को मांस का टुकड़ा समझकर ले भागता है परन्तु कुमार आयु उस पक्षी को मार गिराता है। कुमार के इस आचरण को आश्रम के आचार के विपरीत समझकर ऋषि उसे पुरूरवा के राजभवन में उर्वशी के पास भेज देते हैं। उर्वशी के पुत्र का मुंह राजा देख लेता है और वह स्वर्ग लौट जाने को बाध्य होती है। राजा कुमार आयु को राज्यभार सौंपकर तपोवन में जाने का निश्चय करता है। इसी समय महर्षि नारद आकर सूचना देते हैं कि आप शस्त्र त्याग न करें, क्योंकि देवों और असुरों के युद्ध में आपकी आवश्यकता होगी, इन्द्र ने आदेश दिया है कि उर्वशी जीवनभर आपकी सहधर्मिणी बनी रहेगी।

पूरा 'विक्रमोर्वशीय' नाटक राजा पुरूरवा के अत्यन्त भावप्रवण और अनुरागी चित्त से अनुप्राणित है। राजा ही इसमें अधिक प्रेमाप्लुत चित्रित किया गया है। इस नाटक की कथा गीतकाव्यात्मक अधिक है और नाटकीय कम। सारा चौथा अंक निपुण कविनिबद्ध गीतिकाव्य के समान लगता है। उसमें भावों की गहराई और गतिशीलता बड़े ही आकर्षक रूप में प्रकट हुई है। आलोचकों ने इस अंक को 'रघुवंश' के अजविलाप और 'कुमारसम्भव' के रतिविलाप से भी अधिक भाव-विह्वल माना है। इसकी नायिका उर्वशी है जो देवयोनि की है। शापवश उसे मर्त्यलोक में आना पड़ा है। देवयोनि के व्यक्ति मनुष्य के समान भाव-दुर्बल नहीं होते। उन्हें दुःख और शोक की अनुभूति नहीं सताती। लाज और हया के भाव उनकी पलकों को झँपने नहीं देते। परन्तु कवि ने उर्वशी को मनुष्य बनाया है। फिर भी उसमें देवयोनि का स्वभाव सुरक्षित रह गया है। राजा जितना भाव-विह्वल हो गया है उतना उर्वशी नहीं हो पाती। वस्तुतः 'विक्रमोर्वशीय' नाटक अत्यन्त भावुक पुरुष प्रेमी की वृत्ति को घेर कर ही पल्लवित हुआ है उसमें आवेग की धारा प्रबल है और लोहा जिस प्रकार चुम्बक की ओर खिंचता है उस प्रकार राजा उर्वशी के अविकारी सौन्दर्य की ओर वेगपूर्वक खिंचता है। नाटक के अन्तिम अंक में वात्सल्य भी उभरता है, लेकिन प्रेम का आवेग इतना प्रबल है कि उसके सामने वह फीका पड़ जाता है। पुरूरवा के प्रेम परवर्ती काल के सूफी कवियों के कथानायकों की भाँति एकान्तिक हो गया है और सामाजिक कर्तव्य उपेक्षित रह गया है। यद्यपि कालिदास का चित्रण-कौशल का बहुत कुछ इस नाटक में उपलब्ध है—परन्तु उनका जीवन-दर्शन इस नाटक में प्रबल भाव से नहीं आ पाया है। 'विक्रमोर्वशीय' निविड़ ऐकान्तिक प्रेम का काव्य अधिक है और अन्तर्वैयक्तिक संघर्षों को जीवन्त बनाने वाला नाटक कम।

इस नाटक में कालिदास ने कुछ बँधी रूढ़ियों से अपने को मुक्त कर लिया है। राजा उन्माद की अवस्था में प्राकृत और अपभ्रंश में बोलने लगता है। ऐसा जान पड़ता है कि कालिदास की धारणा थी कि भाव-विह्वल अवस्था की गाढ अनुभूतियों को लोकभाषा में अधिक सफलतापूर्वक व्यक्त किया जा सकता है। अपभ्रंश की उक्तियों को लेकर पंडितों में तर्क-वितर्क भी हुए हैं। कुछ लोग उन्हें प्रक्षिप्त मानते हैं। पर ऐसा जान पड़ता है कि कालिदास जैसे स्वतंत्रचेता कवि ने राजा की उन्माद-ग्रस्त अवस्था का अवसर निकाल कर लोकभाषा में कविता लिखने का बहाना ढूँढ़ा है। उन्होंने लोकभाषा की मर्मस्पर्शिनी शक्ति के सम्बन्ध में अपना पक्षपात व्यक्त कर दिया है।

अभिज्ञानशाकुन्तल

'अभिज्ञानशाकुन्तल' कालिदास का सर्वश्रेष्ठ नाटक तो है ही, संसार के नाटक-साहित्य में भी इसके जोड़ का नाटक दुर्लभ है। नाटक की कथा का आरम्भ राजा दुष्यन्त के तपोवन-प्रवेश से होता है। राजा धनुष पर बाण चढ़ाए हुए रथ पर बैठा हुआ, एक मृग के पीछे भागता हुआ दिखाया गया है। यह आखेट आरम्भ में ही आगे होने वाले एक अन्य आश्रमवासी मृगवत् कोमल और कमनीय प्राणी के शिकार की ओर इंगित करता है। राजा मृगया प्रेमी है। वह मृग पर बाण फेंकने के लिये प्रस्तुत है, लेकिन साथ ही वह सौन्दर्य-प्रेमी भी है। भागता हुआ मृग बार-बार पीछे की ओर घूमकर रथ की ओर ताकता है। उसकी 'ग्रीवाभङ्गाभिराम' पलायन-क्रिया को राजा कुछ इस प्रकार वर्णन करता है जिससे पता चलता है कि यद्यपि उसका उद्देश्य शिकार करना है तथापि वह सौन्दर्यप्रेमी है। मृग के तेजी से भागने के कारण ऐसा लग रहा कि उसका पिछला हिस्सा अगले हिस्से में प्रवेश-सा करता जा रहा है। आधी चरी हुई घास उसके मुँह में लगी है जो भय के कारण गिरती जा रही है और रास्ते पर बिखरती जा रही है। वह इतना तेज भागा जा रहा है कि धरती पर कम और आसमान पर अधिक चलता नजर आ रहा है। राजा का रथ भी उतनी ही तेजी से पीछे-पीछे दौड़ रहा है। इतने ही में आश्रम का तपस्वी वैखानस आ जाता है और हाथ उठाकर राजा को इस हिंसापूर्ण कार्य से विरत करता है। वैखानस कहता है कि, "हे राजन्! यह आश्रम मृग है, इसे मत मारो, मत मारो। कहाँ इन हरिणों के कोमल प्राण और कहाँ तुम्हारे वज्र-समान बाण। इन बाणों को दुःखियों की रक्षा के लिये सुरक्षित रखो।" राजा वैखानस की बात विनीत भाव से स्वीकार करता है। फिर उसी के द्वारा

निमन्त्रित होकर आश्रम में प्रवेश करता है। आश्रम के प्रति उसके मन में बड़ी श्रद्धा है। तपस्वियों की तपस्या में किसी प्रकार का विघ्न न हो, यह उसकी प्रधान चिन्ता है। आश्रम के बाहर ही रथ को और सारथी को छोड़कर वह भीतर प्रवेश करता है और प्रवेश करते ही तीन तपस्वी-कन्याओं को देखता है जो छोटे-छोटे घड़ों में पानी लेकर वृक्षों को सींच रही हैं। इन तीन तपस्वी कन्याओं का रूप कुछ इतना मोहक है कि राजा मन-ही-मन सोचने लगता है कि ऐसे रूप तो अन्तःपुर में भी दुर्लभ हैं। उसके मन में यही प्रतिक्रिया होती है कि यदि आश्रमवासियों में ऐसा रूप हो सकता है तो फिर उद्यान-लताएँ वन-लताओं के सामने बहुत फीकी पड़ जाती हैं।

ये तीन तपस्वी कन्याएँ हैं—शकुन्तला, जो कण्व मुनि की पालिता कन्या है और उसकी दो सखियाँ—अनसूया और प्रियंवदा। आश्रमवासिनी होने पर भी वे सरस परिहास में कुशल हैं और यह भी जानती हैं कि उनका विवाह आगे चलकर किसी योग्य वर से होगा। उनकी बातचीत से ही राजा यह अनुमान करता है कि उनमें सबसे सुन्दर कन्या ही कण्वपुत्री शकुन्तला है। उस अव्याज-मनोहर रूप को देखकर जब वह सोचता है कि मुनि ने इसको तपस्याकार्य में नियुक्त कर रखा है तो उसके मन में आता है कि यह मुनि नीलकमल की पंखुड़ियों से शमी का पेड़ काटना चाहता है। तीनों सखियाँ दुष्यन्त की उपस्थिति से एकदम अपरिचित हैं और विश्रब्ध भाव से आपस में बातचीत कर रही हैं। शकुन्तला अनसूया से कहती है कि प्रियंवदा ने यह वल्कल की चोली बहुत कसकर बाँध दी है, इसे तनिक ढीली करो। प्रियंवदा परिहास करती है कि मुझे क्यों दोष दे रही हो अपने उभड़ते हुए यौवन को दोष दो। दुष्यन्त के मन में शकुन्तला के रूप के प्रति आकर्षण का अनुभव होता है। उसे लगता है कि यह युवती वल्कल पहनकर भी मनोरम लग रही है, वैसे ही जैसे शैवाल से घिरा हुआ कमल शोभित होता है, और कलंक-लाँछित चन्द्रमा भी सुन्दर दिखाई देता है। एक क्षण में उसके मन में यह प्रश्न उठता है कि इस ब्राह्मण कन्या के प्रति मन में अनुरागभाव का उत्पन्न होना अनुचित है। परन्तु तुरन्त ही वह यह कहकर समाधान कर लेता है कि मेरा मन बहुत पवित्र है, फिर भी जब इसकी ओर आकृष्ट हुआ है तो यह क्षत्रिय से विवाह-योग्य अवश्य होगी। क्योंकि जो लोग स्वभावतः सज्जन हैं उन्हें संदेहास्पद बातों में अपनी अन्तःकरण-वृत्ति को ही प्रमाण-रूप में मानना चाहिए। इसी समय एक भौंरा आकर शकुन्तला के मुँह पर मँडराने लगता है और राजा सोचने लगता है कि यह भौंरा ही धन्य है, मैं तो जाति-पाँति के विचार

में ही उलझा रह गया। शकुन्तला भौंरे से डरी हुई अपनी सखियों से कहती है कि सखियो इस दुष्ट भौंरे से मुझे बचाओ। सखियाँ परिहास-पूर्वक कहती हैं कि आश्रम का रक्षक तो राजा दुष्यन्त है, उसी को बुलाओ, वही रक्षा करेगा। राजा को बीच में कूद पड़ने का इससे अच्छा मौका और क्या मिल सकता था। अपने राजकीय प्रताप की इस प्रकार घोषणा करता हुआ कि दुष्टों का दमन करने वाले पुरुवंशियों के शासन करते हुए, कौन दुष्ट है जो तपस्वी बालाओं के साथ छेड़-छाड़ करने की हिम्मत कर रहा है, उनके बीच आ पहुँचता है। तपस्वी कन्याएँ उसका स्वागत करती हैं और बातचीत से वह शकुन्तला के विषय में जानकारी प्राप्त करता है। राजा को मालूम होता है कि शकुन्तला वस्तुतः महातपस्वी क्षत्रिय राजा विश्वामित्र की, मेनका नामक अप्सरा के गर्भ से उत्पन्न, पुत्री है, और यह भी कि कण्व मुनि इस कन्या को अनुरूप वर के हाथों सौंपना चाहते हैं। दुष्यन्त के हृदय में थोड़ी आशा का संचार होता है। उन्हें यह भी पता चलता है कि कण्व मुनि कहीं बाहर गए हैं और अतिथि-सत्कार का भार अपनी कन्या पर ही छोड़ गए हैं। शकुन्तला के मन में भी राजा के प्रति आकर्षण होता है। दोनों एक-दूसरे की अभिलाषा करने लगते हैं। इसी समय आश्रम में भयंकर उत्पात की सूचना मिलती है। तपस्वी लोग कहते हैं कि मृगयाविहारी राजा दुष्यन्त की सेना आश्रम की ओर बढ़ी आ रही है और उसके डर से भागा हुआ एक हाथी मूर्तिमान विघ्न के समान मृग-यूथों को छिन्न-भिन्न करता हुआ आश्रम में प्रवेश कर रहा है। यह भी एक प्रतीकात्मक संकेत है। सखियाँ वहाँ से जाने की अनुमति माँगती हैं और राजा भी आश्रम पीड़ा दूर करने के लिये प्रयत्न करने का आश्वासन देता है। सखियाँ अपनी कुटिया की ओर आती हैं और राजा दूसरी ओर सेना को शान्त करने के लिये आगे बढ़ता है। शरीर तो उसका आगे की ओर चलता है परन्तु मन पीछे की ओर दौड़ता है। जैसे हवा की उल्टी दिशा में ले जाए जाने वाले झंडे की पताका पीछे की ओर दौड़ती है। इस प्रकार प्रथम अंक समाप्त होता है।

दूसरे अंक में जंगल की भाग-दौड़ से थका हुआ विदूषक पहुँचता है और राजा से विश्राम करने की आज्ञा माँगता है। राजा की भी यही इच्छा है और सोचता है कि अब शिकार बन्द ही कर देना चाहिए। सेनापति को बुलाकर वह आज्ञा देता है कि अब शिकार बन्द कर दो। ऐसा करो कि जंगली भैंसे आराम से तालों में तैरें, हरिणों के झुंड शान्ति के साथ पेड़ों के नीचे बैठकर जुगाली करें, छिछली तलैयों में वराहगण विश्रब्ध भाव से मोथे कुतरें और मेरे इस धनुष की

प्रत्यंचा ढीली हो और वह भी विश्राम पावे। फिर राजा विदूषक से अपने मन की बात बताता है और अप्सरा कन्या शकुन्तला को अनाघ्रात पुष्प, अनाविद्ध रत्न, अलून किसलय, और अनास्वादित-रस मधु की भाँति बताता है और यह चिन्ता भी व्यक्त करता है कि न जाने विधाता किसे इस लड़की का वर बनाएँगे। विदूषक से वह यह भी कहता है कि उसका दृढ़ विश्वास है कि शकुन्तला भी उसे चाहती है। इसी समय कण्व मुनि के दो शिष्य आकर उसे आश्रम को राक्षसों के उपद्रव से बचाने का अनुरोध करते हैं और कहते हैं कि जब तक कण्व मुनि बाहर गए हुए हैं तब तक आप आश्रम में रहकर उसकी रक्षा करो। राजा विदूषक से पूछता है कि शकुन्तला को देखने की उसकी इच्छा है या नहीं ? विदूषक उत्तर में कहता है कि पहले तो बहुत थी परन्तु अब राक्षस वाली बात सुनकर रञ्चमात्र भी नहीं है। संयोग की बात कि इसी समय राजमाता की आज्ञा लेकर नगर से करभक नामक भृत्य आ पहुँचता है और बताता है कि राजमाता ने आज्ञा दी है कि आज उनके व्रत का चौथा दिन है। इस समय आयुष्मान् दुष्यन्त का यहाँ रहना आवश्यक है। एक ओर मुनियों का काम, दूसरी ओर माता की आज्ञा, राजा दुविधा में पड़ जाता है। फिर वह विदूषक से कहता है कि मित्र, माताजी तुम्हें पुत्रवत् मानती हैं, तुम ही चले जाओ। विदूषक को वह जाने के लिये राजी कर लेता है। राजा के मन में आशंका होती है कि यह बातूनी विदूषक कहीं रानियों से यह बात न कह डाले। उसे यह समझाकर भेजता है कि शकुन्तला के बारे में जो बातचीत हुई है वह केवल 'परिहास-विजल्पित' है, उसे सच न मान लेना। यहीं दूसरा अंक समाप्त होता है। कवि ने परवर्ती घटना शकुन्तला-प्रत्याख्यान को अधिक दुर्भाग्यपूर्ण और वास्तव बताने के लिये कौशलपूर्वक विदूषक को यहाँ से हटा दिया है।

तीसरे अङ्क में राजा आश्रम में निवास करता है और शकुन्तला के विरह में व्याकुलता का अनुभव करता है। वह चोरी-चोरी से बेंतों से घिरे हुए उस लता-मण्डप के पास पहुँचता है जो शकुन्तला की कुटिया के निकट है, वहाँ पहुँच कर वह अनुमान से समझ लेता है कि जरूर शकुन्तला इस लतामण्डप में बैठी है, क्योंकि वहाँ पीली रेती पर जो पदचिह्न दिखाई दे रहे थे वे नवयौवना किशोरियों के ही हो सकते थे। वह छिपकर भीतर देखता है और शकुन्तला को पत्थर की पटिया पर लेटी हुई पाता है। शकुन्तला भी दुष्यन्त के प्रेम में व्याकुल है। वह अस्वस्थ हो गई है और सखियाँ उसकी सेवा कर रही हैं। प्रियंवदा और अनसूया उसका दुःख दूर करने के उपाय पर विचार करती हैं

और एक प्रेम-पत्र लिखने की सलाह देती हैं। शकुन्तला को भय है कि कहीं ऐसा करने पर राजा उसके प्रेम को अस्वीकार न कर दे। अन्त में शकुन्तला प्राकृत कविता में एक प्रेम-पत्र लिख देती है और फिर सखियों को सुनाती है कि ठीक हुआ कि नहीं। अवसर देखकर राजा फिर आ धमकता है। सखियाँ बहाना बनाकर हट जाती हैं और दोनों अकेले रह जाते हैं, और तीसरा अंक समाप्त हो जाता है। शकुन्तला का मुग्ध-भाव इस अंक में बहुत स्पष्ट रूप में उभरता है।

चौथे अंक में अनसूया और प्रियंवदा का प्रवेश होता है। उनकी बातचीत से पता चलता है कि राजा और शकुन्तला का गंधर्व-विवाह हो गया है। राजा नगर को जानेवाले हैं। दोनों सखियों के मन में कई चिन्ताएं हैं, कण्व क्या इस विवाह का अनुमोदन करेंगे और राजा क्या राजधानी जाकर शकुन्तला का स्मरण करेंगे, इत्यादि। वे शकुन्तला के सौभाग्य देवता की पूजा के लिये फूल चुनती हैं। इसी समय उन्हें नेपथ्य में दुर्वासा मुनि की क्रोध-भरी वाणी सुनाई देती है। वे अतिथि होकर आश्रम में आए हैं किन्तु दुष्यन्त के ध्यान में लीन शकुन्तला को दुर्वासा के आने का पता नहीं चलता। दुर्वासा शाप देते हैं कि जिसकी याद में खोई हुई तू मेरी उपेक्षा कर रही है, वह तुझे भूल जायगा, याद दिलाने पर भी उसे तेरी याद नहीं आयगी। दोनों सखियाँ दौड़कर ऋषि से अनुनय-विनय करती हैं। मुनि थोड़ा-सा पसीजते हैं और कहते हैं कि मेरी बात अन्यथा तो नहीं हो सकती, लेकिन अभिज्ञान या सहदानी के रूप में किसी आभरण को दिखाने पर उसे याद आ जायगी। दोनों सखियाँ शकुन्तला को यह बात बताती तो नहीं, लेकिन चुपचाप यह निश्चय कर लेती हैं कि शकुन्तला को समझा देंगी कि यदि राजा न पहचाने तो उसको उसकी अँगूठी दिखा देना। प्रियंवदा और अनसूया की बात-चीत से यह भी पता चलता है कि कण्व मुनि आ गए हैं और आकाशवाणी से उन्हें पता चल गया है कि दुष्यन्त और शकुन्तला का गन्धर्व-विवाह हो चुका है और शकुन्तला के पेट में दुष्यन्त का तेज, पुत्र-रूप में आ गया है। कण्व मुनि ने शकुन्तला को पतिगृह भेज देने का निश्चय किया है।

इसके बात शकुन्तला को पतिगृह जाने के लिये प्रौढा तापसी गौतमी और उसकी सखियाँ अनेक प्रकार के आभरणों से सज्जित करती हैं। कण्व के प्रभाव से आश्रम के किसी वृक्ष ने शुभ्र मांगलिक वस्त्र दे दिया था और किसी ने पैर में लगाने की महावर दे दी थी और वनदेवियों ने तो वृक्षों के किसलयों से

मिलते-जुलते कलाई तक अपने कोमल हाथ निकालकर अनेक मांगल्य आभरण दिये थे । शकुन्तला आभरण से युक्त होकर जाने के लिये तैयार होती है, उसी समय कण्व मुनि का प्रवेश होता है । उनका गला भर आया है, आँखों में आँसू भरे हुए हैं । वे वाष्पविगलित कण्ठ से शकुन्तला को आशीर्वाद देते हैं कि वह पति की उतनी ही प्रिय हो जितनी कि राजा ययाति की शर्मिष्ठा थी, और सम्राट पुत्र प्राप्त करे । अग्नि की प्रदक्षिणा के बाद कण्व के दो शिष्य शारद्वत और शार्ङ्गरव तथा गौतमी शकुन्तला के साथ जाने को प्रस्तुत होते हैं । कण्व तपोवन के वृक्षों से शकुन्तला को पतिगृह जाने की अनुज्ञा माँगते हैं । स्नेह-विजड़ित कण्ठ से वे कहते हैं कि 'हे तपोवन के वृक्षो, तुम्हें पानी पिलाए बिना जो पानी नहीं पीती थी, आभूषण पहनने का प्रेम होते हुए भी जो स्नेहवश तुम्हारा पल्लव नहीं तोड़ती थी, तुम्हारे प्रथम पुष्पोद्‌गम के समय जो उत्सव रचाती थी, वह शकुन्तला अब पतिगृह जा रही है । सब लोग उसे अनुज्ञा दो ।' शकुन्तला स्खलित गति से आगे बढ़ती है । तपोवन के हिरण ने व्याकुलतावश आधे चबाये हुए कुश के कवल को उगल दिया, मयूरों ने नृत्य छोड़ दिया, वृक्षों ने पीले-पीले पत्रों के आँसू बहाए । चलते-चलते शकुन्तला अपनी लता-भगिनी वन-ज्योत्स्ना को पुकारती है और आलिंगन करती है । सारा आश्रम शकुन्तला के वियोग की आशंका से रो पड़ता है । वह मृगछौना, जिसके मुँह में कुश की नुकीली पत्तियों को चरते समय जब घाव हो गया था तो शकुन्तला ने इंगुदी का तेल लगाकर उसकी शुश्रूषा की थी और साँवा के कोमल पत्तों का ग्रास खिला कर अपने पुत्र-जैसा बनाकर बड़ा किया था, दौड़ा हुआ आता है और पीछे से शकुन्तला की साड़ी खींचने लगता है । शकुन्तला की छाती फटने लगती है, हाय ! बेचारे की माँ जन्मते ही मर गई थी । कौन इसकी देखभाल करेगा ? यह भी भावी विपत्ति की सूचना जैसा लगता है । लेकिन शकुन्तला मृगशावक को आश्वासित करती है कि पिताजी तेरी देखभाल करेंगे । ऊँची-नीची भूमि में शकुन्तला के पैर डगमगा उठते हैं । कण्व स्नेहपूर्वक उसे रोने से विरत होने को कहते हैं । अन्त में शकुन्तला को गृहिणी-धर्म का उपदेश देकर और दुष्यन्त को उसके प्रति सद्‌व्यवहार करने का संदेश देकर और साथ ही पुत्र को सम्राट् पद पर अभिषिक्त करने के बाद फिर आश्रम में लौट आने का आश्वासन देकर लौटते हैं । एक बार दीर्घ निःश्वास लेकर कहते हैं कि शकुन्तला ने बलि के लिए जो धान छींटे थे उनके अंकुर कुटी के द्वार पर उगेंगे । उन्हें देखते हुए वे कैसे शोक-वेग को शान्त कर सकेंगे । सखियाँ इस बीच शकुन्तला को बता चुकी हैं कि यदि राजा न पहचाने तो उसे अँगूठी दिखा दे । चौथा अङ्क यहीं समाप्त होता है ।

पाँचवें अंक में अवगुंठनवती और वस्त्रों के भीतर से लावण्यधारा छिटकाती हुई शकुन्तला पीले पत्तों के बीच शोभित होने वाले किसलय के समान तपोधनों के साथ राजा के दरबार में ले जाई जाती है और राजा को बताया जाता है कि यह तुम्हारी विवाहिता वधू है, परन्तु वह पहचानता नहीं। कण्व मुनि के दोनों शिष्य उसे न पहचानने के लिए बुरा-भला कहते हैं। गौतमी तो उसका घूंघट भी हटा देती है, ताकि राजा पहचाने। शकुन्तला भी कुछ घटनाओं की याद दिलाकर उसे स्मरण करवाने की चेष्टा करती है, लेकिन सब व्यर्थ हो जाता है। अन्त में अँगूठी दिखाने के लिये अँगुली की ओर देखती है, परन्तु अँगूठी वहाँ नहीं मिलती। राजा उपहास करता है कि स्त्रियों में इस प्रकार का अशिक्षित-पटुत्व तो होता ही है। वे तुरन्त बहाने बना लेती हैं। ऋषि का शिष्य शार्ङ्गरव क्रुद्ध हो उठता है परन्तु राजा पर कोई असर नहीं पड़ता। अन्त में दोनों शिष्य यह कहकर चल देते हैं कि यह तुम्हारी पत्नी है। इसे घर में रखो या निकाल दो। शकुन्तला रो उठती है। हाय! इस धूर्त ने तो मुझे धोखा दिया ही, तुम भी छोड़ कर जा रहे हो। गौतमी का मातृ-हृदय व्याकुल हो उठता है, "बेटा शार्ङ्गरव! यह रोती हुई शकुन्तला पीछे-पीछे आ रही है। क्या करे मेरी बेटी, इसे पति ने छोड़ दिया।" शार्ङ्गरव डाँटता है, "दुष्टे! तू मनमानी करना चाहती है। यदि यह सही है, जैसा कि राजा कहता है, कि उसने तेरे साथ विवाह नहीं किया तो पितृकुल में तेरा स्थान नहीं है और यदि यह सही है, जैसा कि तू कह रही है कि यह तेरा पति है तो पतिकुल में तुझे दासी बनकर भी रहना चाहिए।" दुष्यन्त के मन में थोड़ी-सी करुणा उत्पन्न होती है। अन्त में राजा के पुरोहित यह कह कर शकुन्तला को अपने घर ले जाने को प्रस्तुत होते हैं कि यदि इसके पुत्र में चक्रवर्ती के लक्षण मिल जाएँगे तो इसे अन्तःपुर में ले लीजिएगा और नहीं तो इसके पिता के पास भेज दीजिएगा। विवश शकुन्तला कातर भाव से चिल्ला उठती है, हे धरती! फट जा, तू मुझे गोद में ले ले। अपने भाग्य को कोसती हुई शकुन्तला जिस समय रोने लगती है उसी समय आकाश से एक ज्योतिरूपा स्त्री उतरती है और उसे लेकर अप्सरा तीर्थ की ओर चली जाती है। दुष्यन्त का हृदय व्याकुल हो उठता है। भीतर से कोई विचित्र-सी हूक उठकर उसे विश्वास-सा दिलाने लगती है कि कुछ बात हुई जरूर है, लेकिन याद नहीं आ रही। पाँचवाँ अंक समाप्त होता है।

छठे अंक में एक मछुवा को पकड़कर, जिसके पास राजा की अँगूठी पाई गई है, राजदरबार में ले आते हैं। राजा को अँगूठी मिलती है और शकुन्तला

की स्मृति भी जाग उठती है। वस्तुतः यह अँगूठी मछुवे को किसी मछली के पेट से मिली थी।

अँगूठी पाकर राजा व्याकुल हो जाता है। वह चिन्ता और अनिद्रावश क्षीण होता जाता है। वसंतोत्सव का निषेध कर दिया जाता है। अँगूठी ने सारी पुरानी बातें सामने प्रकट कर दी हैं। हाय ! मृगनयनी शकुन्तला ने जब बार-बार याद दिलायी थी, तब भी यह हृदय सोया रहा। केवल पश्चात्ताप का दुःख भोगने के लिए यह भाग्यविहीन हृदय अब जाग उठा है। दुःख, अनुताप और विरह से राजा व्याकुल हो उठता है। इसी समय शकुन्तला की एक सखी सानुमती (मिश्रकेशी) प्रच्छन्न भाव से आकर राजा की दशा देखती है और यह जानकर आह्लादित होती है कि राजा को अब शकुन्तला की याद आ गई है और वह शकुन्तला के परित्याग के कारण बुरी तरह से दुःखित है। राजा की यह व्याकुलता सचमुच बड़ी विषम है। "हाय ! मैंने जब उसे (शकुन्तला को) अस्वीकार कर दिया तो वह अपने स्वजनों के पीछे-पीछे चली। उसी समय गुरु के समान ही गुरु के शिष्य ने डाँटकर कहा, रुक जाओ ! वह खड़ी हो गई। उस समय उसने आँसुओं से भरी आँखें मुझ क्रूर की ओर फेरीं। वह दृष्टि जहर से बुझे शल्य की तरह मेरी छाती में घुसी हुई जला रही है।" राजा व्याकुल है, उस अँगूठी का उपालम्भ कर रहा है। सानुमती (मिश्रकेशी) को भी यह पता चल जाता है कि इस अँगूठी के न मिलने से ही राजा शकुन्तला को भूल गया था। राजा शकुन्तला का चित्र लेकर मनोविनोद करता है। उसकी कमियों को पूरा करने का प्रयत्न करता है। इसी समय प्रतिहारी निस्संतान सेठ धनमित्र के डूबकर मर जाने की खबर देती है। राजा के मन में निस्संतान होने के कष्ट का अनुभव होता है और जब वह सुनता है कि सेठ की बेटी को संतान होने वाली है, तो आदेश देता है कि सेठ की सम्पत्ति गर्भस्थ बालक को ही दी जाय। इस घटना से राजा को गर्भवती शकुन्तला और भी अधिक याद आती है। वह मूर्छित हो जाता है। इसी समय मातलि आते हैं और अदृष्ट रूप में ही विदूषक का गला दबाने लगते हैं। वह चिल्लाता है तो राजा का ध्यान भंग होता है। जब वह धनुष उठाता है तो मातलि प्रत्यक्ष होते हैं और बताते हैं कि राजा का ध्यान अपनी ओर आकृष्ट करने के लिए ही उन्होंने विदूषक को तंग किया था। मातलि बताते हैं कि कालनेमि वंशी दानवों ने स्वर्ग में उपद्रव किया है। इसलिए उनका दमन करने के लिए इन्द्र ने राजा को बुलाया है। राजा मातलि के साथ रथ पर चढ़कर दानवों के विध्वंस के लिये इन्द्रलोक की ओर प्रस्थान करता है। छठा अंक यहीं समाप्त हो जाता है।

सातवें अंक में राजा स्वर्ग में दानवों को पराजित करके मर्त्यलोक की ओर आता है और कश्यप ऋषि के आश्रम में हेमकूट नामक किन्नर पर्वत पर पहुँचता है और वहाँ की शोभा देखकर प्रसन्न होता है। वहीं उसकी दाहिनी भुजा फड़कती है। राजा को नटखटपने की आवाज़ सुनकर आश्चर्य होता है और देखता है कि एक पराक्रमी बालक है, जिसके पीछे दो तपस्विनियाँ आ रही हैं। यह बालक सिंहिनी के स्तनों से आधा दूध पीए हुए सिंह शिशु को बलपूर्वक खेलने के लिए घसीट रहा है। बच्चा सिंह का जबड़ा खोलकर कहता है कि मैं तेरे दाँत गिनूँगा। तपस्विनियाँ बच्चे को डाँटती हैं और कहती हैं कि तेरा नाम यहाँ के ऋषियों ने जो सर्वदमन रखा है, वह ठीक ही है। राजा के हृदय में स्नेहभाव अंकुरित होता है। वह सोचता है कि यह जरूर किसी तेजस्वी का पुत्र होगा। तपस्विनियाँ उसे खिलौना देने का लालच देकर सिंह-शिशु को छुड़वाती हैं। खिलौना लेने के लिए जब वह हाथ फैलाता है तो राजा यह देखकर चकित हो जाता है कि उसमें चक्रवर्ती के लक्षण हैं। उस नन्हें-नन्हें दाँतों वाले, अटपटी वाणी बोलने वाले बालक को देखकर वह सोचने लगता है कि वे लोग धन्य हैं जो ऐसे बच्चों के शरीर की धूल से मैले होते हैं। तापसी राजा से कहती है कि इस सिंह के बच्चे को आप ही जरा छुड़ा दीजिए। राजा बच्चे को जब 'महर्षिपुत्र' कहता है तो तापसी उसे बताती है कि यह ऋषि का पुत्र नहीं। फिर वह बच्चे को गोद में ले लेता है। तापसियाँ राजा के साथ बच्चे का आकृतिसाम्य देखकर अचरज में पड़ जाती हैं। राजा को तापसियों से ही पता चलता है कि यह बालक पुरुवंश का है और इसकी माँ किसी अप्सरा की कन्या है। राजा के मन में यह आशा उत्पन्न होती है कि यह शकुन्तला का बालक हो सकता है। दूसरी तापसी मिट्टी का मोर लेकर पहुँच जाती है और बच्चे को उस 'शकुन्त-लावण्य' (पक्षी का सौन्दर्य) की ओर आकर्षित करना चाहती है। बच्चा समझता है कि उसकी माता शकुन्तला का नाम लिया जा रहा है और तब राजा को भी पता चलता है कि यह शकुन्तला का पुत्र है। इसी समय एक और आश्चर्यजनक घटना घटती है। तापसी चिन्तित होकर देखती है कि बच्चे की कलाई पर जो अपराजिता नामक औषधि बाँधी गई थी वह कहीं खुल कर गिर गई है। इसको बच्चे के पिता, माता और वह स्वयं, तीन ही स्पर्श कर सकते थे। यदि दूसरा कोई छूता था तो वह सर्प बनकर डस लेती थी। राजा को इस बात का पता नहीं था और वह औषधि उठा लेता है। इस प्रकार तापसियों को विश्वास हो जाता है कि राजा दुष्यन्त ही बालक के पिता हैं। तापसियाँ शकुन्तला को खबर देने चली जाती हैं। राजा बालक को गोद में ले लेता है।

बालक छुड़ाकर माँ के पास भागना चाहता है और राजा के यह कहने पर कि बेटे मेरे साथ ही माँ का अभिनन्दन करो, कहता है कि मेरा पिता तो दुष्यन्त है, तुम नहीं। इसी समय एकवेणीधरा शकुन्तला प्रवेश करती है। उसके मन में अब भी अपने भाग्य पर भरोसा नहीं है। कौन जाने, राजा अब भी पहचाने या नहीं। राजा शकुन्तला को देखता है। हाय! यह वही शकुन्तला है। शरीर पर मैले कपड़ों का एक जोड़ा पड़ा हुआ है, निरन्तर व्रत-उपवास करते रहने से मुँह सूख गया है, केश उलझ कर एकलट बन गए हैं, अत्यन्त निष्करुण दुष्यन्त के विरह-व्रत को वह धारण कर रही है। राजा का मुख पश्चात्ताप से पीला पड़ जाता है। इतना पीला कि शकुन्तला पहचान नहीं पाती है। सोचने लगती है, कौन है यह जो मेरे पुत्र को अपने गात्र-संसर्ग से मलिन कर रहा है। बालक दौड़कर माता के पास जाता है और कहता है कि माँ यह कोई पुरुष 'बेटा' कहकर मेरा आलिङ्गन कर रहा है। राजा का हृदय हाहाकार कर उठता है। उसकी निष्ठुरता का यह अनुचित दण्ड है कि शकुन्तला उसे पहचान नहीं रही। राजा की स्मृति पर पड़ा हुआ मोह का पर्दा हट गया है और उसे शकुन्तला वैसे ही मिल गई है जैसे चन्द्रग्रहण बीतने पर चन्द्रमा को रोहिणी मिल जाती है। शकुन्तला आर्यपुत्र की जय बोलती है, लेकिन उसका कण्ठ बाष्परुद्ध हो जाता है। अब भी उसे अपने भाग्य पर विश्वास नहीं होता। बालक पूछता है, माँ! यह कौन है? माँ कहती है, बेटा! अपने भाग्य से पूछ। राजा शकुन्तला के पैरों पर गिर पड़ता है और प्रार्थना करता है कि उसने जो शकुन्तला का निरादर किया था उसे वह अपने मन से निकाल दे क्योंकि उस समय उसकी वैसी ही अवस्था थी, जैसे किसी दृष्टिहीन अन्धे के सिर पर कोई सुगन्धित पुष्पों की माला डाले और वह साँप की आशंका से झटक कर गिरा दे। शकुन्तला राजा के हाथ में पड़ी हुई उस अँगूठी को पहचान लेती है। परन्तु राजा जब उसे उसकी अँगुलियों में पहनाने लगता है तो कहती है, मैं इसका विश्वास नहीं करती, आप ही इसे पहनें। इसी समय मातलि का प्रवेश होता है, वह शकुन्तला और दुष्यन्त को लेकर कश्यप मुनि के पास पहुँचते हैं और उनका आशीर्वाद प्राप्त करते हैं। नाटक यहीं पर समाप्त होता है।

जैसा कि ऊपर बताया गया है, अभिज्ञान शाकुन्तल संसार की सर्वश्रेष्ठ कृतियों में अन्यतम है। कालिदास ने शकुन्तला को निसर्गकन्या के रूप में चित्रित किया है। वह तपोवन के वृक्ष, लता, पशु-पक्षियों के समान प्रकृति से

उत्पन्न सुकोमल लता की भाँति है। प्रत्येक लता उसे अपनी बहन समझती है और वह समूचे आश्रम की प्रत्येक वस्तु को अपना सगा मानती है। जिस वन-ज्योत्स्ना को उसने लताभगिनी के रूप में स्वीकार किया था और जिसका विवाह उसने नवीन सहकार वृक्ष (आम) से किया था, वह उसके उपकार से गद्‌गद जान पड़ती है। विद्वानों का अनुमान है कि इसी वनज्योत्स्ना ने भँवरे को छोड़कर उसके लिए अनुकूल वर ढूँढने का उपक्रम किया था। मृग शिशु उसके हृदय की बात जानता है और किसी अज्ञात सहजात वृत्ति के द्वारा भविष्य की हृदय-विदारक घटना का आभास पा जाता है। वह दुष्यन्त के हाथ का दिया जल नहीं पीता और विदाई के समय पीछे से आकर उसका कपड़ा खींचने लगता है, मानो भावी दुर्घटना को वह जान गया हो और शकुन्तला को पति-गृह जाने से रोकना चाहता हो। चक्रवाक युवा चक्रवाकी की पुकार का उत्तर नहीं देता मानो वह इंगित से बता देना चाहता हो कि इस यात्रा का परिणाम शकुन्तला के लिए भी ऐसा ही कुछ होने वाला है। उसके वियोग की आशंका से सारी वनस्थली रो पड़ती है। वृक्ष आँसू की तरह पीले पत्ते गिराते हैं, मृग-यूथ आधी चरी हुई घास मुँह में लिए हुए व्याकुल भाव से ठिठक जाते हैं, मयूर नाचना छोड़ देते हैं और लताएँ अपने दीर्घ निःश्वास की भाँति भ्रमरियों को उड़ा देती हैं। सारा चित्रण कुछ इस प्रकार का है कि शकुन्तला उस तपोवन में खिली हुई एक पुष्पवती लता के समान दिखाई देती है—भोली, उभरती हुई, आरूढ़यौवना ! वस्तुतः अभिज्ञान शाकुन्तल में प्रकृति एक जीवन्त पात्र है। शकुन्तला का श्रृंगार वही करती है और शकुन्तला के लिए वह सबसे अधिक व्याकुल है। उसके पल्लव और पुष्प ही शकुन्तला के श्रृंगार हैं, वल्कल ही उसके वसन हैं, मृणालनाल ही उसके हार हैं, 'आगण्ड-विलम्बि-केसर' और शिरीष पुष्प ही उसके कर्णफूल हैं, कमलिनी के पत्र ही उसे शीतलता प्रदान करते हैं, मृगशिशु ही उसके क्रीड़ा-सहचर हैं और लता और वृक्षों की सेवा ही उसका मनोविनोद है। इस निसर्गकन्या के जीवन में राजा का प्रवेश होता है। अत्यन्त विश्वास के साथ वह आत्मसमर्पण करती है। छल प्रपंच नाम की वस्तु से उसे परिचय ही नहीं है। वह जानती ही नहीं कि प्रेम का प्रत्याख्यान भी हो सकता है। दुष्यन्त राजा है। कूटनीति की कुशलता ही उसे सफल बना सकती है। कालिदास ने दुर्वासा ऋषि के शाप का बहाना करके उसके चरित्रगत औदात्य की लाज रख ली है। शकुन्तला के प्रत्याख्यान की घटना बड़ी ही मर्मन्तुद है। अत्यन्त विश्वास के साथ आगे बढ़ी हुई मुग्धा शकुन्तला एक ओर अपने प्रेमी द्वारा लाञ्छित और परित्यक्त होती है और दूसरी ओर उसके स्वजन भी

उसका त्याग करते हैं और एक विचित्र प्रकार के भाग्य-बिडम्बन का दृश्य उपस्थित होता है। इस भाग्य-बिडम्बन के मूल में राजा दुष्यन्त की दी हुई अँगूठी हेतु बनती है। पहली बार प्रकृति की गोद में पली हुई मुग्धा किशोरी शकुन्तला को सोने का अलंकार मिला था। कृत्रिम सभ्यता का प्रवेश इस सोने के अलंकार के रूप में प्राकृतिक वातावरण के जीवन में होता है। यह अँगूठी ही अभिज्ञान का काम करती है और प्रत्याख्यान का भी कारण बनती है और दुष्यन्त के हृदय में पश्चात्ताप का भी हेतु बनती है। इस सोने के अलंकार का प्रवेश इतनी महत्वपूर्ण घटना है कि कालिदास ने अपने नाटक का नाम ही इसी के आधार पर 'अभिज्ञान शाकुन्तलम्' रखा है।

परन्तु इस अँगूठी का एक दूसरा रूप भी है। वह दुष्यन्त के हृदय को पवित्र करने का भी निमित्त बनती है। शकुन्तला की दयनीय स्थिति की याद आते ही और अपने पुराने प्रेम की स्मृति के जागते ही दुष्यन्त के हृदय में पश्चात्ताप और व्याकुलता की आँधी बह जाती है। शकुन्तला के त्याग, शील और कष्ट ने दुष्यन्त के हृदय को निर्मल बनाया है। उसे सच्चे उदात्त चरित्र के रूप में निखारा है। शकुन्तला के चित्र के बनाने के बाद दुष्यन्त उसमें कमी देखने लगता है। वह कमी क्या है ? शकुन्तला को जब तक पूरे वातावरण में रखकर न देखा जाए तब तक उसे ठीक-ठीक नहीं समझा जा सकता। बड़ी कठिन वेदना के झेलने के बाद राजा शकुन्तला को ठीक-ठीक समझ पाता है। शकुन्तला का चित्र कितना भी यथार्थ क्यों न बना हो तब तक वह अधूरा ही है, जब तक उसे उस तपोवन में नहीं देखा जाता, जिसमें मालिनी नदी के सैकत पुलिन पर अत्यन्त विश्रब्ध भाव से बैठे हुए हंसों के जोड़े दिखाई देते हैं, जिसमें तपस्वियों के स्नानोपरान्त भीगे हुए वल्कलों से चूए हुए जल-बिन्दुओं से आश्रम की पगडंडी पर आर्द्र रेखा बन गई है; जिसके पेड़ों पर तापस जन के वल्कल सूखने के लिए फैलाए हुए हैं और जिसके पेड़ों के नीचे आशंकाहीन मृग-दम्पति विश्राम कर रहे हैं। दुष्यन्त ने इस बात को ठीक ही समझा था। सारी घटनाएँ कुछ ऐसी हृदय-विदारक हैं जैसे विश्वासपूर्वक किसी मृगी को बुलाकर व्याध ने उसके पेट में छुरा भोंक दिया हो। राजा का हृदय हाय-हाय कर उठा था। उस दारुण वेदना का आभास उसके इस कथन से प्रकट होता है कि चित्र में वृक्ष के नीचे भारी-भरकम सींगों वाला कृष्णसार मृग अंकित होना चाहिए और उसके बगल में बैठी हुई उसकी प्रिया इस प्रकार अंकित होनी चाहिए जो अपनी बाईं आँख का कोना विश्वासपूर्वक उसकी सींग पर खुजला रही हो। कैसा विश्वास का वातावरण था वहाँ पशु-प्रेमियों में ! शकुन्तला भी उसी आश्रम में पली थी।

उसने भी मृगी की भाँति विश्वासपूर्वक अपनी आँख अपने प्यारे मृग की सींग पर खुजलाने का प्रयत्न किया था। लेकिन यह मनुष्यप्रेमी इतना विश्वासघातक निकला कि उसने उसकी आँख ही फोड़ दी—असावधानी के कारण नहीं, धर्मात्मा बनने के ढोंग से। दुष्यन्त को कहीं शकुन्तला के मुग्ध सौन्दर्य का ठीक-ठीक परिचय पहले हुआ होता!

कवि ने शकुन्तला को जितनी ही सुकुमार पट-भूमिका पर रखा है उतनी ही पवित्र मुग्धता उसमें उभारी है और उतना ही भयंकर पश्चात्ताप दुष्यन्त के हृदय को परितप्त कर रहा है। शकुन्तला ने आत्मसमर्पण किया था—बाह्य रूप के आकर्षण पर, परिणाम बड़ा ही भयंकर हुआ। मदन देवता के फूलों के बाण विफल हो गये, यौवन का मादक आकर्षण व्यर्थ सिद्ध हुआ। परन्तु इस क्षणिक उन्माद के प्रमाद को कालिदास चिरस्थायी बनाने के पक्ष में नहीं हैं। शकुन्तला फिर दूसरे तपोवन में जाती है—निराश, अपमानित, लाञ्छित। अगर यहीं सब-कुछ समाप्त हो जाए, तो सृष्टि का उद्देश्य ही वन्ध्य हो जाए। दूसरे तपोवन में शकुन्तला नई तपस्या शुरू करती है। 'नियमक्षाममुखी धृतैकवेणी' वाला रूप धारण करती है। उसकी तपस्या चरितार्थ होती है। दुष्यन्त का अनुताप-दग्ध हृदय वात्सल्य रस से सिक्त होकर नया जीवन पाता है। वात्सल्य रस, जो पुष्पधन्वा के उत्पात के मालिन्य को धो देता है, प्रत्याख्यान के कल्मष को बहा देता है और टूटे हृदयों को जोड़ने में वज्रलेप का काम करता है। अँगूठी एक बार फिर आ जाती है, पर शकुन्तला ने ठीक ही कहा था कि मैं इस पर विश्वास नहीं कर सकती। निसर्ग-सौन्दर्य और निसर्ग-प्रेम में यह कृत्रिम अलंकरण केवल उत्पात का ही कारण बन सकता है।

शकुन्तला नाटक मनुष्य के उन्मद आकर्षण से आरम्भ होता है, उद्धत प्रत्याख्यान से टूटता है और मंगलमय वात्सल्य से नया जीवन प्राप्त करता है। वह स्वर्ग और मर्त्य की कड़ी जोड़ता है, त्याग और भोग को सन्तुलित करता है, कर्त्तव्य और निर्बन्ध प्रेम का सामंजस्य उपस्थित करता है, राजभवन और तपोवन का सम्पर्क स्थापित करता है और उन्मद यौवन लालसा के ऊपर प्रशांत गार्हस्थ्य की विजय दिखाता है। यह मनुष्य और प्रकृति के साथ एकसूत्रता स्थापित करता है और विश्वव्यापी भावचेतना के साथ व्यक्ति की भावचेतना का तादात्म्य स्थापित करता है। इस एक नाटक को ही आश्रय करके मनुष्य के अनेक सुकुमार भाव सजीव हो उठे हैं और पूर्ण सामंजस्य में शोभित हुए हैं। कालिदास ने इन सुकुमार भावनाओं को बड़े ही कौशल के साथ चित्रित किया है। कोई आश्चर्य नहीं कि संसार के मनीषियों ने इसे इतना सम्मान दिया है।

कालिदास के अध्ययन के लिए कुछ आवश्यक जानकारी

०

संस्कृत साहित्य के प्रसिद्ध विद्वान् ए० बी० कीथ ने अपने इतिहास में कालिदास की मान्यताओं पर विचार करते हुए लिखा है—

"दोनों (रघु० और कुमार०) महाकाव्य, विशेषतः रघुवंश, यह प्रदर्शित करते हैं कि विश्व के स्वरूप के विषय में सांख्य और योग की दृष्टि कालिदास को मान्य थी। प्रकृति के तीन गुण सत्व, रजस् और तमस् अपने नैतिक पक्ष में उपमाओं के लिए विषय प्रदान करते हैं। सरयू के रूप में ब्रह्म-समुद्र उस अव्यक्त की भाँति हैं, जिसमें महत्तत्त्व उत्पन्न होता है। योगाभ्यास को अभिस्वीकार किया गया है; आसन पर बैठकर वृद्ध राजा धारणा का अभ्यास करता है, तपस्वियों के कठिन आसन, वीरासन, की उपमा निश्चलतया स्थित वृक्षों से दी गई है, सीता तपस्या द्वारा अगले जन्म में अपने पति से पुर्नमिलन प्राप्त करना चाहती है, योगी गण दरवाजे के भीतर प्रविष्ट हो जाने की शक्ति प्राप्त कर सकता है और उसका दाह-संस्कार नहीं होता, प्रत्युत रघु की भाँति उसे पृथ्वी माता के भीतर गाड़ दिया जाता है। परन्तु हम यह नहीं मान सकते कि कालिदास का अभिमत ईश्वर, योगदर्शन का साधारण ईश्वर है। कालिदास के अनुसार ब्रह्म में सांख्य के प्रकृति और पुरुष दोनों संयुक्त हैं; और इससे सूचित होता है कि कठोपनिषद् के लेखक की भाँति कालिदास भी प्रकृति और पुरुष के ऊपर एक परम तत्त्व को मानते थे, जो उनके लिए विशेष करके शिवरूप है, परन्तु जो ब्रह्मा और विष्णु भी है और जो अन्धकार से परे है और कभी नष्ट नहीं होता। तत्त्वज्ञानी व्यक्ति मृत्यु के पश्चात् इसी परम तत्त्व में मिल जाता है, क्योंकि रघुवंश में 'ब्रह्मभूतां गतिमाजगम' का यही अभिप्राय है। यदि तत्त्वज्ञान न होकर केवल पुण्य कर्म ही हो तो मनुष्य को स्वर्ग की प्राप्ति होती है, क्योंकि ज्ञान से ही कर्म दग्ध होते हैं, अन्यथा वे कर्म मनुष्य को बार-बार जन्म लेने को विवश करते हैं। इस मत को स्वीकार करने में हमें विशेष संकोच न होना चाहिए, क्योंकि यह लोकप्रिय वेदान्त की भी मौलिक दृष्टि है और इससे एक

विचारशील और विवेकी व्यक्ति को उक्त तीन महान् देवताओं में विश्वास का सामञ्जस्य स्थापित करने का एक सफल उपाय प्राप्त होता है। यह स्पष्ट है कि आयु बढ़ने के साथ-साथ कालिदास का चित्त परमात्मा के सर्व-व्यापक स्वरूप की ओर और उससे ऐक्य प्राप्त करने के लिए योगाभ्यास की क्षमता की ओर अधिकाधिक उन्मुख होता है।

ऐसे दर्शन में मानव-हृदय के मौलिक द्वन्द्वों का कोई समाधान चाहना अथवा मनुष्य के उद्देश्यों और उसके भाग्य की कोई स्वतन्त्र आलोचना की अपेक्षा करना निरर्थक होगा। भारत में अनेक नास्तिक हुए हैं, परन्तु उनकी सारी कृतियाँ नष्ट हो गईं, पर सौभाग्य से हम ऐसी पूर्णता के साथ ब्राह्मण-धर्म के आदर्श की, उसके सबल-दुर्बल पक्षों के साथ, काव्यात्मक प्रतिमूर्ति की रक्षा कर सके हैं। हमें यह भी स्मरण रखना चाहिए कि उपर्युक्त जैसा आदर्श गम्भीर मानवीय संवेदना का निषेध नहीं करता, जैसी कि मेघदूत की उत्कंठा में, मृत इन्दुमती के सम्बन्ध में अज द्वारा किए गए विलाप में और निहत काम के लिए किए गए रति के विलाप में हमें दिखाई पड़ती है। परन्तु ऐसे आदर्श में अपने को ईश्वर की इच्छा को अर्पण कर देना आवश्यक है और यदि स्वरूपगत पूर्णता में कालिदास के काव्य उनको भारत का Virgil घोषित करते हैं तो हम यह भी स्वीकार कर सकते हैं कि Aeneid के छठे खण्ड की दृष्टि और कल्पना कालिदास की शक्ति के बाहर की वस्तु थी।"

(ए० बी० कीथ : संस्कृत साहित्य का इतिहास)

जब कीथ-जैसे विद्वान के मन में यह बात आती है तो उसे यों ही नहीं टाल दिया जा सकता। इसका कारण है। भारतीय साहित्य की कुछ मूल मान्यताओं पर आस्था या जानकारी के अभाव से ही ऐसी बातें मन में आ सकती हैं। हमने 'भारतीय साहित्य की प्राण शक्ति' नामक निबन्ध में इसकी चर्चा की है। यहाँ संक्षेप में उन विचारों को फिर से कहा जा रहा है।

केवल कालिदास के ही नहीं, समूचे संस्कृत साहित्य के अध्येता को कुछ मूलभूत भारतीय विश्वासों को जानकर ही आगे बढ़ना चाहिए। इन विश्वासों की उपेक्षा करने के कारण कभी समझदार लोग भी ऐसी बातें कह जाते हैं, जो चिन्त्य होती हैं। मैंने अन्यत्र इस विषय पर विशेष रूप से लिखा है। यहाँ उन विचारों को संक्षेप में प्रस्तुत किया जा रहा है। यहाँ के काव्यों और नाटकों के लेखकों में से अधिकांश की प्रवृत्ति यह रही है कि उसकी कथा लोक-विश्रुत हो और उसका नायक और उसकी नायिका प्रसिद्ध वंश-जात और इतिहास-समर्थित पुरुष-स्त्री हों। विदेशी साहित्य में पाठक की कुतूहली वृत्ति को सदा जागरूक

रखने की जो चेष्टा है, भारतीय साहित्य में उसका एकांत अभाव कभी-कभी विदेशी पाठक को खटक जाता है और कभी-कभी आधुनिक-शिक्षाप्राप्त भारतीय विद्वान को भी सदोष जान पड़ता है। इसीलिए भारतीय साहित्य के अध्येता के लिए इस प्रवृत्ति का कारण जान लेना बहुत आवश्यक है। अगर वह इस प्रवृत्ति को नहीं जानता तो भारतीय साहित्य के आधे गुण-दोष को वह नहीं पहचान सकता। उसकी प्रशंसा और उसकी निन्दा दोनों ही समान भाव से उपेक्षणीय होंगी। सारे संसार की अपेक्षा भारतवर्ष के साहित्य की एक निश्चित विशेषता है और उस विशेषता का कारण एक भारतीय विश्वास है। यह है पुनर्जन्म और कर्मफल का सिद्धान्त। प्रत्येक पुरुष को अपने किए का फल भोगना ही पड़ेगा। प्रलय भी हो जाय तो भी वह अपनी करनी के फल से मुक्त नहीं हो सकता। महाभारत में कहा गया है कि पूर्व सृष्टि में प्रत्येक प्राणी ने जो कुछ कर्म किया हो, वह कर्म पुनः-पुनः सृज्यमान होता हुआ उसे परवर्ती काल में भी मिलेगा ही (महाभारत-शांति०, २३१-४८-४९), फिर वह उसे भोगने को तैयार हो या नहीं। समस्त भारतीय साहित्य में पुनः-पुनः कर्मबन्ध से मुक्त होने का उपाय बताया गया है। समस्त शास्त्र अपना अन्तिम लक्ष्य जन्म-कर्म के बन्धन से छुटकारा पाने को कहते हैं। इस सिद्धान्त का जितना व्यापक और जबर्दस्त प्रभाव हिन्दू संस्कृति, हिन्दू साहित्य और हिन्दू जीवन पर पड़ा है, उतना किसी भी और दार्शनिक सिद्धान्त का, किसी भी और जाति पर पड़ा है या नहीं, नहीं मालूम।

पुनर्जन्म का सिद्धान्त वैसे तो खोजने पर अन्यान्य देशों में भी किसी-न-किसी रूप में मिल जा सकता है, परन्तु कर्मफल-प्राप्ति का सिद्धान्त कहीं भी नहीं मिलता। यह बात इतनी सच है कि पिछली शताब्दी में पण्डितों में यह साधारण विश्वास-सा हो गया था कि जहाँ कहीं पुनर्जन्म का सिद्धांत है, वहीं वह भारतीय मनीषा की देन है। सुप्रसिद्ध ग्रीक दार्शनिक पाइथागोरस ने पुनर्जन्म के सिद्धान्त को माना है और उसे लेकर प्राच्य विद्याविशारदों में एक समय में काफी मनोरंजक वाग्युद्ध हो गया है। विलियम जोन्स, कोलब्रुक, गार्बे, होपकिंस प्रभृति विदेशी विद्वानों ने स्वीकार किया है कि उक्त सिद्धान्त को पाइथागोरस ने किसी भारतीय पण्डित से ही सीखा था।

साधारणतः समस्त भारतीय मनीषियों ने इस गुणमय जगत् पर विचार करके यह निष्कर्ष निकाला है कि इसके दो अत्यंत स्पष्ट तत्त्व हैं। एक शाश्वत है, दूसरा परिवर्तनशील; एक सदा एक-रस है, दूसरा नाशमान; एक चेतन है, दूसरा जड़। मतभेद तब शुरू होता है, जब उनके सम्बन्धों पर विचार किया

जाता है। एक तरह के पण्डित हैं; जो इन दोनों तत्त्वों को स्वतन्त्र मानते हैं, इन दोनों का सम्बन्ध केवल योग्यता का सम्बन्ध है, परन्तु दूसरे आचार्य हैं, जो मानते हैं कि वस्तुतः इन दोनों की सत्ता नहीं है, दूसरा पहले की ही शक्ति है। पहले को आत्मा कहते हैं, सांख्यवादी उसे 'पुरुष' कहते हैं और दूसरे तत्त्व को प्रकृति या माया कहते हैं। गीता में भगवान् ने प्रकृति को अपने ही अधीन बताया है और कहा है कि मेरे द्वारा नियोजित होकर ही प्रकृति इस सचराचर सृष्टि को प्रसव करती है (गीता—९, १०)। वेद-बाह्य बौद्धादि सम्प्रदाय के लोग यह मानते हैं कि यह चेतन सत्ता साधना के द्वारा जब प्रकृति के बन्धनों से मुक्त होती है तो उसी प्रकार लुप्त हो जाती है, जिस प्रकार दीपक की लौ; परन्तु इस बात में वे भी विश्वास करते हैं कि शरीर और इन्द्रियादि की अपेक्षा वह वस्तु अधिक स्थायी है। वह सैंकड़ों जन्म ग्रहण करने के बाद सैंकड़ों शरीरों, इन्द्रियों से युक्त हो लेने के बाद निर्वाण की अवस्था को अर्थात् बुझ जाने की अवस्था को प्राप्त होती है।

सांख्यशास्त्रियों के मत से पुरुष अनेक हैं और प्रकृति उन्हें अपने मायाजाल में बाँधती है। पुरुष विशुद्ध चेतन स्वरूप, उदासीन और ज्ञाता है। जब तक उसे अपने इस स्वरूप का ज्ञान नहीं हो जाता, तभी तक वह उसके जाल में फँसा रहता है। यह दृश्यमान जगत् वस्तुतः प्रकृति का ही विकास है।

जो हो, इस विषय में भारतीय दार्शनिकों में प्रायः कोई मतभेद नहीं कि आत्मा नामक एक स्थायी वस्तु है, जो बाहरी दृश्यमान जगत् के विविध परिवर्तनों के भीतर से गुज़रता हुआ सदा एक-रस रहता है। ये पण्डित स्वीकार करते हैं कि जब तक ज्ञान नहीं हो जाता, तब तक यह आत्मा जन्म-कर्म के बन्धन से मुक्त नहीं हो सकता। अब प्रश्न यह है कि यदि यह पुरुष या आत्मा उदासीन है, या दुःख-सुख से परे है और चित्स्वरूप है, तो जन्म और कर्म के बन्धन में पड़ता कैसे है और मृत्यु के बाद एक जन्म का कर्मफल दूसरे जन्म में ढोकर क्यों ले जाता है? जो निर्गुण है, उसे आधार बनाकर पाप और पुण्य के फल कैसे दूसरे जन्म में पहुँच जाते हैं? क्योंकि यह तो सभी मानते हैं कि कर्मफल जड़ हैं, अतः उनमें इच्छा नहीं होती, इसलिए यह तो साफ प्रकट है कि वे इच्छापूर्वक आत्मा का पीछा नहीं कर सकते, फिर यह कैसे सम्भव है कि इस जन्म का कर्मफल दूसरे जन्म में मिलता ही है? सीधा जवाब यह है कि ईश्वर इस व्यवस्था को इस ढंग से चला रहा है, परन्तु यह उत्तर युक्तिवादी दार्शनिकों को पसन्द नहीं है। वे उसका और कोई कारण बताते हैं।

इस प्रश्न का उत्तर देने के लिए शास्त्रकारों ने लिंग-शरीर की बात बताई है। यह तो निश्चित है कि आत्मा एक शरीर से दूसरे में संक्रमित होता है। गीता में भगवान् ने कहा है कि जिस प्रकार मनुष्य पुराने वस्त्र को छोड़कर नया धारण करता है, उसी प्रकार आत्मा जीर्ण शरीर को परित्याग कर नवीन शरीर धारण करता है (गीता—२.२२)। इसी प्रकार वृहदारण्यक उपनिषद में बताया गया है कि जोंक जिस प्रकार एक तृण से दूसरे पर जाते समय पहले अपने शरीर का अगला हिस्सा रखता है और फिर बाकी हिस्से को खींच लेता है, उसी प्रकार आत्मा पुराने शरीर को छोड़कर नये शरीर में प्रवेश करता है। आत्मा को जब अपनी और प्रकृति या माया की वास्तविक सत्ता का ज्ञान हो जाता है, तभी कर्म बन्ध से मुक्त हो जाता है। भगवान् ने गीता में कहा है कि ज्ञान की अग्नि समस्त कर्मों को भस्मसात् कर देती है और ज्ञान से बढ़कर कोई वस्तु पवित्र नहीं है (गीता-४.३७-३८)। उपनिषदों में ब्रह्म को सत्य-स्वरूप, ज्ञान-स्वरूप, और आनन्द-स्वरूप कहा गया है (तैत्तिरीय—२-१; वृहदारण्यक—३।६।२२) ऐसा मानने के कारण समूचा हिन्दू साहित्य ज्ञान को एक विशेष दृष्टिकोण से देखता है। वह यह नहीं मानता कि ज्ञान की प्राप्ति में मनुष्य नित्य अग्रसर होता जा रहा है। उसकी दृष्टि में चरम ज्ञान अपने-आप में ही है। यद्यपि ज्ञान अनन्त है, पर उसका अपना वास्तविक रूप भी वैसा ही है, इसलिए चरम और अनन्त ज्ञान को पाना असम्भव तो है ही नहीं, उसके साध्य के भीतर ही है। हिंदू-साहित्य में इसीलिए नित्य नवीन ज्ञान के अनुसंधान के प्रति एक प्रकार की उदासीनता का भाव है। वह उस विद्या को विद्या ही नहीं मानता, जो मुक्ति का कारण न हो, जो मनुष्य को कर्म-बन्धन से छुटकारा न दिला दे।

मनुस्मृति में कहा गया है कि कायिक, वाचिक और मानसिक, ये तीन प्रकार के कर्म हैं और उनकी गति भी उत्तम, मध्यम और अधम भेद से तीन प्रकार की होती है (मनु—१२३)। साधारणतः तीन प्रकार के कर्म बताए गए हैं—संचित, प्रारब्ध और क्रियमाण। मनुष्य ने जो कुछ कर्म किया है, उसे संचित कर्म कहते हैं। जिस पुराने कर्म के फल को वह भोग रहा है, उसे प्रारब्ध कर्म कहते हैं। जो कुछ वह नये सिरे से करने जा रहा है, उसे क्रियमाण कर्म कहते हैं। ज्ञान होने पर संचित कर्म तो नष्ट हो जाते हैं, पर प्रारब्ध कर्म को भोगना ही पड़ता है। ज्ञान की अग्नि से संचित कर्म जलकर दग्धबीज की तरह निष्फल हो जाते हैं और ज्ञानी प्रारब्ध कर्मों के संस्कारवश उसी प्रकार शरीर धारण किए रहता है, जैसे कुम्हार का चलाया हुआ चक्र दण्ड उठा लेने पर भी वेगवश कुछ देर चलता रहता है। इन बातों में स्वर्ग और नरक के

विचार भी सम्मिलित हैं। कर्मबन्ध के दार्शनिक रूप के साथ स्वर्ग-नरक के पौराणिक विचारों का सामंजस्य भी किया गया है। कुछ विद्वानों का विचार है कि स्वर्ग-नरक विचार और मोक्ष-विचार दोनों दो जाति के भारतीय मनीषियों की चिन्ता के परिचायक हैं। पहले विचार वैदिक ऋषियों के हैं और दूसरे वेदबाह्य आर्येतर मुनियों के। उपनिषद् काल में ये दोनों विचार मिलना शुरू हुए थे और काव्यकाल में पूर्ण रूप से मिलकर एक जटिल परलोक-व्यवस्था में परिणत हो गए।

हिंदू विश्वास के अनुसार मनुष्य पैदा होते ही तीन प्रकार के ऋणों को अपने साथ लेकर उत्पन्न होता है (मनु—४,२५७; विष्णुसंहिता—३७)। ये तीन ऋण हैं—देव-ऋण, ऋषि-ऋण और पितृ-ऋण। पैदा होते ही मनुष्य को कुछ सुविधाएँ प्राप्त हो जाती हैं। वह अपने शरीर और इंद्रियों को पाता है, जो उसके समस्त आनन्दोपभोग के लिए आवश्यक साधन हैं। यह अपने माता-पिता से पाता है। इस ऋण को वह और किसी भी तरह नहीं चुका सकता, केवल एक उपाय है और वह यह कि इस धारा को आगे बढ़ा दिया जाय। इसी तरह वह समूचे ज्ञान-विज्ञान को, जिसे प्रत्यक्ष और सुलभ करने के लिए अनेकानेक मनीषियों ने अपने जीवन दे दिए हैं, अनायास ही पा जाता है। इस बात के लिए वह अपने पूर्वतन आचार्यों का अवश्य ऋणी है। इस ऋण को भी वह चुका नहीं सकता। चुकाने का एक उपाय यही है कि ज्ञान-विज्ञान की धारा को वह सुरक्षित रखे और यथासंभव आगे बढ़ा जाय। अध्ययन-अध्यापन से ही यह कार्य हो सकता है। फिर एक तरह की सुविधा भी मनुष्य को जन्म के साथ ही मिल जाती है। समस्त जगत् की प्राकृतिक शक्तियाँ, जिन्हें प्राचीन आर्य 'देवता' कहते थे, न होतीं तो मनुष्य कुछ भी करने में असमर्थ था। प्राचीनों का विश्वास था कि यज्ञ के द्वारा इन शक्तियों को तृप्त किया जा सकता है। मनु ने इसलिए कहा है कि गृहस्थ को तीन प्रकार के ऋणों से मुक्त होने के बाद ही मोक्ष में मनोनिवेश करना चाहिए। विधिवत् वेदों का अध्ययन करके, पुत्रों का उत्पादन करके और यथाशक्ति यज्ञों का यजन करके ही मोक्ष की चिन्ता में मनोनिवेश करना चाहिए। इन कार्यों को किए बिना ही मोक्ष की इच्छा रखने वाला द्विज अधःपतित होता है (मनु—६.३५-३७)। महाभारत में भी इन ऋणों की चर्चा है। इन्हें चुकाए बिना मनुष्य के समस्त कार्य अधूरे हैं। इस ऋण सम्बन्धी विश्वास का बहुत बड़ा प्रभाव समग्र भारतीय साहित्य पर पड़ा है। हिंदू आदर्श के लिए पितृत्व या मातृत्व रुचि का प्रश्न नहीं है, बल्कि आवश्यक कर्त्तव्य है। इसका न पालन करने से पाप होता है, परन्तु पालन करने से कोई पुण्य नहीं होता। हिंदू शास्त्रों में पुरुष के लिए तो ब्रह्मचर्य का आदर्श स्वीकृत है और मनु

कहते हैं कि विधवाएँ भी पुत्र उत्पन्न किए बिना ही सद्गति पा सकती हैं, उसी प्रकार जैसे ब्रह्मचारी लोग पाते हैं (मनु-५, १६०)। परन्तु यह वचन ही इस बात का सबूत है कि पुत्रोत्पादन किए बिना सद्गति नहीं होती। जिनकी सद्गति ऐसी अवस्था में हो जाती है, वे अपवाद ही हैं। वस्तुतः हिन्दू विश्वास के अनुसार मातृत्व, स्त्री-जीवन की चरम साधना नहीं है, यद्यपि आजकल के कुछ पण्डित हिन्दू विश्वासों की ऐसी ही व्याख्या करने लगे हैं। मातृत्व और पितृत्व भी चरम साधना का अधिकारी होने की आवश्यक शर्त है। चरम लक्ष्य मोक्ष-प्राप्ति है, या और भी सही अर्थों में आत्मज्ञान है। इसी प्रकार अब तक संसार के मनीषियों ने जो कुछ भी ज्ञान अर्जन किया है, उसका अध्ययन-अध्यापन उक्त बात का अधिकारी होने के लिए आवश्यक शर्त है। यही कारण है कि हिंदुओं के निकट कोई भी ज्ञान उपेक्षणीय नहीं है। इतिहास इस बात का साक्षी है कि हिन्दुओं ने अपने साहित्य में नाना जाति के ज्ञान-विज्ञान को इस अपने-पन के साथ ग्रहण किया है कि पण्डितों को यह निर्णय करने में प्रायः ही अड़चनों का सामना करना पड़ता है कि कौन-सा ज्ञान किस देश से ग्रहण किया गया है। बाहरी विद्वानों के ज्ञान को अपना बनाकर प्रकट करने की कला में कोई भी भारतीयों का मुकाबला नहीं कर सकता। सीरियनों की राशिगणना, ग्रीकों का हीराशास्त्र, अरबों का ताजक शास्त्र, यक्षों की कविप्रसिद्धियाँ, आर्येतर जातियों की आध्यात्मिक चिंताएँ और देव-कल्पनाएँ इस प्रकार आर्य मनीषियों की चिन्ता-राशि में मिल गई हैं और ऐसी प्राणशक्ति पाकर जीवन्त हो उठी हैं कि उनको अलग कर सकना आज साहस का कार्य हो गया है। बाहरी ज्ञान को हिन्दू आचार्यों ने इतने दर्द के साथ अपनाया है, ऐसा समादर दिया है, इतना मार्जित कर लिया है कि देखने वालों को आश्चर्य होता है। इसी प्रकार देव-ऋण को चुकाने में भी हिंदुओं ने कमाल किया है। उनके साहित्य में प्रकृति की प्रत्येक शक्ति इतनी जीवित और सम्पन्न रूप में चित्रित हुई है कि संस्कृत के किसी काव्य में से उसे अलग नहीं किया जा सकता। यह स्पष्ट ही है कि ऐसा करके हिंदू कुछ धनात्मक कार्य नहीं करता, वह महज़ ऋणात्मक कर्तव्यों का पालन करता है, केवल ऋण चुकाता है।

ऊपर की बातों को संक्षेप में इस प्रकार रखा जा सकता है—

(१) पुत्रोत्पादन आवश्यक कर्तव्य है। इसके किए बिना पुरुष या स्त्री—ब्रह्मचारी और विधवा के अपवादों को छोड़कर—आत्मज्ञान के अधिकारी नहीं हैं।

(२) इसीलिए पुत्रोत्पादन अर्थात् पितृत्व या मातृत्व की प्राप्ति केवल साधन है, साध्य नहीं।

(३) ज्ञान—अर्थात् मोक्षप्राप्ति के लिए सहायक मानी जाने वाली विद्या—

कहीं से भी ग्रहण करना, उसकी रक्षा करना और वृद्धि करना केवल उचित ही नहीं आवश्यक कर्त्तव्य है। यह भी मोक्ष का साधन है।

(४) देवताओं या प्राकृतिक शक्तियों को सम्पन्न बनाना आवश्यक कर्त्तव्य है।

यह कहना अनावश्यक जान पड़ता है कि न तो पूर्वार्जित कर्मों के भोग में मनुष्य स्वाधीन है और न ऋण चुकाने के ऊपर कहे हुए कर्तव्यपालन में। एक को उसे भोगना ही पड़ेगा और दूसरे को उसे करना ही पड़ेगा। ऐसी अवस्था में यह सन्देह हो सकता है कि हिन्दू विश्वास मनुष्य को संपूर्ण निराशावादी और भाग्यवादी बना देता है। ऊपर से देखने पर यह बात गलत भी नहीं मालूम पड़ती और साहित्य में भी इन विश्वासों का सुदूर प्रसारी फल साफ प्रकट होता है। इसने कवियों और शास्त्राध्यापकों की मनोवृत्ति इस प्रकार मोड़ दी है, जिसकी तुलना सारे संसार में नहीं मिलती। हजारों वर्ष के भारतीय इतिहास में जो नीच समझी जाने वाली जातियों ने कभी भी उत्कट विद्रोह नहीं किया, वह इन्हीं विश्वासों को स्वीकार करने के कारण। प्रत्येक व्यक्ति जानता है कि उसके द्वारा संपादित किसी का कर्म-फल दूर नहीं हो सकता। चांडाल अपनी दुर्गति के लिए कर्मफल की दुहाई देता है और ब्राह्मण अपने उच्च पद के लिए भी कर्म की ही दुहाई देता है। जब प्रत्येक व्यक्ति अपने कर्म-फल के लिए आप ही ज़िम्मेदार है, तो न तो कोई उसे किसी दूसरे के बदले भोग ही सकता है और न उद्योग करके उसके संचित और प्रारब्ध कर्मों को बदल ही सकता है। इस सिद्धान्त ने कर्म के सामूहिक उद्योग के क्षेत्र में हिन्दुओं को बाधा पहुँचाई है और उनकी मनोवृत्ति को विच्छेदप्रवण बनाने में सहायता दी है। इतना ही नहीं, उन्हें जागतिक व्यवस्था के प्रति उदासीन भी बना दिया है। जब प्रत्येक कार्य का निश्चित और न्यायसंगत कारण है तो किसी अन्याय के विरुद्ध विद्रोह करने का सवाल ही नही उठता। और जब विद्रोह करने की भावना दब जाती है तो जाति स्थिर भाव से अधःपतन की ओर बढ़ती है। हिन्दू-साहित्य और समाज का यह पहलू सचमुच ही बहुत शोचनीय है। परन्तु इसके सिवा भी एक बात है, जो निश्चय ही महान् है।

वह बात है पुरुषार्थों की कल्पना। हिन्दू शास्त्र मनुष्य के लिए केवल कर्म-फल-भोग और ऋण चुकाने की ही व्यवस्था नहीं करते, वे कुछ धनात्मक कार्य करने का भी विधान करते हैं। ये धनात्मक कार्य ही पुरुषार्थ हैं। पुरुषार्थ चार हैं—धर्म, अर्थ, काम और मोक्ष। इन्हीं पुरुषार्थों की प्राप्ति के उपाय बताने के लिए समूचा संस्कृत साहित्य लिखा गया है। जो कुछ भी इस साहित्य में पुरुषार्थ की प्राप्ति के लिए लिखा गया है, वह दुनिया के साहित्य में बेजोड़ है। जो कुछ कर्मफल का और ऋणों के चुकाने का निर्देश देने के लिए लिखा गया है, वह केवल समाज-

शास्त्री के कुतूहल का विषय है। पुरुषार्थों में सबसे श्रेष्ठ पुरुषार्थ-परम पुरुषार्थ-मोक्ष है। मोक्ष के विधायक वेद, उपनिषद, आरण्यक, दर्शनशास्त्र आदि विषय केवल भारतीय साहित्य की ही नहीं, संसार के साहित्य के गर्व और गौरव की वस्तु हैं।

भारतीय नाटकों में जो कहीं भी धर्मात्मा व्यक्ति पराजित नहीं होता, कभी भी सद्विचार से अनुप्राणित होकर कठिनाइयों से जूझता हुआ हार नहीं जाता, वह इसी कर्मफल की व्यवस्था को मानने से। भारतीय काव्य में जो कवि अपने मनोभावों को अभिव्यक्त करने की अपेक्षा दूसरे के मनोभावों को व्यक्त करने का प्रयत्न करता है, यह अपने-आप की आनंदिनी वृत्ति को पहचानने के लिए। यहाँ कभी यूरोपियन नाटकों की भाँति पापात्मा अपनी कूटबुद्धि से धर्मात्मा को अंत तक पछाड़ने में सफल नहीं होता। हिंदू कवि का उद्देश्य रस को व्यक्त करना है, वक्तव्य को अभिव्यक्त करना नहीं। अत्यन्त आधुनिक दृष्टि से देखा जाए तो संस्कृत के सर्वश्रेष्ठ नाटककार कालिदास में कितने ऐसे गुण खोजकर नहीं निकाले जा सकते हैं, जिनके द्वारा नाटक की सफलता मानी जाती है। श्री कीथ कहते हैं कि "मानव-जीवन के गम्भीरतर प्रश्नों के लिए कालिदास ने हमारे लिए कोई भी संदेश नहीं दिया है, जहाँ तक हम देख सकते हैं, ऐसे गम्भीरतर प्रश्नों ने उनके भी मस्तिष्क में कोई सवाल नहीं पैदा किया। ऐसा जान पड़ता है कि गुप्त सम्राटों ने जिस ब्राह्मणधर्मानुमोदित व्यवस्था की महिमा की प्रतिष्ठा की थी, उससे कालिदास पूर्णतया संतुष्ट थे और विश्व की समस्याओं ने उन्हें उद्विग्न नहीं किया। शकुन्तला नाटक यद्यपि मोहक और उत्कृष्ट है, तथापि यह एक ऐसी संकीर्ण दुनिया में चलता-फिरता है, जो वास्तविक जीवन की क्रूरताओं से बहुत दूर है। वह न तो जीवन की समस्याओं का उत्तर देने का ही प्रयत्न करता है और न उनका समाधान ही खोज निकालने का। यह सत्य है कि भवभूति ने दो कर्तव्यों के विरोध के अस्तित्व की जटिलता और कठिनता के भाव दिखाए हैं और इस विरोध से उत्पन्न दुःख को भी दिखाया है पर उनके ग्रंथों में भी इस नियम का प्राबल्य दिखाई देता है कि सब-कुछ का अंत सामंजस्य में ही होना चाहिए।···ब्राह्मणधर्मानुमोदित जीवन-सम्बन्धी सिद्धान्तों ने नाटकीय दृष्टिकोण में कितनी संकीर्णता ला दी है, इस बात को संस्कृत नाटकों का समूचा इतिहास प्रमाणित करता है। यही नहीं, ब्राह्मण-धर्मानुमोदित परम्परा को स्वीकार करने के कारण ही 'चंडकौशिक' जैसे नाटक लिखे जा सके हैं, जहाँ एक अभागे राजा की दानशीलता से उत्पन्न, ऋषि विश्वामित्र की विक्षिप्तजनोचित बदला लेने की भावना से तर्क और मनुष्यता

के प्रति बेहद विद्रोहाचरण हुआ है ।" ऐसी बातें केवल एक पंडित ने नहीं लिखी हैं । आये दिन यूरोपियन समालोचक बहुत-सी ऊलजलूल बातें कहते ही रहते हैं । ऊपर के उद्धरण के लेखक भारतीय साहित्य के एक माने हुए पंडित हैं और ऊलजलूल टिप्पणी करनेवाले ईसाई लेखकों की बातों का अनेक बार सप्रमाण खण्डन भी कर चुके हैं । यह नहीं कहा जा सकता कि उन्होंने जान-बूझकर भारतीय साहित्य को छोटा करके दिखाने का प्रयास किया है और न हम यही कहना चाहते हैं कि उनकी बातों में सचाई नहीं है । सचाई भी अगर गलत ढंग से देखी जाती है तो अवहेलनीय लगने लगती है । हमने ऊपर जिन सिद्धान्तों को देखा है, उन्हें माननेवाला मनुष्य कभी भी 'जीवन के गम्भीरतर' प्रश्नों का उत्तर देने की ज़रूरत नहीं समझेगा; क्योंकि उसकी दृष्टि में 'जीवन के गम्भीरतर प्रश्नों' का समाधान हो चुका रहता है । बाकी प्रश्न केवल ऊपरी और भ्रमजन्य हैं । वस्तुतः ईमानदारी के होते हुए भी यूरोपियन पंडित और उनके आधुनिक भारतीय शिष्य भारतीय साहित्य के प्रति न्याय नहीं कर पाते । क्योंकि, जैसा कि कलकत्ता हाईकोर्ट के भूतपूर्व जज प्रसिद्ध अंग्रेज साधक सर जॉन उडरफ ने कहा है—"साधारण यूरोपियन प्राच्य-विद्या-विशारद तथा वे लोग जो इस देश में (हिन्दुस्तान में) उनकी उँगली पकड़कर चला करते हैं, कुछ ऐसे अवहेलनामूलक विश्वासों का पोषण करते हैं कि भारतीय विचार केवल 'ऐतिहासिक' कुतूहल के विषय हैं और इस प्रकार के विचार किसी बौद्धिक प्रदर्शनी के लिए ही स्वागत-योग्य वस्तु हैं । इसके सिवा उनका और कोई मूल्य नहीं है, न कोई उनकी वास्तविक सत्ता ही है । यही कारण है कि प्राचीन पूर्वीय ज्ञान और आधुनिक आविष्कारों में जो आश्चर्यजनक साम्य है, इस तथ्य को वे स्वीकार नहीं कर सकते ।" केवल यही नहीं, यूरोपियन पंडित यह अनुभव नहीं कर सकते कि भारतीय साहित्य एक जीवित जाति की साधना है । मनुष्य प्रायः अपने संस्कारों से ऊपर उठकर देखने में असमर्थ होता है । बरट्रैंड रसेल ने लिखा है कि आधुनिक यूरोपियन सभ्यता तीन उत्सों से आई है—ग्रीक विचार, बाइबिल और आधुनिक विज्ञान । इन्हीं तीनों से आधुनिक यूरोपियन पंडित की दृष्टि प्रभावित होती है । इन तीनों के घात-प्रतिघात से उसके मानस-पट पर एक विशेष प्रकार का जीवन-सम्बन्धी सत्य अंकित होता है । उसी सत्य की माप से वह वस्तुओं को मापता है । जहाँ तक साहित्य का सम्बन्ध है, वह ग्रीक मनीषियों से अधिक प्रभावित होता है । उसकी एतद्विषयक चिन्ता पर बाइबिल का प्रभाव नहीं के बराबर है । और आधुनिक विज्ञान ने साहित्य के बाह्य रूप को ही अधिक

प्रभावित किया है। यहाँ प्रश्न है कि ग्रीक विचार, बाइबिल और आधुनिक विज्ञान के मिश्रण से जो संस्कार बने हैं, वही क्या एकमात्र सत्य सिद्धान्त हैं ? यदि वे सत्य हों तो आर्य-चिन्तन, द्रविड़ विश्वास और आधुनिक विज्ञान के मिश्रण से जो भारतीय संस्कार बना है और बनने जा रहा है, वही क्यों नहीं सत्य होगा ? इस दृष्टि से देखा जाए तो ग्रीस की बड़ी-से-बड़ी ट्रैजेडी के लेखक के बारे में श्री कीथ की ही शैली में कहा जा सकता है कि "ग्रीक साहित्य के श्रेष्ठ नाटककार भी मायाजन्य भ्रममूलक बातों को ही जीवन के गंभीरतर प्रश्न समझते रहे। इस परिवर्तमान जगत् के भीतर एक शाश्वत सत्ता है, एक चिन्मय पुरुष है, जो जड़ प्रकृति के कर्मप्रवाह से एकदम निर्लिप्त है, यह सहज बात उनके मस्तिष्क में कभी आई ही नहीं। ट्रॅजोन की पौराणिक कल्पनाओं के आधार पर जो नाटक लिखे गए हैं, वे कभी जीवन के वास्तविक गांभीर्य तक पहुँचे ही नहीं। वे एक उद्देश्यहीन मायाजाल में पड़े छटपटाते रहे, जहाँ पद-पद पर उन्हें परस्पर विरोधी कर्तव्यों की उलझन सताती रही और अन्त तक वे किसी सामंजस्य-मूलक व्यवस्था का पता न लगा सके। ग्रीक पौराणिक कल्पना ने नाटकीय दृष्टि को कितना विशृङ्खल बना दिया है, उस बात को ग्रीक नाटकों का समूचा इतिहास प्रमाणित करता है।" इत्यादि। कहना व्यर्थ है कि इस प्रकार भारतीय संस्कारों से देखने पर हम ग्रीक साहित्य का अधिकांश सौंदर्य खो देंगे और फिर भी अपने विश्वासों के प्रति ईमानदार बने रहेंगे ! वस्तुतः यह उचित मार्ग नहीं है। ग्रीक संस्कारों के चश्मे से भारतीय संस्कारों को देखना उतना ही अनुचित है, जितना भारतीय संस्कारों के चश्मे से ग्रीक साहित्य को देखना। दुर्भाग्यवश भारतीय साहित्य को यूरोपियन पंडितों ने ऐसे ही देखा है और आधुनिक शिक्षाप्राप्त भारतवासी भी वैसे ही देखने के अभ्यस्त हो गए हैं। आधुनिक भारतीय शिक्षा में भारतीय संस्कारों की अपेक्षा पश्चिमी संस्कार ही अधिक हैं। यह ध्यान में रखने की बात है कि ग्रीक काव्य और ट्रॅजेडी पर उसी प्रकार ग्रीक पौराणिक कथाओं का प्रभाव है, जिस प्रकार भारतीय नाटकों और काव्यों पर भारतीय पुराणों का। ग्रीक पौराणिक कथाएँ ही 'ट्रॅजेडी' जैसी चीज को जन्म दे सकती हैं, जहाँ किसी मर्त्यलोकवासी की सुन्दरता, कर्तव्य-परायणता या कोई और सद्गुण अकारण ही स्वर्ग के देवता के कोप का कारण हो जाता है। भारतीय पुराणों में एक भी ऐसी कहानी नहीं मिलेगी। यहाँ प्रत्येक सुख-दुःख का कारण अपना ही कर्म है। इस विश्वास को जो लोग संकीर्णता कहते हैं, वे उस विश्वास को मात्स्य न्याय कहना भूल जाते हैं।

वस्तुतः काव्य जैसी सुकुमार वस्तु की आलोचना के लिए अपने संस्कारों से बहुत ऊपर उठने की ज़रूरत है, फिर वे संस्कार चाहे देशगत हों या कालगत, भारतीय साहित्यिक समाज-व्यवस्था में कोई असामंजस्य नहीं देख सकता था और न ऐसी बातों का उसके निकट कोई विशेष मूल्य ही था, जिन्हें हम आजकल जीवन के गम्भीरतर प्रश्न कहा करते हैं। वह गलती पर हो सकता है, नहीं भी हो सकता है,—प्रधान प्रश्न उसके सिद्धान्तों की सचाई जाँच करने की नहीं है (क्योंकि वह अन्य क्षेत्र का प्रश्न है), प्रधान प्रश्न यह है कि अपने विश्वासों से आबद्ध रहकर उसने जो सृष्टि की है, उसका सौंदर्य कहाँ है ? उसके सौंदर्य का आदर्श क्या है ? और उसकी सृष्टि करने में कहाँ तक समर्थ हुआ है ?

कालिदास के साहित्य के अध्येता को इन मूलभूत मान्यताओं को अवश्य समझ लेना चाहिए। अगर इनकी अपेक्षा हुई तो बहुत सा बहुमूल्य सौंदर्य हाथ नहीं आ सकेगा।

तत्वान्वेषी और कृती

◇

कौन नहीं जानता कि कालिदास सौंदर्य के महान् गायक कवि हैं। रूप का, वर्ण का, प्रभा का और प्रभाव का ऐसा चितेरा दुर्लभ है; आभिजात्य और विलासिता का ऐसा उद्गाता कवि काव्य-जगत् का जाना हुआ नहीं है और राग और सौभाग्य का ऐसा उद्घोषी खोजे नहीं मिल सकता। कविता का सच्चा रसिक सिर धुनकर रह जाता है। कहा जाता है कि शारदा का ऐसा दुलारा लाल आज तक दूसरा पैदा नहीं हुआ। परन्तु जो लोग काव्य-सौंदर्य का विश्लेषण करने में रस पाते हैं उनके लिए कालिदास एक कठिन समस्या हैं। आप यदि जानना चाहें कि कालिदास का सौंदर्य-बोध के सम्बन्ध में क्या मत हैं, क्या वे सौंदर्य की स्थिति द्रष्टा के रागात्मक चित्त में मानते हैं या ऐसा मानते हैं कि द्रष्टा हो या न हो सुन्दर वस्तु सुन्दर ही रहेगी, या क्या वे सौंदर्य के किसी विश्वजनीन मानदण्ड में विश्वास करते हैं कि ऐसा मानते हैं या ऐसा कोई मान-दण्ड हो ही नहीं सकता, तो कठिनाई में पड़ना पड़ेगा। फिर भी विचारशील पाठक के मन में ये और इसी प्रकार के और प्रश्न उठते ही रहते हैं। रूप और सौभाग्य का क्या सम्बन्ध है? अलंकरण क्या सौंदर्य के हेतुभूत हैं या सहायक हैं? मनुष्य की शोभा और प्रकृति की शोभा में क्या और कैसा सम्बन्ध है? क्या वे पहली को मुख्य और दूसरी को तदाश्रित मानते हैं या दोनों समान रूप से सुन्दर हैं, अन्योन्यानपेक्ष? प्रकृति ने जिस सौंदर्य का प्रसार किया है उससे मनुष्य के प्रयत्न-साधित लालित्य-योजना का क्या सम्बन्ध है? उन्होंने अपने युग की ऐतिहासिक चेतना का और भौगोलिक ज्ञान का, सौन्दर्यख्यापन में, कैसा उपयोग किया है, या किया भी है या नहीं? उनके मत से छन्द क्या है और नृत्य, गीत, चित्र, मूर्ति, सदाचार आदि से उसका क्या सम्बन्ध है? इस प्रकार के अनेक प्रश्न 'तत्वान्वेषी' पाठक के चित्त में उदित होते हैं और सब समय वह ठीक उत्तर नहीं खोज पाता। 'कृती' पाठक इन बेकार बातों में उलझना नहीं चाहते। वे छककर सौंदर्य-रस पीते हैं। बेकार बातों में उलझना भी बेकार ही है! स्वयं कालिदास ने इन शब्दों का प्रयोग किया है।

लगता है वह 'कृती' को ही धन्य मानते हैं; 'तत्वान्वेषी' को वे हतभाग्य ही समझते हैं। दुष्यन्त जब शकुन्तला को देखकर जात-पाँत की बात सोचने लगा था, राजधर्म और आश्रम धर्म के द्वन्द्व से टकरा रहा था, कर्त्तव्य और अकर्त्तव्य का निर्णय नहीं कर पा रहा था उसी समय एक कृती भौंरा पहुँच गया। उसने अपने को शकुन्तला-भय से कम्पमाना शकुन्तला के चंचल अपांगों का विषय बनाया और कानों-कान रहस्य की बात कहने वाले ढीठ प्रेमिक की भाँति उसकी भयभ्रान्त व्याकुलता का भी रस लेता रहा। राजा दुष्यन्त ने अपने को 'तत्वान्वेषी' और भौंरे को 'कृती' कहा और अपनी तत्वान्वेषिणी बुद्धि का तिरस्कार भी किया—

चलापाङ्गां दृष्टिं, स्पृशसि बहुशो वेपथुमतीं
रहस्याख्यायीव स्वनसि मृदुकर्णान्तिकचरः ।
करौ व्याधुन्वंत्याः पिबसि रतिसर्वस्वमधरं ।
वयं तत्वान्वेषान्मधुकर हतास्त्वं खलु कृती ।[1]

अत्यन्त स्पष्ट शब्दों में तत्वान्वेष की ऐसी विडंबना देखकर किसे इस व्यापार में उलझने का साहस हो सकता है।

लेकिन कवियों की डाँट-फटकार के बावजूद दुनिया से तत्वान्वेष का कारबार बंद नहीं हो गया है। खुद कालिदास संस्कारवती वाणी की दाद देते हैं। मनीषा को वे बहुत उत्तम गुण मानते हैं। एक जगह तो उन्होंने मनीषी की संस्कारवती वाणी को पार्वती से और गंगा से तुलनीय माना है—

प्रभामहत्या शिखयेव दीप—
स्त्रिमार्गयेव त्रिदिवस्य मार्गः ।
संस्कारवत्येव गिरा मनीषी
तया स पूतश्च विभूषितश्च ।। (कुमार १—२८)

---

१. राजा लक्ष्मणसिंहजी ने इस प्रकार अनुवाद किया है —
दृग चौंकत कोए चले चहुँधा सँग बारहिबार लगावत तू।
लगि कानन गूँजत मंद कछू मनो मर्म की बात सुनावत तू।
कर रोकती कौ अधरामृत लै रति को सुख सार उठावत तू।
हम खोजत जातिहि पाँति मरे धनि रे धनि भौंर कहावत तू ।।
—शकुन्तला नाटक

[जिस प्रकार प्रचुर प्रभा वाली शिखा से दीपक, तीन मार्गों से बहने वाली गंगा से त्रिलोक का मार्ग और संस्कारवती वाणी से मनीषी विद्वान शोभित होते और पवित्र बनते हैं, उसी प्रकार उस (पार्वती) के द्वारा वह (हिमालय) भी शोभित और पवित्र हुए।]

इसलिए उनकी कविता की कुछ ऐसी वाणी में चर्चा की जाए, तो उनकी अन्तरात्मा को कष्ट नहीं पहुँचेगा। प्रयत्न करने में बुराई क्या है ?

आजकल सौन्दर्य-शास्त्री सौन्दर्य के अनेक रूपों की चर्चा करते हैं। सबकी चर्चा करना यहाँ अभीष्ट नहीं है। मनुष्य-निर्मित सौंदर्य ही, जिसे मैं 'लालित्य' कहना पसंद करता हूँ, आज का अनुसन्धेय विषय है। कालिदास ने इस सम्बन्ध में क्या कहा है या उनके कहने से किस बात का अनुमान किया जा सकता है, यही बात आज की चर्चा का उद्देश्य है। परन्तु उसकी चर्चा करने के पहले एक सरसरी निगाह से उनके रूप-वर्णन को भी देख लेना अच्छा होगा क्योंकि उसी के आलोक में हम उनकी समग्र दृष्टि का आभास पा सकते हैं।

◇

विश्वव्यापक छन्दोधारा और लालित्य

ऐसा जान पड़ता है कि कालिदास इस विश्वव्यवस्था के मूल में एक व्यापक छंद की बात स्वीकार करते हैं। यह विश्व-व्यापक छंद समष्टिगत चित्-शक्ति की सर्जनेच्छा या सिसृक्षा के अतिरिक्त और कुछ नहीं है। केवलात्मा ब्रह्म विशुद्ध चैतन्य है, केवल ज्ञान रूप। उसकी सिसृक्षा ने ही उसे स्त्री और पुरुष रूप में द्विधा-विभक्त होने को प्रवृत्त किया था। एक ही केवलात्मा का द्विधा-विभक्त होकर परस्पर आकृष्ट करने का जो सिलसिला किसी समय आरम्भ हुआ था वही विश्व ब्रह्माण्ड के प्रत्येक पिण्ड में आज भी चल रहा है। ब्रह्म की इच्छा-शक्ति ही समष्टिगत छंद है जिसने समस्त भेदोपभेद का छादन कर रखा है। छादन करता है इसलिए यह छंद है। छंद अर्थात् इच्छा। ब्रह्म की इच्छा-शक्ति ही वह छंद है जिसने सृष्टि को नाना वर्णों, गंधों और रूपों में रूपायित किया है। उसकी क्रियाशक्ति से यह विश्व-ब्रह्माण्ड दृग्गोचर हो रहा है। वैदिक ऋषि ने इसीलिए उल्लास-गद्गद कंठ से कहा था—"पश्य देवस्य काव्यं न ममार न जीर्यति"। छंद इच्छा-मात्र है, गति-मात्र है, चेतन धर्म है। जहाँ कहीं यह चेतनधर्म है वहीं गति है, प्राण है, आनन्द है। नृत्य में छन्द है। कालिदास ने कहा था—"देवानामिममामनन्ति मुनयः क्रान्तं क्रतुं चाक्षुषम्"। नृत्य देवताओं का चाक्षुष यज्ञ है। काल में प्रवहमान छन्दोधारा ही ब्रह्म की सर्जनेच्छा है। देश में स्थिरीभूत सृष्टि ही ब्रह्म की क्रिया-शक्ति है। केवलात्मा परब्रह्म ही भेदावस्था को प्राप्त होकर इस विश्व ब्रह्माण्ड में स्त्री-पुरुष रूप दो भागों में विभक्त है—

स्त्रीपुंसौ आत्मभागौ ते भिन्नमूर्तेः सिसृक्षया।

['हे ब्रह्मन्, तुमने सृष्टि करने की इच्छा से अपने-आपको दो भागों में विभक्त कर लिया है। उन्हीं में से एक भाग का नाम 'स्त्री' दूसरे का 'पुरुष'।']
छंद कोई बाह्य वस्तु नहीं है। बाह्य जगत् में दिन, रात, ऋतु-परिवर्तन और भूचक्र का नियतावर्तन चल रहा है। मानव-शरीर में नाड़ियों का स्पन्दन,

श्वास-प्रश्वास की क्रिया नियत ताल पर चल रही है। इस नियतानुवर्तन को हम अनुक्रमता कहेंगे। इदंता-प्रधान बाह्य जगत् में परिदृश्यमान अनुक्रमता जब अहंता-प्रधान मानव के अन्तर्जगत् में प्रतिभासित अनुक्रमता के ताल से ताल मिलाकर चलती है तो लय और ताल की अनुभूति होती है। यही छंद है। यही विश्वव्यापी छन्दोधारा के साथ अन्तर्जगत् की छन्दोधारा के आनुकूल्य की कसौटी है।

जहाँ कहीं आकर्षण है, उल्लास है, वहीं सृष्टि की इस मूल छंदोधारा के अनुकूल जाने की प्रवृत्ति है। जहाँ नहीं है वहाँ इस मूल छन्दोधारा का प्रातिकूल्य है। वही वस्तु असुन्दर और भद्दी है।

मूल चैतन्यधारा केवलात्मा की इच्छा-शक्ति का रूप है। वह गति मात्र है। क्रियाशक्ति स्थिति मात्र है। गति और स्थिति के द्वन्द्व से ही रूप बनता है। गति चित्तत्व है, स्थिति अचित्तत्व है। चिद्रूपा गति बारम्बार अचिद्रूपा स्थिति से रोकी जाती है। चैतन्यधारा बारम्बार जड़ में स्थित आकर्षणशक्ति से नीचे की ओर खींची जाती है। वह वलयित होती है, रूपायित होती है। जो कुछ विश्व-ब्रह्मांड में घट रहा है, वह पिण्ड में भी हो रहा है। अन्तर यह है कि विश्व-ब्रह्मांड में केवलात्मा की मूल सिसृक्षा बलवती है। पिण्ड में वह अचित् तत्त्व से—मायाजन्य कंचुकों या कोशों से—आवृत है। विश्व-ब्रह्मांड में इच्छा-शक्ति और क्रिया-शक्ति में जितना साम्य है, उतना पिण्ड में नहीं है। भिन्न-भिन्न पदार्थों में इस वैषम्य की मात्रा भी भिन्न-भिन्न है। कहीं तो इच्छा-शक्ति अधिक जागृत है, कहीं अत्यधिक सुप्त। और जीवों की तुलना में वह मनुष्य में अधिक जागृत है, मनुष्यों में भी जो सत्वगुणी हैं उनमें अधिक तीव्र है, औरों में कम। वस्तुतः गुणीभूत ज्ञान-शक्ति का नाम ही सत्व है, इच्छा-शक्ति का नाम ही रजस् है और क्रिया-शक्ति का नाम ही तमस् है।

नमस्त्रिमूर्तये तुभ्यं प्राक्सृष्टेः केवलात्मने।
गुणत्रयविभागाय पश्चाद् भेदमुपेयुषे॥

(कुमार० २।४)

['हे ब्रह्मन, तुम त्रिमूर्ति हो, तुम्हें हम प्रणाम करते हैं। सृष्टि के पूर्व तुम केवल स्वयं चैतन्यमात्र रूप में विद्यमान रहते हो—केवलात्मा रूप में। फिर सृष्टि करने की इच्छा से तीन गुणों—सत्व, रज, तम—रूपों में बँट जाने के लिए स्वयं भेद को प्राप्त होते हो।']

इसलिए जहाँ सत्व है, वहाँ ज्ञान-शक्ति का प्राबल्य है, जहाँ रजस् है वहाँ इच्छा-शक्ति काम करती रहती है और जहाँ क्रिया-शक्ति बलवती है वहाँ जड़ता है, तमस् है। जड़ता नीचे की ओर खींचती है—'ऊर्ध्वं गच्छन्ति सत्वस्थाः अधोगच्छन्ति तामसः'।

पश्चिम के कितने ही मनीषियों ने व्यक्ति-चित्त की इच्छा को ही सौन्दर्य का मुख्य हेतु माना है। कहते हैं कि स्पिनोज़ा जैसे मनीषी ने भी कहा था कि हम किसी वस्तु को अच्छी इसलिये नहीं कहते कि वह अपने-आप में सचमुच अच्छी है, बल्कि इसलिए कहते हैं हम उसे चाहते हैं। इसी प्रकार किसी वस्तु को हम इसलिए सुन्दर नहीं कहते कि वह अपने-आप में सुन्दर है बल्कि इसलिए कि हम उसे चाहते हैं, वह हमारी इच्छा-शक्ति की गति के अनुकूल हुआ करती है। इस युग के अन्यतम मनीषी नीत्शे कह गए हैं कि सुन्दर और असुन्दर की धारणा प्राणतत्व की माँग के अनुसार होती है, बॉयोलाजिकल है। हम चीनी इसलिए नहीं खाते कि वह मीठी होती है बल्कि वह इसलिए मीठी लगती है कि वह हमारे प्राणतत्व की माँग पूरी करती है, उसमें शक्ति देने का गुण है जो हमारी जिजीविषा के लिए आवश्यक है। असुन्दर वह है जो हमारी जिजीविषा के प्रतिकूल होती है। हमें प्रसन्न और मोहित वह वस्तु करती है जो हमारी प्राण-शक्ति की पोषक है, दुर्दम जिजीविषा के अनुकूल है। इस प्रकार के विचारों से समस्या अधिक उलझती गई है यद्यपि इसे अस्वीकार नहीं किया जा सकता, क्योंकि इसमें व्यक्तिगत इच्छा की महिमा व्यक्त होती है। इस प्रकार की वैयक्तिक इच्छा का कोई अन्त नहीं है। इससे एक प्रकार की अनवस्था की बात उठती है 'सुन्दर' का कोई निश्चित रूप स्थिर नहीं हो पाता। हर आदमी को अपनी-अपनी इच्छा के अनुसार किसी वस्तु को सुन्दर और किसी को असुन्दर कहने की छूट मिल जाती है। इस दोष से बचने के लिए दीर्घकालीन आदत, एक ही परिस्थिति में बसने वाली मानव-मंडली के सामान्य अनुभव आदि बातों की कल्पना करनी पड़ती है। कालिदास के विचार इससे मिलते-जुलते होने पर भी भिन्न हैं। वे व्यक्ति-इच्छा को समष्टि-व्यापिनी इच्छा का विशिष्ट रूप मानते हैं। समष्टि इच्छा विश्वव्यापिनी मंगलेच्छा के अनुकूल होने पर ही व्यक्तिगत इच्छा सार्थक होती है। व्यक्तिगत इच्छा उसके प्रतिकूल जाकर कुत्सित हो जाती है। समष्टि इच्छा चेतन धर्म है। जो बात चेतन धर्म के अनुकूल है वही सुन्दर है। समष्टि चेतना सर्जनात्मक है—वह सिसृक्षा है। व्यक्तिगत इच्छा उससे अनुकूल रहकर ही चरितार्थ होती है। जिस इच्छा में अज्ञान है, मोह है,

परोत्सादनवृत्ति है, वह पाप इच्छा है, वह चित्त में तमोगुण को उद्रिक्त करती है, जड़त्व से अभिभूत होती है, सौन्दर्य उसमें नहीं होता। रूप कभी पाप-वृत्ति को उकसावा नहीं देता। जो देता है वह रूप नहीं है। 'यदुच्यते पार्वति पाप वृत्तये न रूपमित्यव्यभिचारि तद्वचः।' हे पार्वति, यह जो कहा जाता है कि रूप (सौन्दर्य) पाप-वृत्ति के लिए नहीं होता वह वचन आज सही सिद्ध हुआ है। जो रूप पापवृत्ति को उकसाता है वह जड़त्व की उपज है। वह तामसिक है, उसमें सत्वोद्रेक की शक्ति नहीं होती, इसलिए वह 'सुन्दर' नहीं कहा जा सकता, व्यक्तिगत इच्छा की पूर्ति का साधन बनने पर भी।

कभी-कभी प्रकृति के सौन्दर्य-निर्माण और मनुष्य के सौन्दर्य-निर्माण में जो विरोध दिखाने का प्रयत्न किया जाता है, वह दोनों को परस्पर निरपेक्ष मानने का परिणाम है। प्रख्यात मनीषी एरिक न्यूटन ने इस विरोध को इस प्रकार प्रकट किया है—कलाकार की वृत्ति यह होती है कि 'एकमात्र यही आकार (दूसरा नहीं) मेरी इच्छा को सन्तुष्ट कर सकता है' और प्रकृति की वृत्ति यही होती है कि 'एकमात्र यही आकार (दूसरा नहीं) ठीक-ठीक उपयोगी हो सकता है' (दी मीटिंग ऑफ़ ब्यूटी, पृ० ८६)। कालिदास से पूछा जाता तो वे कदाचित् कलाकार की वृत्ति को इस प्रकार बताते कि 'एकमात्र यही आकार विश्वात्मा की मूल सर्जनेच्छा (जिसे आजकल प्रकृति कहा जाता है) के अनुकूल है, दूसरा नहीं।' जो व्यक्ति ऐसा मानता है उसके लिए सौन्दर्यशास्त्र में नित्य आलोचित होते रहने वाली अनेक समस्याओं का समाधान अनायास हो जाता है। यदि कुछ आयास रह जाता है तो वह सौन्दर्य-बोध की समस्याओं के सुलझने का उतना नहीं, जितना इस विश्वास को पुष्ट करने का कि सचमुच ही कोई विश्वात्मा है और सचमुच ही उसकी कोई सर्जनेच्छा है। परन्तु यह ज्ञान के अन्य प्रकार के अनुशासन के क्षेत्र में आता है। कालिदास उस बात में कभी उलझे नहीं, इसलिए हमें फिलहाल उसमें उलझने की जरूरत नहीं है।

कालिदास ने प्रकृति की रमणीयता का मोहक वर्णन किया है पर उनका मुख्य वर्ण्य-विषय मानव-सौन्दर्य है। उनके बारे में यह कहा जाता है कि "उनका काव्य न कभी अवरुद्ध गति से चलता है और न अतित्वरान्वित होकर, उसमें उत्थान और पतन की अनवच्छेद्य शृङ्खला नहीं होती, उनके सर्वोत्तम और निन्द्यतम में कोई विशेष व्यवधान नहीं है। उनका काव्य श्रेष्ठता के एक निश्चित धरातल और महनीयता की एक नियत छाप की आद्योपान्त रक्षा करता है। सब प्रकार का नुकीलापन और खुरदरापन अत्यन्त सुकुमारता के साथ चिक्वन

और मसृण बना दिया जाता है और इस प्रकार उनकी पूर्ण विकसित कविता का सुडौलपन प्रशान्त सौन्दर्य के अनुरणन-शील ध्वनन द्वारा पाठक को आकृष्ट करता है, जो चाक्षुष और श्रुतिगोचर प्रभाव में, विचार तथा भावना के अन्तर्विलयन का परिणाम है।" (सुशील कुमार दे, हिस्ट्री ऑफ़ संस्कृत लिटरेचर, पृ० १५२) यह बात ठीक जान पड़ती है। परन्तु ऐसा क्यों हुआ है, यह प्रश्न विचारणीय है। इसका कारण उनके मन में सदा क्रियाशील बना रहने वाला तत्ववाद है जो उनके स्वभाव का अविच्छेद्य जीवन्त अंग बन गया है। वे नख से शिख तक सुलझे हुए मार्जित रुचि के कलाकार हैं। संसार में अच्छा भी है, बुरा भी है, सुन्दर भी है, असुन्दर भी; परन्तु उनकी दृष्टि कुत्सित और बीभत्स की ओर कभी नहीं जाती। मनुष्य जिन ललित रूपों की रचना करने का प्रयास करता है वे सब अच्छे ही नहीं होते; क्योंकि सब समय वह पूर्णतः समाहित चित्त से उनका निर्माण नहीं करता। पूर्ण समाधि के बिना सुन्दर की रचना नहीं हो सकती। पूर्ण समाधि की अवस्था में ही चित्त सत्वस्थ रहता है। सत्वस्थ चित्त ही अनिंद्य सुन्दर रूप की रचना कर सकता है। रचयिता में पूर्ण समाहित होने की क्षमता के अभाव में रचना कमज़ोर हो जाती है। जो ऐसा मानता है वह स्वयं रचयिता की स्थिति में आने पर कुत्सित और बीभत्स की रचना कैसे कर सकता है? राजा अग्निमित्र ने पहले मालविका का चित्र देखा था और चित्र-दर्शन से ही मोहित हो गया था। उस समय उसके मन में आशंका थी कि कहीं चित्रकार ने अधिक कान्ति चित्रित न कर दी हो। पर जब उसने साक्षात् मालविका को देखा तो वह चित्र की तुलना में अधिक कान्तिमती दीखी। तब राजा ने यह समझा कि जिस चित्रकार ने यह चित्र बनाया था उसकी समाधि शिथिल हो गई थी। किसी कारणवश वह सत्वस्थ नहीं रह सका। कदाचित् रजोगुण के धुएँ से उसकी दृष्टि धूमिल हो गई थी, कदाचित् तमोगुण के झोंके से उसे स्पष्ट दिखाई ही न दिया हो, कहीं-न-कहीं उसकी समाधि ज़रूर टूट गई थी—

चित्रगतायामस्यां कान्तिविसंवादि मे हृदयम्।
सम्प्रति शिथिलसमाधिं मन्ये येनेयमालिखिता॥ (माल० २।२)

[जब मैंने इस चित्र में अंकित देखा था, तो मेरे मन में यह शंका थी कि वास्तविक मालविका सचमुच ही ऐसी सुन्दर है या नहीं, पर अब (जब वास्तविक मालविका को प्रत्यक्ष देख रहा हूँ) तो ऐसा लगता है कि चित्रकार ने इसका चित्र बनाया था, उसकी समाधि शिथिल हो गई थी। वह ठीक-ठीक नहीं बना सका।]

यह प्रसंग विद्धचित्र का है। विद्धचित्रों में ज्यों-का-ज्यों या हू-ब-हू चित्रण आवश्यक होता था। कालिदास के युग में विद्धचित्रों का खूब प्रचलन था। रघुवंश में एक स्थल पर उन्होंने लिखा है कि जब कुश विध्वस्त अयोध्या देखने गए तो उन्होंने देखा कि नगरी की दीवारों पर कुशल चित्रकारों ने हाथियों के विद्धचित्र बनाए थे। इन चित्रों में करेणु-बालाएँ कमल वन में उतरे हुए अपने प्रेमी हाथी को अपनी सूड़ों में मृणालकवल देती हुई चित्रित की गई थीं। जब नगरी उजाड़ हो गई और उसमें जंगली जानवरों का संचार होने लगा तो सिंहों ने उन चित्र-हस्तियों को वास्तविक हाथी समझकर अपने नाखूनों से उनके कुंभस्थलों को जर्जर कर दिया था—

चित्रद्विपाः पद्मवनावतीर्णाः करेणुभिर्दत्तमृणालकल्पाः।

इस प्रकार के विद्धचित्रों का वर्णन उन्होंने कई स्थानों पर किया है। वे स्वयं विद्धचित्रों को श्रेष्ठ कला नहीं मानते जान पड़ते। इस विषय की चर्चा हम आगे करने का अवसर पायेंगे। यहाँ प्रसंग विद्धचित्रों का है। उन दिनों राजपरिवारों में 'पोर्ट्रेट' बनते थे, वे हू-ब-हू बनाये जाते थे। मालविका का चित्र भी ऐसा ही रहा होगा। परन्तु राजा ने जब अनुकार्य को देखा तो अनुकरण की गलती उसकी समझ में आई। यहाँ केवल इतना ही ध्यान देने की बात है कि विद्धचित्र भी ठीक-ठीक इसलिए नहीं उतरा कि चित्रकार 'शिथिल-समाधि' हो गया था। जहाँ कहीं कलाकार की समाधि शिथिल होती है वहीं वह लक्ष्यभ्रष्ट होता है। कालिदास स्वयं 'शिथिल-समाधि' होना पसंद नहीं करते यह तो कहना ही बेकार है। ऐसे कवि से यह आशा करना कि वह उत्कृष्टतम और निन्द्यतम के भारी व्यवधान का चित्रण करता फिरेगा, दुराशा मात्र है।

कालिदास विधाता को भी एक कलाकार ही मानते हैं। जब वह सचमुच कोई सुन्दर रचना करता है तो समाधिस्थ होता है। दिलीप की रचना करते समय निश्चय ही उसने महाभूत-समाधि धारण की होगी—'तं वेधा विदधे नूनं महाभूतसमाधिना।' यह और बात है कि मनुष्य की तुलना में विधाता अधिक विभु है, अधिक समर्थ है, पर सब समय वह भी समाधिस्थ नहीं होता। कहीं-कहीं और कभी-कभी उसके भी 'शिथिल-समाधि' हो जाने की आशंका रहती है। वस्तुतः कालिदास बहुत कम अवसरों पर विधाता के पूर्ण समाधिस्थ होकर रचना करने का उल्लेख करते हैं। उसका मतलब यह हुआ कि विधाता की सृष्टि में भी सब वस्तुएँ समान रूप से सुन्दर नहीं बनीं। कालिदास बड़े ही संस्कृत चित्त के कवि हैं। परवर्ती संस्कृत कवियों ने जिस प्रकार ब्रह्मा की गलतियों का

हिसाब बताया है ऐसा वे नहीं करते। हिन्दी के कवियों ने भी विधाता की बेवकूफियों का खुलके वर्णन किया है—'नाम चतुरानन पै चूकते चले गये'—जैसी उक्तियों की संख्या काफी मात्रा में खोजी जा सकती है। अपभ्रंश के मोहक कवि अद्दहमाण ने तो यहाँ तक आशंका प्रकट की है कि प्रजापति क्या अंधा है या नपुंसक है जो ऐसी सुन्दरी का निर्माण करके अपने ही पास नहीं रख लिया?

किंतु पिजावइ अन्धलउ अह नु वियड्ढलु आहि।
जं एरिसि तिय णिम्मविय ठविय न अप्पह पाहि॥ (संदेशरासक)

परन्तु कालिदास ने भी विधाता की सौंदर्य-निर्माण-बुद्धि पर आशंका प्रकट कर ही दी है। उर्वशी के रूप को देखकर पुरूरवा ने कहा था कि 'इस सुन्दरी की रचना के लिए या तो अमित-कान्तिवाला चंद्रमा या एकमात्र शृङ्गार रस में रमनेवाला स्वयं कामदेव, या फूलों का आकार वसन्त-मास रचयिता बना होगा, नहीं तो भला निरन्तर वेदाभ्यास से जड़ीभूत, विषयोपभोग के कुतूहल से एकान्त पराङ्मुख, बूढ़ा मुनि (अर्थात् ब्रह्मा) ऐसे मनोहर रूप की रचना में कैसे समर्थ हो सकता है!'

अस्याः सर्गविधौ प्रजापतिरभूच्चन्द्रो नु कान्तिप्रदः।
शृंगारैकरसः स्वयं नु मदनो मासो नु पुष्पाकरः
वेदाभ्यासजडः कथं नु विषयाव्यावृत्तकौतूहलः
निर्मातुं प्रभवेन्मनोहरमिदं रूपं पुराणो मुनिः॥ (विक्र० १/१०)

परन्तु विक्रमोर्वशीय कदाचित् कालिदास की किशोरावस्था की कृति है। उसमें थोड़ी युवजनोचित चुहल रह गई है। अभिज्ञानशाकुन्तल में उन्होंने अपने मत में थोड़ा संशोधन किया है। प्रसंग है शकुन्तला की रचना का। यहाँ राजा दुष्यन्त ने कहा था—"ब्रह्मा ने सबसे पहले शकुन्तला के रूप की मानस कल्पना की होगी। उस समय उसके चित्त में सौंदर्य का उफान रहा होगा। उसने चित्त को पूर्ण सत्वस्थ या समाहित किया होगा। फिर उसने पुराने चौदह रत्नों से भिन्न इस नये स्त्रीरत्न की सृष्टि की होगी, ऐसा मुझे प्रतिभात हो रहा है। यह बात मेरे मन में इसलिए आती है कि एक ओर उसके (शकुन्तला के) मनोहर रूप को देखता हूँ और दूसरी ओर विधाता का अपार सामर्थ्य (उसकी विभुता)'।

चित्ते निवेश्य परिकल्पितसत्वयोगाद्
रूपोच्चयेन मनसा विधिना कृता नु।
स्त्रीरत्नसृष्टिरपरा प्रतिभाति सा मे
धातुर्विभुत्वमनुचिन्त्य वपुश्च तस्याः॥

यही कालिदास का कलाकृति के विषय में निश्चित मत है। वे विधाता को भी मनुष्य की तरह एक कलाकार मानते हैं। मनुष्य जिस प्रकार मानस परिकल्पना करता है उसी प्रकार विधाता भी करता है। वस्तुतः कल्प पहले होता है, सृष्टि बाद में। पर सब सृष्टि समान सुन्दर नहीं होती, न विधाता सब समय परिकल्पित सत्वयोगी होता है। न तो उसके मन में सब समय रूप का उफान उठा करता है और न सब समय उसकी विभुता के करिश्मे देखने को मिलते हैं। वस्तुतः विधाता मनुष्य की भाँति 'शिथिल-समाधि' भी हो जाता है। सब समय उसकी विभुता उसी प्रकार काम नहीं करती, जिस प्रकार मनुष्य के सम्पूर्ण अभ्यास और नैपुण्य, रहते हुए भी, कभी-कभी काम नहीं कर पाते। ऐसा क्यों होता है? विधाता को कहाँ से बाधा मिलती है। कालिदास ने इस प्रश्न की ओर भी इंगित किया है। विधाता के बहाने कालिदास ने यहाँ मानव-कलाकार की रचना-प्रक्रिया की ओर इंगित किया है। विधाता क्या है और कैसे सृष्टि की रचना करता है, यह जानने का कोई उपाय नहीं है। मनुष्य अपने रूप में ही विधाता को देखता है। कालिदास ने स्वयं रचयिता का जो रूप सोचा होगा या स्वयं रचना-प्रक्रिया का जैसा अनुभव किया होगा उसी को विधाता में घटित कराया होगा, यह अनुमान असंगत नहीं है। कालिदास उत्तम रचना के लिए समाधिस्थ चित्त को बहुमान देते हैं, इस विषय में कोई सन्देह नहीं है। मेघदूत के एक ही प्रसंग में चित्रकला के सात्विक और राजसिक भाव का बड़ा ही कमनीय चित्र प्रस्तुत किया है। यक्ष विरहावस्था में अपनी प्रणय-कुपिता प्रिया का चित्र बनाता है। चित्र बनाने की स्थिति में उसका चित्त पूर्ण सत्वस्थ रहता है परन्तु चित्र देखकर वह राजस भाव का शिकार हो जाता है। उसकी आँखों से अविरल अश्रुधारा बहने लगती है।

त्वामालिख्य प्रणयकुपितां धातुरागैः शिलायाम्
आत्मानं ते चरणपतितं यावदिच्छामि कर्तुम्।
अस्रैस्तावन्मुहुरुपचितैर्दृष्टिरालुप्यते मे
क्रूरस्तस्मिन्नपि न सहते संगमं नौ विधाता॥

[प्रिये, कभी-कभी मैं धातुराग (गेरू) से तुम्हारे उस रूप का चित्र इस शिला पर बनाता हूँ, जब तुम प्रेम-कलह में मान किया करती थीं और प्रयत्न करता हूँ कि तुम्हारे चरणों पर मनाने के लिए गिरा हुआ अपना चित्र भी बना दूं लेकिन ऐसा हो नहीं पाता। आँसू

बार-बार उमड़कर आँखों की दृष्टि-शक्ति ही लोप कर देते हैं। हाय क्रूर विधाता इस प्रकार चित्र में भी हमारा मिलन नहीं बर्दाश्त कर पाता !]

कलाकार के रूप में यक्ष सत्त्वस्थ रहता है। द्रष्टा के रूप में राजस भाव में ! अस्तु। रजोगुण और तमोगुण से अभिभूत चित्त से प्राणवन्त सुकुमार सौंदर्य नहीं निकल सकता, यह कालिदास का निश्चित मत है—"न प्रभातरलं ज्योतिरुदेति वसुधातलात्"—धरती से प्रभा-चंचल ज्योति का उदय नहीं हो सकता !

सहज रूप ही श्रेष्ठ है

०

कालिदास पुरुष और स्त्री के सहज गुणों को ही आदर देते हैं। जो बात अनायास[1] ही वर्ण, प्रभा, राग, आभिजात्य, विलासिता, लावण्य, लक्षण, छाया और सौभाग्य को निखार देने में समर्थ हो, उसे ही वे सहज गुण मानते हैं। भरत मुनि ने नाट्य-शास्त्र में सुन्दरियों के जिन रसाश्रय अलंकारों की चर्चा की है, उनमें तीन शारीरिक या अंगज हैं—भाव, हाव, हेला। सात अयत्नज हैं—बिना किसी यत्न के विधाता की ओर से प्राप्त होते हैं—शोभा, कान्ति, दीप्ति, माधुर्य, धैर्य, प्रगलभता और औदार्य। दस स्वाभाविक हैं, विशेष-विशेष स्वभाव के व्यक्तियों में मिलते हैं—लीला, विलास, विच्छित्ति, विभ्रम, किलकिंचित्, मोट्टायित, कुट्टमित, ललित् और विहृत। पुरुषों में भी शोभा, विलास, माधुर्य, स्थैर्य, गाम्भीर्य, ललित, औदार्य और तेज आदि आयत्न-सिद्ध अलंकरण हैं। कालिदास की दृष्टि मुख्यतः इन्हीं सहज गुणों की ओर गई है। इन गुणों के होने पर बाहरी आभरण हों तो भले, न हों तो भले। शास्त्रों में भी बताया गया है कि समस्त अवस्थाओं में चेष्टाओं की रमणीयता ही माधुर्य है। जिस रूप में यह गुण होता है वह 'मधुर' कहा जाता है। शकुन्तला की आकृति ऐसी ही थी। कालिदास ने कहा है कि ऐसी कौन-सी वस्तु है, जो मधुर आकृतियों का मंडन न बन जाय। कमल का पुष्प शैवाल-जाल में अनुविद्ध होकर भी रमणीक बना रहता है, चन्द्रमा का काला धब्बा मलिन होकर भी शोभा विस्तार करता रहता है, और शकुन्तला वल्कल-वेष्टिता होकर तो और भी मनोज्ञा बन गई थी—

सरसिजमनुविद्धं शैवलेनापि रम्यं
मलिनमपि हिमांशोर्लक्ष्म लक्ष्मीं तनोति।
इयमधिकमनोज्ञा वल्कलेनापि तन्वी
किमिव हि मधुराणां मंडनं नाकृतीनाम्॥ (शकु० २।२६)

---

१. रूपं वर्णं प्रभा रागं आभिजात्यं विलासिता।
लावण्यं लक्षणं छाया सौभाग्यं चेत्यमी गुणाः॥ (सहृदय-हृदय-लीला)

इसी प्रकार पुरुष में यदि तेज हो तो राज-चिह्नों और महार्ह आभरणों के बिना भी वह दूर से ही पहचान लिया जाता है, उसी प्रकार जिस प्रकार अन्तर्मदावस्था उस गजराज को पहचान लिया जाता है, जिसकी मदधारा अभी प्रकट नहीं हुई है। दिलीप ने राज-चिह्न छोड़ दिए थे, पर तेजोविशेष की दीप्ति से उन्हें पहचान लेना फिर भी आसान था—

स न्यस्तचिन्हामपि राजलक्ष्मीं तेजोविशेषानुमितां दधानः।
आसीदनाविष्कृतदानराजिरन्तर्मदावस्थ इव द्विपेन्द्रः॥ (रघु० १।७)

[यद्यपि उसने राज-चिह्न छोड़ दिए थे तो भी उसके विशेष प्रकार के तेज से अनुमान कर लिया जा सकता था कि राज-लक्ष्मी को धारण कर रखा है। उसी प्रकार जिस प्रकार भीतर ही भीतर मदावस्था को प्राप्त, किन्तु बाहर से मदधारा के प्रकट न होने के समय गजराज की मदमत्त अवस्था का पता चल जाता है।]

कालिदास ने नारी-सौंदर्य को महिमा-मंडित देखा है। इसका मुख्य कारण उनकी यही निसर्ग-सौंदर्यदर्शिनी दृष्टि है। भारतीय धर्म-साधना में देवी-देवताओं के किशोर रूप का ही ध्यान किया जाता है—'वयः कैशोरकं ध्यायेत्।' क्योंकि इसी अवस्था में शरीर और मन में आद्याशक्ति, विधाता की आदि सिसृक्षा का श्रेष्ठ विलास, अपनी चरम-सीमा पर आता है। शोभा का अनुप्राणक धर्म यौवन माना गया है।

राजानक रुय्यक ने अपनी 'सहृदय-हृदय-लीला' नामक पुस्तक में बताया है कि इसी अवस्था में अंगों में सौष्ठव और विपुलीभाव आता है और उनका पारस्परिक विभेद स्पष्ट होता है। उसमें असमानता प्रादुर्भूत होती है। कालिदास ने इस अवस्था को अंग-यष्टि का असंभृत मंडन (अर्थात् अयत्न-सिद्ध सहज अलंकरण), मद का अनासव साधन (बिना मदिरा के ही मदमत्त बना देने वाला सहज मादकगुण) और प्रेम के देवता का बिना फूल का बाण (सहज सिद्ध अभिलाष-हेतु) कहा है।

असंभृतं मंडनमंगयष्टे—
रनासवाख्यं करणं मदस्य।
कामस्य पुष्पव्यतिरिक्तमस्त्रं
बाल्यात्परं साथ वयः प्रपदे॥ (कु० १।३१)

[उस (पार्वती की) वह अवस्था आई जो बाल्य वयस के बाद आती है। यह अवस्था (यौवन) अंगयष्टि का वह अलंकरण है, जो बिना साज-सिंगार के

ही बन जाता है, जो मद का साधन है पर नाम उसका मदिरा नहीं है। और जो कामदेवता का फूलों के अलावा एक और ही अस्त्र है ।]

सत्कुल में जन्म, सुन्दर शरीर, अनायास प्राप्त ऐश्वर्य तथा नवयौवन इनसे बढ़कर तपस्या के फल की कल्पना नहीं की जा सकती।

कुलेप्रसूतिः प्रथमस्य वेधसः
त्रिलोकसौंदर्यमिवोदितं वपुः ।
अमृग्यमैश्वर्यं सुखं नवं वयः
तपः फलं स्यात् किमतः परं वद ।। (कु० ५।४१)

[आदि विधाता के कुल में जन्म, त्रिलोक सौन्दर्य के समान उदय हुआ शरीर, अनखोजी मिली समृद्धि का सुख, और नवीन वय (चढ़ती जवानी)—इनसे बढ़कर तुम्हीं बताओ, तपस्या का फल और क्या हो सकता है ?]

शोभा और सौंदर्य के वर्णन में नवयौवन के इस धर्म को कालिदास ने विशेष रूप से मान दिया है। इस विभेद या उभार को कालिदास ने जमकर अलंकार-लक्षित करके सहृदय-हृदयगोचर बनाया है। इसीलिए वे उभरे हुए वक्षस्थल पर झूमते हुए हार, चाहे वे शरत्कालीन चन्द्रमा की मरीचियों के समान कोमल-मृणाल-नाल के बने हों, या मुक्ता-जाल ग्रथित हेम-सूत्र से गढ़े हुए हों; श्रोणि-बिंब को मंडित करने वाली कांची या हेम-मेखला, हंससुतानुकारी नूपुर, स्तनांशुक, अपांग-विलास, मदिरालस-नयनापांग, आदि का जमकर वर्णन करते हैं। कंकण-वलय और मृणाल-वलय उन्हें पसन्द हैं, क्योंकि वे सुवृत्त कलाइयों की शोभा को निखार देते हैं, लाक्षारस और लहरदार किनारी उन्हें रुचिकर हैं, ताम्बूल राग, सिंदूर राग, धम्मिल्ल भार (जूड़ा) आदि इसलिए वर्णनीय हैं कि वे चतुरस्र शरीर के उभार को अधिक खिला देते हैं। प्रेम का देवता बहुत प्रकार से नवयौवनशाली शरीर में निवास करके इस विभेद या उभार को आकर्षक बना देता है—

नेत्रेषु लोलो मदिरालसेषु गंडेषु पाण्डुः कठिनः स्तनेषु ।
मध्येषु निम्नो जघनेषु पीनः स्त्रीणामनंगो बहुधा स्थितोऽद्य ।।

[मदिरालस नयनों में वह (काम) चंचल, गण्डस्थल में पाण्डुवर्ण, वक्षःस्थल में कठिन, कटि देश में क्षीण, जघनस्थल में स्थूल बनकर स्त्रियों के शरीर में नानाभाव से स्थित है।]

पहले ही बताया गया है कि कालिदास के ऐसा कहने के पीछे एक भारी तत्ववाद है। कुमारसंभव समष्टि-व्याप्त प्रेम का काव्य है। विधाता ने स्वयं

अपने-आपको द्विधा विभक्त करके शिव और शक्ति के रूप में इस विभेद की लीला शुरू की थी। समष्टि में जो शिव और शक्ति है, वही व्यष्टि में पुरुष और स्त्री है।

जब तुम सृष्टि करने की इच्छा करते हो, तो अपने-आप को दो भागों में स्त्री और पुरुष रूप में—विभक्त करते हो। यही तुम्हारे आत्म-भाग (अपने-आप को स्त्री और पुरुष में विभक्त करने से बने हुए भाग) संसार के माता-पिता बनते हैं—

स्त्रीपुंसावात्मभागौ ते भिन्नमूर्तेः सिसृक्षया।
प्रसूतिभाजः सर्गस्य तावेव पितरौ स्मृतौ ॥७॥

व्यष्टि में यह भेद यौवन काल में अपनी चरम विकासावस्था को प्राप्त होता है। उसके बाद वह क्रमशः फल और बीज के रूप में परिपक्व होता है। कालिदास, इसीलिए, नवयौवन को महत्त्व देते हैं कि इस अवस्था में चिन्मयी धारा विकास की ओर बढ़ती रहती है। वृक्षों और लताओं में जैसे फूल होते हैं, वैसे ही पुरुष और स्त्री के शरीर में यौवन आता है। शकुन्तला को देखकर राजा दुष्यन्त के मुख से कवि ने यौवन को पुष्प के समान कहा था—

अधरः किसलयरागः कोमलविटपानुकारिणौ बाहू।
कुसुममिव लोभनीयं यौवनमंगेषु सन्नद्धम् ॥ (११०, १, २०)

[किसलय के समान लाल-लाल इसके अधर हैं, कोमल शाखाओं के समान भुजाएँ हैं, और कुसुम के समान लोभनीय यौवन है जो इसके अंग में खिला हुआ है।]

रूप, वर्ण कान्ति के सम्पूर्ण उद्‌भेद पुष्प में होते हैं।

अंगराग, उपलेपन और आभरण इस विभेद की शोभा को प्रतिभिन्न करते हैं और निखार देते हैं।[1] किन्तु केवल रूप और यौवन अपने-आप में पर्याप्त नहीं हैं।

प्रेम होना चाहिए। कालिदास ने युवावस्था के मनोहर रूप के दो पक्षों पर अधिक बल दिया है। (१) उसके समय में यह प्रवाद प्रचलित था कि विधाता जिसे रूप देता है उसके चित्त में महनीय गुण भी देता है। उसका चित्त पाप-वृत्ति की ओर नहीं जाता। यह प्रवाद कालिदास की दृष्टि में सत्य है—'यदुच्यते

१—सा गौरसिद्धार्थनिवेशवद्‌भिर्दूर्वाप्रवालैः प्रतिभिन्नशोभम्।
निर्नाभिकौशेयमुपात्तवर्णमभ्यंगनेपथ्यमलंचकार ॥ (कुमार० ७।७)

पार्वति पाप-वृत्तये न रूपमित्यव्यभिचारि तद्वचः' (कुमार० ५)। इसका मतलब यह हुआ कि पाप-वृत्ति की ओर उन्मुख होने वाला रूप वस्तुतः रूप है ही नहीं। कालिदास इस सिद्धान्त को पूर्णतः स्वीकार करते हैं। (२) प्रिय के प्रति सौभाग्य उद्रिक्त करना ही रूप-सौन्दर्य का वास्तविक फल है – 'प्रियेषु सौभाग्यफला हि चारुता' (कुमार० ५-१)। राजानक रुय्यक ने दस शोभा-विधायक धर्मों में प्रथम को रूप कहा है और अन्तिम को 'सौभाग्य'। 'सुभग' उस व्यक्ति को कहते हैं जिसके अन्दर प्रकृत्या वह रंजक गुण होता है जिससे सहृदय लोग उसी प्रकार स्वयमेव आकृष्ट होते हैं, जिस प्रकार पुष्प के परिमल से भ्रमर। ऐसें 'सुभग' व्यक्ति के आन्तरिक वशीकरण धर्म को 'सौभाग्य' कहते हैं। कालिदास ने मेघदूत (१-३१) में 'सौभाग्यं ते सुभग विरहावस्थया व्यंजयती' में इस शब्द का व्यवहार इसी अर्थ में किया है। यह लक्ष्य करने की बात है कि सौभाग्य की व्यंजना विरहावस्था में होती है। रूप बाह्य आकर्षण है और सौभाग्य की कामना आन्तरिक—'निनिन्द रूपं हृदयेन पार्वती, प्रियेषु सौभाग्यफला हि चारुता'। सो, कालिदास के अनुसार यह आन्तरिक वशीकरण धर्म ही रूप का फल है। इसलिए उनके रूप-वर्णन का एक ही लक्ष्य है—प्रेमी में उस शक्ति की प्रतिष्ठा जो प्रिय को सहज ही आकृष्ट कर सके। अत्यन्त उच्छल-शृङ्गारिक वर्णन के प्रसंगों में भी कालिदास उस बात को नहीं भूले हैं। उनके मत से मदन या मन्मथ द्विधा-भूत शक्तियों का आश्रय है। एक ओर तो वह अग-जग में व्याप्त मंगल-निरपेक्ष यौन आकर्षण है। रूप उसका सहायक बनकर निन्दनीय होता है।

कालिदास ने बड़ी ही सुन्दर ललित भाषा में इस यौन-आकर्षण के मंगल-निरपेक्ष मोहमय रूप का वर्णन किया है। तपोनिष्ठ शंकर की नयनाग्नि में भस्म होने के पूर्व इस मदोद्धत काम ने इन्द्र से कहा था कि बताइए क्या करतब दिखाऊँ? किस तपस्वी को अपने बाणों का शिकार बनाऊँ, मोक्ष के लिए प्रयत्न करने वाला वह कौन व्रती है जिसे मैं सुन्दरियों के चंचल कटाक्ष से आहत करके उन्हीं की डोरों से बाँध डालूँ। शुक्र से भी नीति पढ़कर पंडित बने हुए किस चतुर ऐश्वर्यशाली को क्षण-भर में अर्थ और धर्म दोनों से वंचित कर दूं?—

> केनाभ्यसूया पदकांक्षिणां ते नितान्तदीर्घैर्जनिता तपोभिः।
> यावद्भवत्याहितसायकस्य मत्कार्मुकस्यास्य निदेशवर्ती॥
> असंमतः कस्तव मुक्तिमार्गं पुनर्भवक्लेशभयात्प्रपन्नः।
> बद्धश्चिरं तिष्ठतु सुन्दरीणामारेचितभ्रूचतुरैः कटाक्षैः॥

अध्यापितस्योशनसापि नीतिर्प्रयुक्तरागप्रणिधिर्द्विषस्ते ।
कस्यार्थधर्मौ वद पीडयामि सिंधोस्तटावोघ इव प्रवृद्धः ॥

(कुमार० ३।४।५।६)

अर्थात् वह धर्म, अर्थ और मोक्ष तीनों को नष्ट कर देने की शक्ति रखता है। कुमारसंभव का मदन-दहन और शकुन्तला के प्रथम-प्रेम का प्रत्याख्यान इसी मंगल-निरपेक्ष यौन आकर्षण का प्रतिवाद है। पार्वती का सारा रूप, मदन का सारा पराक्रम और वसन्त का समूचा आयोजन तपस्वी के एक भ्रूक्षेप में ढह गया, देवता चिल्लाते रह गए, 'कि हे प्रभो क्रोध को रोको, उनकी वाणी अभी आसमान में ही थी कि शिव के नेत्र से उत्पन्न अग्नि ने प्रेम के इस अपदेवता को भस्मावशेष बना दिया—

क्रोधं प्रभो संहर संहरेति यावद् गिरः खे मरुतां चरन्ति ।
तावत् स वह्निर्भवनेत्र-जन्मा भस्मावशेषं मदनं चकार ॥

(कुमार० ३।७२)

['हे प्रभो, अपना क्रोध संवरण कीजिए, रोकिए, रोकिए',—इस प्रकार देवतागण की वाणी जब तक आकाश में ही चल रही थी, तब तक शिव की आँखों से उत्पन्न उस आग ने कामदेव को भस्म ही कर डाला !]

पार्वती ने अपने शरीर के लालित्य को व्यर्थ समझा (व्यर्थं समर्थ्यं ललितं वपुरात्मनश्च) और तपस्या के द्वारा रूप को अव्यर्थ करना चाहा। बिना तप के ऐसा सौभाग्य, ऐसा प्रेम, ऐसा पति कैसे मिल सकता था।

इयेष सा कर्त्तुमवन्ध्यरूपतां
समाधिमास्थाय तपोभिरात्मनः ।
अवाप्यते वा कथमन्यथा द्वयं,
तथाविधं प्रेम पतिश्च तादृशः ॥

(कुमार० ५।२)

[अपने रूप की ऐसी विफलता देखकर पार्वती ने ठान लिया कि समाधि के द्वारा तपस्या करके अपने सौन्दर्य को सफल बनाएँगी। नहीं तो भला ऐसा प्रेम और ऐसा पति अन्य किसी उपाय से कैसे मिल सकता है ?]

शकुन्तला की भी यही कहानी है। रूप के उन्मद आकर्षण को तपस्वी के एक वाक्य से भहराकर गिर जाना पड़ा। और मेघदूत के प्रमाद-जनक

उतावले प्रेम की यही गति है। सबको कठिन तपस्या से गुज़रना पड़ा है—'सौभाग्य ते सुभग विरहावस्थया व्यंजयन्तीम्'। तपस्या के बाद उत्पन्न काम अतनु होता है। वह भावैक-रस होता है। ब्रह्मचारी वेश-धारी शिव ने, पार्वती को, शिव के रूप की निन्दा द्वारा जब तपस्या से विचलित करना चाहा तो उन्होंने कहा कि झगड़े से क्या लाभ ? तुमने शिव को जैसा रूप-गुणहीन सुना है वे वैसे ही हों तो भी क्या ? मेरा मन तो भावैकरस हो गया है, हृदय में भाव-रूप में विराजमान प्रिय के साहचर्य से रस का अनुभव करने लगा है।

अलं विवादेन यथा श्रुतं त्वया, तथाविधस्तावदशेषमस्तु सः।
ममात्र भावैकरसं मनः स्थितं न कामवृत्तिर्वचनीयमीक्षते।।

(कुमार० ५।८२)

[विवाद से क्या लाभ ? आपने उन्हें जैसा सुना है वे वैसे ही सही, पर मेरा मन तो उन्हीं में रम गया है। जब मन किसी पर आ जाता है तो आ ही जाता है, वह किसी के कहने-सुनने की अपेक्षा थोड़े ही रखता है !]

तपस्या से तपकर विशुद्ध प्रेम द्वारा व्यंजित यही सौभाग्य-धर्म कालिदास के सौन्दर्य-वर्णन का लक्ष्य है।

ब्रह्मचारी वेशधारी शिव को यह देखकर कष्ट हुआ कि सौंदर्य की अद्‌भुत प्रतिमा पार्वती तपस्विजनोचित वेश धारण किए हुई थीं। कालिदास ही उस दुःख को और उसके आवरण में छिपे हुए आह्लाद को व्यक्त कर सकते थे। दुःख साधारण जन की दृष्टि की उपज था। जो जहाँ होना चाहिए वह वहाँ न हो तो कष्ट होता ही है। कौन ऐसा सहृदय होगा जो मणि-रत्न के आभूषणों के योग्य शरीर को सूर्य की किरणों में झुलसा देखकर दुःखी न हो जाए; जो चाँद के समान दमकने वाली कान्ति को दिन के चन्द्रमा की भाँति क्षीण-कान्ति बनी देखकर पिघल न जाए। हाय,

मुनिव्रतैस्त्वामतिमात्रकर्शितां दिवाकराप्लुष्टविभूषणास्पदाम्।
शशांकलेखामिव पश्यतो दिवा सचेतसः कस्य मनो न दूयते।।

(कुमार०, ५।४८)

[ऐसा कौन सहृदय होगा जिसका मन तपस्या से इस प्रकार तुम्हारे कृशित शरीर को देखकर, जो आभूषण न पहनने के कारण झुलस गया है और दिन में उदित चन्द्रलेखा की भाँति फीका पड़ गया है, देखकर हाय-हाय न कर उठे !]

सामान्य रूप में सचेता या सहृदय के मन में यही बात उठती है परन्तु जो सूक्ष्मदर्शी होता है उसे तपस्या के मानसिक उदात्त भाव में जो सौंदर्य दिखता है, वह इससे कहीं अधिक आह्लाद-जनक होता है। पार्वती शिव की निन्दा—वेश पर आधृत निन्दावाद—नहीं सुन सकती थीं। वे गहराई में स्थित शिव के विशाल मंगल रूप को देखती थीं। अंगराग, आभरण, मंडन-द्रव्य जैसे मांगल्य वेश क्यों धारण किए जाते हैं? अपनी सीमाओं के प्रति सचेत रहने के कारण। कुछ लोग अशुभ से रक्षा के लिए इन्हें धारण करते हैं, वहाँ भय मुख्य कारण होता है। दूसरे समृद्धि के प्रदर्शन के लिए या उनकी आशा से उनका उपयोग करते हैं, वहाँ काम और लोभ हेतु होते हैं। दोनों सीमा-बुद्धि के परिचायक हैं। जिसे भय भी नहीं, लोभ भी नहीं, वह मांगल्य आभरण पहने तो अच्छा, न पहने तो अच्छा। शिव और पार्वती को इनकी आवश्यकता नहीं—

विपत्प्रतीकारपरेण मंगलं निषेव्यते भूतिसमुत्सुकेन वा।
जगच्छरण्यस्य निराशिषः सतः किमेभिराशोपहतात्मवृत्तिभिः॥

(कुमार० ५।७६)

[मांगल्य आभरण या तो वे लोग धारण करते हैं जो किसी विपत्ति को दूर करना चाहते हैं या फिर जो लोग अपनी समृद्धि दिखाना चाहते हैं। परन्तु शिव तो संसार के शरणदाता हैं, उनमें कोई इच्छा है ही नहीं। वे भला इन वस्तुओं को क्यों चाहेंगे?]

और फिर शिव? वे तो विश्वरूप हैं। वे चाहे विभूषणों से उद्भासित हों, साँप लपेटे हों, हाथी की खाल ओढ़े हों या दुकूलधारी हों, कपाली हों या चन्द्रशेखर हों, उन्हें सब फबता है; क्योंकि वे विश्वमूर्ति हैं।

विभूषणोद्भासि पिनद्धभोगि वा गजाजिनालम्बि दुकूलधारि वा।
कपालि वा स्यादथवेन्दुशेखरं न विश्वमूर्तेरवधार्यते वपुः। (कु० ५।७८)

कविवर रवीन्द्रनाथ ठाकुर ने एक स्थान पर कहा है कि 'कुमारसंभव' के तृतीय सर्ग में कामदेव के आकस्मिक आविर्भाव से चंचल यौवन का उद्दीप्त वर्णन हुआ है। यहाँ कालिदास ने उन्मत्तता को संकीर्ण सीमा के बीच नहीं देखा और न यह दिखाने का प्रसास किया है कि उन्मत्तता ही सब-कुछ है। एक विशेष तरह का शीशा होता है जिसमें से यदि सूर्य-किरणें किसी बिन्दु पर पड़ें तो वहाँ आग जल उठती है। लेकिन वही सूर्य-किरणें जब आकाश में सर्वत्र स्वाभाविक रूप से प्रसारित होती हैं तो ताप देती हैं, जलाती नहीं।

वसंत प्रकृति की सर्वव्यापी यौवन-लीला के बीच हर-पार्वती के मिलन-चांचल्य को विन्यस्त करके कालिदास ने उसकी मर्यादा सुरक्षित रखी है। उन्होंने पुष्पधनु की प्रत्यंचा-ध्वनि को चिरसंगीत के स्वर से विच्छिन्न नहीं होने दिया। जिस पृष्ठभूमि पर उन्होंने अपना चित्र खींचा है वह तरु-लताओं और पशु-पक्षियों को साथ लेकर समस्त आकाश में विचित्र रंगों में फैला है। केवल तृतीय सर्ग ही नहीं, पूरा 'कुमारसम्भव' काव्य एक विश्वव्यापी पटभूमि पर अंकित है। इस काव्य का जो मूल विचार है वह गम्भीर और चिरन्तन है। पापदैत्य प्रबल स्वर्गलोक को छिन्न-विच्छिन्न कर देता है। समस्या यह है कि उस दैत्य को पराजित करने के लिए जिस वीरता की आवश्यकता है वह कैसे पैदा हो? इसी समस्या का समाधान कुमारसंभव है। अर्थात् त्याग और भोग के सामंजस्य में ही पूर्ण शक्ति है। त्यागी शिव जब एकाकी समाधिमग्न बैठे थे, स्वर्गलोक असहाय था, और सती जब अपने पिता के घर ऐश्वर्य में अकेली ही आबद्ध थीं, उसी समय दैत्यों का उपद्रव प्रबल हो उठा था। प्रवृत्ति के प्रबल हो जाने से ही त्याग और भोग का सामंजस्य टूट जाता है। 'इस काव्य में कवि ने दिखाया है कि त्याग के साथ ऐश्वर्य का, तपस्या के साथ प्रेम का मिलन होने पर ही उस शौर्य का जन्म हो सकता है जिसके द्वारा मनुष्य का सर्वप्रकार की पराजय से उद्धार हो सकता है।'

०

विनिवेशन, अन्यथाकरण और अन्वयन

कलाकार किसी चित्र या मूर्ति के निर्माण के लिए कुछ सामग्रियों का उपयोग करते हैं। इन्हें 'उपदान' कहते हैं। फिर वे तूलिका, छैनी आदि का सहारा भी लेते हैं जो कला-वस्तु के निर्माण में सहायक होते हैं। इन्हें 'करण' कह सकते हैं। परन्तु कालिदास ने 'करण' शब्द का दो प्रकार से प्रयोग किया है। कभी-कभी वे इन्द्रियों के अर्थ में इसका प्रयोग करते हैं और अन्तःकरण (मन, बुद्धि आदि) और बहिःकरण (आँख, कान, हाथ आदि) में से किसी एक या दोनों की बात करते हैं और कभी उन औज़ारों का भी इस शब्द से ही उल्लेख करते जान पड़ते हैं जो कलाकार के सहायक होते हैं (जैसे तूलिका, लेखनी, छैनी आदि)। दोनों में स्पष्ट भेद बताने के उद्देश्य से मैंने अपनी ओर से दूसरी श्रेणी के करणों के लिए 'उपकरण' शब्द का प्रयोग करने का निश्चय किया है। करण कलाकार के अनुशासित और शिक्षित इन्द्रिय हैं और उपकरण उसकी इन्द्रिय-शक्ति के सहायक औज़ार आदि। आधुनिक सौंदर्यशास्त्री उपादान और उपकरण इन दोनों के लिए 'माध्यम' (अंग्रेज़ी 'मीडियम') शब्द का प्रयोग करते हैं और बताते हैं कि कलाकृति के उपयोग में 'माध्यम' की प्रकृति की जानकारी और आनुकूल्य-विधान बहुत आवश्यक तत्व हैं। यह विचारणीय है कि इस सम्बन्ध में कालिदास का क्या मत है।

कालिदास ने श्रेष्ठ कलाकार के रूप में विश्वसृज् (विश्व का स्रष्टा, विधाता) को ही देखा है। परन्तु 'विश्वसृज्' की कला-रचना की प्रक्रिया के बहाने उन्होंने श्रेष्ठ मानव-कलाकार के गुणों का उल्लेख किया है। वस्तुतः वे विधाता की सृष्टि-रचना को एक उत्तम कलाकार की कलाकृति ही मानते हैं। यद्यपि विधाता 'विभु' या परम समर्थ है और मनुष्य उसकी तुलना में बहुत कम समर्थ प्राणी है, पर विधाता को भी मनुष्य की तरह श्रेष्ठ रचना के लिए 'प्रयत्न' करना पड़ता है। 'समाधि' की अवस्था में पहुँचना पड़ता है, चित्त को 'सत्वस्थ' करना पड़ता है। तभी वह सुन्दर सृष्टि कर सकता है। आधुनिक सौन्दर्य-शास्त्री प्रकृति के सौन्दर्य और मानव कलाकृति सौंदर्य में जितना अन्तर करते रहते हैं,

कालिदास को उतना मान्य नहीं है। वे अनायास मानव-कलाकार के उपकरणों को विधाता के उपकरणों के साथ-साथ एक ही साँस में समान गौरव के साथ रख दे सकते हैं। पार्वती के बाल्यकाल के चतुरस्र या संपाट शरीर को नवयौवन ने ऊँचा-नीचा करके विभक्त बना दिया—उभार ला दिया—किस प्रकार ? कालिदास दो उपमानों का प्रयोग करते हैं—एक तो विधाता की सृष्टि (प्रकृति) से लिया गया है, दूसरा मानव-कलाकार की सृष्टि (संस्कृति) से। विधाता जब कमल के मुँदे पुष्प में विभेद या उभार ले आना चाहते हैं तो सूर्य-किरणों की सहायता से ऐसा करते हैं और मानव कलाकार जब चित्र में विभेद या उभार पैदा करना चाहता है तो तूलिका की मदद से ऐसा कर पाता है। दोनों उपमानों को समान मर्यादा देने में कालिदास को रंचमात्र भी हिचक नहीं है। वे इस चिन्ता में भी नहीं पड़ते कि विधाता का नाम पहले लेना चाहिए, मनुष्य-कलाकार का बाद में। उनकी दृष्टि से दोनों समान मर्यादा के अधिकारी हैं। वे मनुष्य-कलाकार का नाम पहले ले लेने में कोई हर्ज नहीं मानते—

उन्मीलितं तूलिकयेव चित्रं सूर्यांशुप्रोद्भिन्नमिवारविन्दम् ।
बभूव तस्याश्चतुरस्रशोभि वपुर्विभक्तं नवयौवनेन ॥ (कु० १।३२)

[जैसे तूलिका या कूची से रंग भरने पर चित्र निखर आता है और जिस प्रकार सूर्य की किरणों से कमल का फूल रूप-वर्ण और गन्ध से फट पड़ता है, वैसे ही नवयौवन के द्वारा उस (पार्वती) का चौरस शरीर निखर उठा। उसमें ऊँचाई-नीचाई के भाव प्रकट हो गए !]

इस श्लोक में आए हुए 'चतुरस्र' शब्द पर विशेष रूप से ध्यान दिया जाना चाहिए। यह चित्र सूत्र में बताए गए 'वैणिक' चित्र की याद दिलाता है। रेखाओं से बने हुए ये चित्र केवल खाका मात्र होते थे—'चतुरस्र सुसम्पूर्ण न दीर्घ नोल्वणकृति, अर्थात् न ही उनमें दीर्घता का भान होता है न ऊँचाई-नीचाई का। ऐसे खाके वाले चित्रों में उन्मीलन या उभार लाना चतुर कलाकार की शिक्षित तूलिका का ही काम है।

वस्तुतः जहाँ-कहीं कालिदास ने विधाता की सृष्टि-प्रक्रिया की बात कही है वहाँ मानव-कलाकार उनके मन में अवश्य विद्यमान रहता है। इसलिए उनकी विधाता की सर्जन-प्रक्रिया सम्बन्धी उक्तियों से हम मानव-कलाकार की सर्जन-प्रक्रिया के सम्बन्ध में उनका क्या मत था, इसका अनुमान अवश्य कर सकते हैं।

विधाता ने पार्वती का सुन्दर रूप कैसे बनाया ? निपुण मानव-कलाकार की भाँति उसे सामग्री संग्रह करनी पड़ी, उनकी प्रकृति का अध्ययन करना पड़ा,

कहाँ किसे रखना ठीक होगा, इसका विचार करना पड़ा, अभ्यास-निपुण चित्त से प्रयत्न करना पड़ा और तब जाकर वह सुन्दर रूप बन सका—

सर्वोपमाद्रव्यसमुच्चयेन यथाप्रदेशं विनिवेशितेन ।
सा निर्मिता विश्वसृजा प्रयत्नादेकस्थसौंदर्य दिदृक्षयेव ॥ (कु० १।४९)

[ऐसा जान पड़ता है कि विश्व-स्रष्टा (विधाता) संपूर्ण सौन्दर्य को एक स्थान पर देखना चाहते थे। इसीलिए उन्होंने उपमा-योग्य सभी वस्तुओं को एकत्र किया, उन्हें यथास्थान सजाया और उनकी सहायता से प्रयत्न-पूर्वक पार्वती के रूप का निर्माण किया।]

विधाता ने क्या किया था, यह जानने का उपाय हमारे पास नहीं है। पर कालिदास ने निस्सन्देह ऐसा ही कुछ किया था। तब कहीं जाकर वे पार्वती के 'कांचन-पद्म-धर्मि' रूप को निखार सके।

इस कथन से कालिदास के कई विचार स्पष्ट हो जाते हैं। सामग्री या उपादान का संचयन तो कलाकार के लिए आवश्यक है ही, उसके बिना तो वह आगे बढ़ ही नहीं सकता, परन्तु कालिदास ने यहाँ उससे बड़ी बात कहनी चाही है। उपादान का ठीक-ठीक संनिवेश आवश्यक तत्त्व है। वस्तुतः श्रेष्ठ कलाकार वह होता है जो अपनी इच्छा और उपादान की प्रकृति का ठीक-ठीक सामंजस्य कर सकता है। जिस या जिन उपादानों के सहारे कला-कृति का निर्माण होता है वे भी अपना व्यक्तित्व रखते हैं। उनका निर्देश मानना पड़ता है, उनकी प्रकृति के विरुद्ध यदि बलात् उनका उपयोग किया जाए तो कलाकृति की चारुता को नष्ट कर देते हैं। उनका यथाप्रदेश विनिवेश कलाकार की निरीक्षण शक्ति की सच्चाई या कच्चाई की गवाही देते हैं। केवल श्रेष्ठ कलाकार ही—जो 'एकत्र सौंदर्य दिदृक्षा' का धनी होता है—उपादान को अनुकूल बना सकता है। उसका आनुकूल्य प्रयत्न से सिद्ध होता है। उपादान सहानुभूति चाहता है, सहलावा चाहता है, मनुहार चाहता है। एरिक न्यूटन ने लिखा है कि यदि कलाकार माध्यम (उपादान और उपकरण) के स्वाभाविक आचरण की उपेक्षा करता है और ज़बर्दस्ती अपनी इच्छा उस पर लादने का प्रयास करता है तो वह अपने को ही जोखिम में डाल देता है और यदि उसके सामने वह आसानी से घुटने टेक देता है तो भी वह अपने को जोखिम में ही डाला करता है। कुशल शिल्पी की सफलता का रहस्य यह है कि वह माध्यम का ठीक-ठीक उपयोग करता है, उसके स्वाभाविक आचरण को इस प्रकार अनुकूल बनाने का प्रयत्न करता है कि वह ज़ोर-ज़बरदस्ती के बिना अपनी मर्ज़ी से उसकी सहायता करने लगता

है। जापानी कुश्तीबाज़ की तरह वह अपने प्रतिद्वन्द्वी के प्रयत्नों को अपने अनुकूल बनाता है और उसे चित करने में उसी के प्रयत्नों का उपयोग करता है। सच्चा कलाकार अपनी मर्ज़ी के साथ माध्यम की मर्ज़ी को एकमेक कर देता है। (दी मीनिंग ऑफ़ ब्यूटी, पृ० ८९-९०)। असल में उपादान और उपकरण का निर्देश मानना और उसे अपनी इच्छा के अनुकूल बना लेना अच्छे कलाकार का सहज गुण है। कलाकार केवल ऐसा स्वप्नद्रष्टा नहीं होता जो मानवी मूर्तियों का निर्माण कर चुप बैठ जाता है। उसे अपने स्वप्न को उपादान और उपकरण की सहायता से चरितार्थ करना पड़ता है। यदि वह उनकी उपेक्षा करता है तो अनर्थ हो सकता है। मनुहार न करने का ही वह फल है जो संस्कृत की इस अतिप्रसिद्ध उक्ति में संक्षेप में बता दिया गया है—'विनायकं प्रकुर्वाणो रचयामास वानरम्' (गणेशजी की मूर्ति बनाने चला, बना दिया वानर)। कुछ बहुत अच्छे शिल्पी उपादान की प्रकृति के अच्छे ज्ञाता होते हैं, वे उसके निर्देश को समझते हैं फिर भी अच्छे कलाकार नहीं बन पाते, क्योंकि उनकी इच्छा-शक्ति कमज़ोर होती है। ऐसे शिल्पी 'कारीगर' की मर्यादा से ऊपर नहीं उठ पाते। वे बड़ी चीज नहीं दे पाते। अंग्रेजी में ऐसे प्रयत्नों के लिए 'स्लिक' शब्द का व्यवहार किया जाता है—बहुत-कुछ यह संस्कृत के 'गुणीभूत' शब्द का समान-धर्मा है पर ठीक-ठीक वही नहीं है, जहाँ कलाकार की सर्वोत्तम सर्जनेच्छा के साथ माध्यम का प्रयत्नसाध्य निर्देश एक-दूसरे को समृद्ध करते हैं वहीं कलाकृति श्रेष्ठ होती है। कलाकार में यह इच्छा-शक्ति सहज होती है, वैसी ही जैसी विधाता की सृष्टि है—चन्द्रमा में आह्लादक धर्म सहज होता है क्योंकि चन्द्रमा, विधाता की मानसी सृष्टि है—'चन्द्रमा मनसो जातः'। माध्यम में वह यत्नसाध्य होती है, जैसे विधाता की सृष्टि में कमल पुष्प में 'सूर्य किरणों से प्रोद्भिन्नता' द्वारा वह प्रयत्न पुरस्सर आनीत होती है। कलाकृति में वह रचना-शक्ति सहज और यत्नसाध्य प्रचेष्टाओं की 'द्विसंश्रया प्रीति' प्राप्त करती है। पार्वती के मुख का जब विधाता ने निर्माण किया था तो सौंदर्य-लक्ष्मी ने द्विसंश्रया प्रीति एकत्र प्राप्त की थी—

चंद्रं गता पद्मगुणान्न भुंक्ते पद्माश्रिता चांद्रमसीमभिख्याम्।
उमा-मुखं तं प्रविविश्य लोला द्विसंश्रयां प्रीतिमवाप लक्ष्मीः॥

[सौंदर्य लक्ष्मी जब चन्द्रमा में होती है तो पद्म के गुणों का उपयोग नहीं कर पाती, उधर वह जब पद्म में होती है तो चन्द्रमा की शोभा से वंचित हो जाती है। किन्तु यह चंचला, उमा के मुख को आश्रय करके द्विसंश्रया या उभयनिष्ठा प्रीति का भाजन बनी।]

सो, कलाकृति द्विसंश्रया प्रीति चाहती है। कालिदास जब 'यथाप्रदेशं विनिवेशितं' की बात कहते हैं तो उपादान के आनुकूल्य-साधन की ओर इंगित करते हैं ।

परन्तु जो बात कालिदास ने बहुत स्पष्ट शब्दों में नहीं कही उसे वे करके दिखा गए हैं। वे जिस सामग्री का उपयोग करते हैं उसकी प्रकृति के अनुसार ही उसे रूप दे देते हैं। परवर्ती संस्कृत कवियों में यह बात सदा नहीं पाई जाती। वक्तव्य वस्तु स्वयं अपना रूप निश्चय करता है। या और भी स्पष्ट शब्दों में कहें तो, कवि को वक्तव्य वस्तु की प्रकृति को देखकर, कलात्मक कृति की रचना करनी होती है और उसका रूप, उसका छंद, उसका 'यथाप्रदेश विनिवेश' सोचना पड़ता है। इस बात में कालिदास की तुलना बहुत कम कवियों के साथ की जा सकती है।

कालिदास भारतवर्ष के समृद्ध इतिहास की देन हैं। स्वभावतः उन्हें विरासत में अनेक रूढ़ियों की प्राप्ति हुई थी। धर्म, दर्शन, कला, शिल्प आदि के क्षेत्र में अनेक रूढ़ प्रतीक साधारण जनता में बद्धमूल हो चुके थे।। इसलिए उन्होंने भी बहुत-सी रूढ़ियों का पालन किया है। जब तक प्रतीकों का अर्थ मालूम रहता हैं तब तक वे 'रूढ़' की कोटि में नहीं आते, क्योंकि वे तब तक प्रयोक्ता के अनुध्यात अर्थ का प्रक्षेपण ग्रहीता के चित्त में करते रहते हैं। दीर्घकालीन प्रयोग के बाद उनका मूल प्रयोजन भुला दिया जाता है और बाद में उन घिसे-पिटे प्रतीकों का प्रयोग रूढ़ अर्थ में होने लगता है। कालिदास ने अपनी रचनाओं में काव्यगत और नाट्यगत रूढ़ियों का जमकर प्रयोग किया है। उनसे छनकर ही उनकी स्वकीयता (ओरिजिनैलिटी) आती है। और यदि हमें कालिदास के उपादान-प्रयोग की कुशलता की परीक्षा करनी हो तो इन रूढ़ियों की जानकारी आवश्यक हो जाएगी। यहाँ उस प्रकार के प्रयास में पड़ने की इच्छा नहीं है। वह एक जटिल अध्ययन-प्रक्रिया की अपेक्षा रखती है। यहाँ प्रसंग यह है कि कालिदास उपादान की प्रकृति के निपुण पारखी हैं। रूढ़ियों का मान उनके मन में है अवश्य, पर उपादान के उपयोग में उनकी स्वकीयता प्रशंसनीय है ।

चित्र के विषय में उन्होंने बहुत-कुछ शब्दों में कहा है । उन्होंने यह भी इंगित किया है कि चित्रकार को ठीक-ठीक चित्र बनाने के लिए बाह्य जगत् से गृहीत सामग्री का अन्यथाकरण करना पड़ता है। कई जगह चित्रकार को—और अन्य कलाकारों को भी ज्यों-का-त्यों चित्रण करने के लिए कुछ छोड़ना पड़ता है, कुछ जोड़ना पड़ता है, कुछ बदलना पड़ता है। उसे कई बार रूढ़ियों का

आश्रय लेना पड़ता है। ऐसा करना उसके लिए आवश्यक हो जाता है। वह इस विवशता से छुटकारा नहीं पा सकता।

इस कौशल को 'अन्यथाकरण' कह सकते हैं। अंग्रेजी में इसे 'डिस्टारशन' कहते हैं। मनुष्य जो भी कुछ रचता है उसके लिए वह बाह्य जगत् की वास्तविकता में ही मसाला संग्रह करता है। पर इसे ज्यों-का-त्यों वह ले ही नहीं सकता। उसे चार आयामों के जगत् को तीन, दो या एक में बदलना पड़ता है। वह कुछ-न-कुछ छोड़ने को बाध्य है। वह तथ्यात्मक बाह्य सत्ता को बदलता है, 'अन्यथा' बनाता है। इसीलिए उसके इस प्रयत्न को 'अन्यथाकरण' कहते हैं। अन्यथाकरण अर्थात् जो जैसा है उसे वैसा ही न रहने देना। फिर भी वह वस्तु को यथार्थ रूप में चित्रित करने का प्रयास करता है। रेखा से, रंग से वह कमियों को पूरा करता है। इस कौशल में ही कलाकार का वैशिष्ट्य है। कालिदास ने 'अभिज्ञान शाकुन्तल' में एक स्थान पर यह बात बड़े आकर्षक ढंग से कही है। राजा दुष्यन्त ने शकुन्तला का चित्र बनाया था। उस चित्र को देखकर राजा ने कहा था कि चित्र में जो कुछ साधु नहीं होता अर्थात् जैसा है वैसा नहीं बन पाता उसे अन्यथा कर दिया जाता है। फिर भी उस (शकुन्तला) का लावण्य रेखाओं से कुछ निखर ही गया है, उसमें लगातार प्रभावित करते रहने की क्षमता जुड़ ही गई है।—

यद्यत्साधु न चित्रे स्यात् क्रियते तत्तदन्यथा।
तथापि तपस्या लावण्यं रेखया किंचिदन्वितम्॥

यहाँ इस श्लोक को उद्धृत करने का उद्देश्य सिर्फ यही नहीं है कि अन्यथाकरण शब्द के प्रयोग का औचित्य सिद्ध किया जाए बल्कि यह भी है कि इस बात को विशेष रूप से दृष्टिगोचर किया जाए कि कालिदास ऐसा मानते थे कि यद्यपि अन्यथाकरण के द्वारा बाह्य जगत् ज्यों-का-त्यों नहीं आ जाता बल्कि उत्तम कोटि का चित्रकार उसमें कुछ और जोड़ देता है—किंचित् अन्वितम्। ऊपर से यह बात ऐसी अटपटी मालूम होती है कि बहुत से पण्डित इस श्लोक का अर्थ ही बदलने पर उतारू हो गए हैं। उनका कहना है कि इसका अर्थ है कि "फिर भी इसमें इसका लावण्य कुछ-कुछ उतर ही गया है।" हर पण्डित से लोहा लेते फिरने की स्पर्धा तो मुझमें नहीं है पर मुझे लगता है कि कालिदास का तात्पर्य वही है जो पहले कहा गया है। इसका प्रमाण उन्हीं के ग्रन्थों से दिया

जा सकता है पर बात बढ़ाने से कोई लाभ नहीं है। मैं जिस बात को स्पष्ट करने जा रहा हूँ उसी से इसका समर्थन हो जाएगा।

जिसे हम परिदृश्यमान बाह्य जगत् कहते हैं उसकी सच्चाई क्या है? एक व्यक्ति इसे जैसा देखता है उसे ही ठीक देखना परिदृश्यमान जगत् की सच्चाई नहीं है। सारा मनुष्य-समाज जैसा देखता है वैसी ही उसकी सच्चाई है। एक व्यक्ति किसी चीज़ को पीला देखे और बाकी लोग सफेद देखें तो सफेद ही सच्चाई है, पीला अवर्नमिल दृष्टि का प्रसाद है। इस प्रकार परिदृश्यमान जगत् की सच्चाई व्यक्तिदृष्टि नहीं, बल्कि समष्टि सच्चाई है। परिदृश्यमान बाह्य जगत् स्थूल होता है, उसकी सच्चाई का मापदण्ड बनाना आसान होता है। समष्टिदृष्ट बाह्य जगत् के कारण-कार्यों का विश्लेषण करके और नये तथ्यों की जानकारी प्राप्त करके, नये सिरे से नई वस्तुओं का निर्माण मनुष्य करता ही रहता है। इस विश्लेषण और अन्यथाकरण की गठनात्मक नवव्यवस्थापन की प्रक्रिया विज्ञान का कार्यक्षेत्र है। इस प्रक्रिया द्वारा व्यक्ति या व्यक्ति-समूह निरन्तर परिवर्तन करते रहते हैं। परन्तु अन्तर्जगत् इतना स्थूल नहीं है। कलाकार भी विज्ञानी की भाँति नित्य परिवर्तन करता रहता है। किन्तु इन सूक्ष्म अनुभूतियों के विश्लेषण और अन्यथाकरण की प्रक्रिया कुछ और तरह की होती है। यही कलाकार का कार्यक्षेत्र है। अन्तर्जगत् की अनुभूतियों की सच्चाई भी समाजचित्त की सच्चाई है। एक प्रकार के रूप से यदि एक आदमी अत्यधिक प्रीतिभाव अनुभव करता है और बाकी लोग वैसा भाव अनुभव नहीं करते जो प्रीतिभाव अनुभव करने वाला ही अवर्नमिल माना जाता है। वैसा न अनुभव करना ही अन्तर्जगत् की सच्चाई मानी जाती है। भाषा अवर्नमिल भाव के लिए नहीं बनती वह समाजचित्त की अनुयायिनी होती है। बाह्य जगत् के विषयपरक होने से व्यक्तिदृष्टि कम बाधक सिद्ध होती है, लेकिन अन्तर्जगत् के विषयपरक होने के कारण अधिक बाधा उत्पन्न करती है। मैं यह तो मान लेने को तैयार हो सकता हूँ कि जो चीज़ मुझे पीली दिखाई दे रही है वह वास्तव में सफेद है और मुझे अपनी आँखों की दवा करनी चाहिए, पर यह मानने में बड़ी कठिनाई है कि सेंहुड़ का काँटा जो मुझे अच्छा नहीं लगता वह वास्तव में अच्छा ही लगने योग्य है। अन्तर्जगत् की अनुभूतियों के लिए जो भाषा बनी है उससे व्यक्तिचित्त पूरा-पूरा कभी सन्तुष्ट नहीं होता और अधिकांश व्यक्तियों में अन्तर्द्वन्द्व बना रहता है। समाजचित्त को परिवर्तित करना इस क्षेत्र में कठिन कार्य है। कलाकार को यही करना पड़ता है। बाह्य तथ्यात्मक

जगत् सदा अन्तर्जगत् के व्यक्तिचित्त को वैसा ही नहीं देखता जैसा समाज-चित्त से देखा जाता है। अन्यथाकरण की निर्माणोन्मुखी प्रक्रिया बाह्य जगत् के समाजस्वीकृत रूपों को जोड़कर सही अर्थों में उपलब्ध कराती है। द्रष्टा सिर्फ यह नहीं समझता कि वह जान रहा है बल्कि यह अनुभव करता है कि वह देख रहा है, पा रहा है। ज्ञातवस्तु दृष्ट होती है; दृष्ट, उपलब्ध। स्पष्ट ही कलाकार अन्यथाकृत बाह्य जगत् के अवयवों से उतना ही नहीं देता जितना बाह्य जगत् में मिलता है, बल्कि उसमें कुछ और जोड़ता है। "रेखया किंचिदन्वितम्"—यही उसकी रचनात्मक शक्ति का वैशिष्ट्य है। चित्रसूत्र और मानसोल्लास आदि प्राचीन ग्रन्थों में कई प्रकार के चित्रों की चर्चा है। एक तो सत्यचित्र या विद्धचित्र ही है, फिर भावचित्र है, रसचित्र है। इनमें कलाकार हू-ब-हू की अपेक्षा कुछ अधिक देता है। कालिदास इन अधिक-दायी चित्रों को बहुमान देते हैं। उन्हीं के शब्दों का व्यवहार किया जाए तो इस बात को 'अन्वयन-कौशल' कहा जा सकता है।

'अन्वय' शब्द का चुनाव बड़ी सावधानी से किया गया जान पड़ता है। कालिदास ने अन्यत्र इस शब्द का प्रयोग 'सन्तान-परम्परा' के अर्थ में किया है—'रघूणामन्वयं वक्ष्ये' (मैं रघु की वंशपरम्परा का वर्णन करूँगा) चित्र अपने-आप में एक स्थिर पदार्थ है। पर जब वह रसयुक्त बनता है तो भाव-परम्परा को दीर्घकाल तक उत्पन्न करता रहता है, ठीक उसी प्रकार जिस प्रकार वीणा के तार को हल्का-सा आघात कर देने से देर तक 'अनुरणन' होता रहता है। परन्तु वीणा का अनुरणन श्रव्य ध्वनि-परम्परा है और चित्र या मूर्ति का अनुरणन मानसिक भाव-परम्परा है। इसी भाव-परम्परा के उत्पन्न करने की क्षमता को अन्वय कहा जाता है और उस प्रक्रिया को 'अन्वयन'।

चित्रसूत्र से पता चलता है कि भारतीय कला के आचार्य रेखा को बहुत महत्त्व देते हैं। सुप्रसिद्ध कला-मर्मज्ञ श्री न० च० मेहता (एन० सी० मेहता) लिखते हैं कि रेखा-सौन्दर्य पर भारत एशिया भर की चित्रकला का दारोमदार है। बल्कि यह कहना अनुचित न होगा कि पौरस्त्य चित्र केवल रंगीन रेखाचित्र हैं। आलेख्य वस्तु को रेखाबद्ध करके ही रंग विधान किया जाता है। पहले चित्र का खाका खींचते हैं, फिर उसमें रंग भरा जाता है—यहाँ तक कि अकबर के ज़माने के महाभारत के फारसी अनुवाद 'रज़्मनामा' के अतीव सुन्दर चित्र दो-दो तीन-तीन चित्रकारों के हाथ के बने हैं। एक ने रेखा खींची है जिसे चित्रों की भाषा में 'तरह' करना कहते हैं। दूसरे ने रंग भरा है जिसे 'रंगरेज़' अथवा 'रंगामेज़'

कहते हैं। एक चित्र में कभी-कभी 'तरह' के, रंग के, हाशिए के बिलकुल अलग-अलग कारीगर हुआ करते थे। १८वीं और १६वीं शताब्दी में कई चित्र बिना रंग के 'स्याह कलम' भी मिलते हैं।" (चित्रमीमांसा, पृ० ६-७)। वस्तुतः चित्रकार रेखा के माध्यम से ही चित्र को जीवन्त और रस-युक्त बनाता है। चित्र के बीचो-बीच 'भूलम्भ' या 'ब्रह्म रेखा' होती है। विभिन्न भावों और रसों के चित्रण में इस भूलम्भ रेखा से इधर-उधर के झुकाव से भाव या रस को अनुभव योग्य बनाया जाता है। पर चित्र में सिर्फ रेखा द्वारा नतोन्नत भाव नहीं आता। आजकल आलोक-छाया की पद्धति से इस बात को स्पष्ट किया जाता है। पुराने चित्रकार रेखा के माध्यम से ही यह कार्य करते थे। इसे 'वर्तना' कहा जाता था। यह नतोन्नत या उच्चावच भाव दिखाने के लिए चित्रकार को बड़ी सावधानी से रेखा में लघुता ता पृथुलता की योजना करनी पड़ती है। 'रेखा' और 'वर्तना' पुराने चित्रकारों के कौशल की कसौटी हैं। चित्र सूत्र (४१.११) में कहा गया है कि 'रेखां प्रसंसन्त्याचार्या वर्तनां च विचक्षणाः।' इसलिए अन्वयन कार्य में रेखा का इतना महत्त्व कालिदास ने स्वीकार किया है। अपने ग्रन्थों में उन्होंने वातावरण और अलंकार के महत्त्व का भी निर्देश किया है। वातावरण के बिना भाव चित्र और रसचित्र अधूरे रह जाते हैं। मुक्तक रचनाओं की व्याख्या के लिए एक प्रकार के वातावरण की योजना करनी पड़ती है। कौन कह रहा है, किससे कह रहा है, किस परिस्थिति में कह रहा है, इन बातों की योजना न की जाए तो बिहारी और अमरुक की श्रेष्ठ रचनाएँ भी समझ में नहीं आएँगी।

विद्ध चित्र और रस चित्र

विद्ध चित्र हू-ब-हू चित्रण है। उसमें चित्रकार यथासंभव असंपृक्त रहकर सफलता पाता है। कलाकार की अन्तर्वेदना विषय-वस्तु के माध्यम से प्रकट नहीं होती। दुष्यन्त ने शकुन्तला का चित्र बनाया था। उसका वर्णन स्वयं कालिदास ने इस प्रकार किया है—चित्र में आँकी गई शकुन्तला के दोनों नेत्र, कटाक्ष—निरीक्षण के फलस्वरूप फैले हुए थे, उनके ऊपर की भ्रूलताएँ लीलायित थीं, उनमें चुहल का भाव था, हँसने के कारण स्वच्छ दाँतों से चाँदनी की तरह छिटकने वाली स्वच्छ-शीतल प्रभा से उसके अधर उद्भासित हो रहे थे, कर्कन्धू फल की लाल-लाल प्रभा उसके होंठों से निकलकर मुखमण्डल को बड़ी ही रुचिर शोभा से विभूषित कर रही थी। यद्यपि वह चित्र था, तो भी ऐसा जीवन्त था कि लगता था वास्तविक शकुन्तला ही दीख रही

है—अब बोली, अब बोली ! विभ्रम-विलास की तरल कान्तिधारा के समान वह दिख रही थी—

> दीर्घापाङ्गविसारिनेत्रयुगलं लीलाञ्चितभ्रूलतं
> दन्तान्तःपरिकीर्णहासकिरणज्योत्स्ना विलिप्ताधरं
> कर्कन्धूद्युतिपाटलोष्ठरुचिरं तस्यास्तदेन्मुखं
> चित्रेऽप्यालपतीव विभ्रमलसत्प्रोद्भिन्नकांतिद्रवम् ।

कालिदास ने यहाँ केवल मुखमण्डल का—तत्रापि, आँखें, भवें, अधर और हँसी—का उल्लेख किया है। उन्होंने शकुन्तला के पूरे शरीर और अन्यान्य अवयवों के संस्थान की बिलकुल चर्चा नहीं की। परन्तु वर्णविन्यास की बारीकी और चित्र की तरल गतिशीलता की ओर उनकी दृष्टि गई थी—ऐसा जान पड़ता है, किसी अत्यन्त भावमनोहर रसात्मक भंगिमा का किसी ने एक क्षण का छाया-चित्र ले लिया हो, क्षण-भर के लिए किसी गतिशील मूर्ति को देखा और रंगों में बाँध लिया हो ! चित्र सूत्र में चित्र को जो श्रेष्ठ नृत्य कहा गया है वह इसी गतिशील तत्त्व को दृष्टि में रखकर ही।

सानुमती ने देखकर आश्चर्य के साथ कहा था कि ऐसा जान पड़ता है कि सखी (शकुन्तला) मेरे सामने ही खड़ी है। यह शकुन्तला का वास्तविक चित्रण है। शकुन्तला बिलकुल प्रत्यक्ष-सी हो गई। पर वह सामान्य शकुन्तला है। वह सानुमती और दुष्यन्त के लिए समान भाव से बनी है। इससे राजर्षि दुष्यन्त की निपुणता प्रकट होती है। सानुमती ने कहा भी था—अहो राजर्षेः निपुणता। जाने सखी अग्रतो मे वर्तत इति (आश्चर्यजनक है इस राजर्षि की निपुणता ! लगता है मेरी सखी शकुन्तला मेरे आगे ही खड़ी है !) विदूषक ने इससे भी अधिक देखा था। कहा था—धन्य हो मित्र, जहाँ-जहाँ आना आवश्यक था वहाँ-वहाँ इसके मन के भाव भी इसमें आ गए हैं, निम्नोन्नत प्रदेशों में तो मेरी दृष्टि फिसल-सी रही है ! (साधु वयस्य मधुरावस्थानदर्शनीयो भावानुप्रवेशः। स्खलतीव मे दृष्टि-र्निम्नोन्नतप्रदेशेषु।) अर्थात् शकुन्तला का शारीरिक और मानसिक चित्रण बहुत सुन्दर हो गया था। पर दुष्यन्त का मन उससे संतुष्ट नहीं था। उसने विदूषक की बात सुनकर ही ऊपर उद्धृत श्लोक कहा था कि क्योंकि शकुन्तला बन गई थी, अच्छी बन गई थी पर दुष्यन्त उस चित्र में नहीं आ पाया था। उत्तम चित्र बनाकर वह भी निपुण कारीगर की मर्यादा पा सका था, पर सहृदय कलाकार नहीं उभर पाया था। उसने रेखाओं से अपना भी कुछ जोड़ना चाहा था पर जुड़ नहीं पाया था। उसने जोड़ने का प्रयास भी कुछ किया था पर कहीं कोई त्रुटि

रह गई थी। वह सिर खुजला के रह गया। कहीं कोई कमी रह गई है। दुष्यन्त की अपनी मनोदशा उसमें नहीं उभर पाई थी। आलंबन उभर आया था, आश्रय अस्पष्ट रह गया था। द्विसंश्रया प्रीति चाहने वाली सौन्दर्य-लक्ष्मी फिर भी ठिठक कर खड़ी रह गई थी। राजा ने सुधारा। मालिनी नदी का वह शांत मनोरम तट जिसके सैकत पुलिनों में हंस के जोड़े विस्रब्ध भाव से विश्राम कर रहे थे, उसे बनाना ज़रूरी था, नहीं तो दुष्यन्त के हृदय की वह कचोट स्पष्ट नहीं हो पाती जो उसे मथे डालती थी—कैसी जगह जाकर उसने प्रेम किया और कैसा विश्वासघात किया। वह आश्रम था, निश्छल तपोवनों की निश्चल वासभूमि। उसे भी चित्रित करना आवश्यक था।

यह स्थान पार्वती के पिता नगाधिराज की उस तलहटी में था जहाँ सहज-भीरु, निसर्ग-सुन्दर हरिण निरन्तर विहार करते रहते थे। मुनि-कन्याओं में कुछ इसी प्रकार का निश्छल, निसर्ग-सुकुमार, सहज-भाव था। इसे चित्रित किए बिना सब बेकार था। पर सब से अधिक आवश्यकता थी उस कृष्णमृग की जिसकी सींगें नुकीली शाखाओं के जंगल के समान सिर पर खड़ी थीं और बगल में बैठी हुई मृगी अपनी बाईं आँख उसकी सींग की किसी नुकीली शाखा से खुजला रही थी, अत्यन्त विश्वास के साथ। विश्वास इतना गाढ़ था कि वह निश्चित जानती थी कि कृष्णमृग महाराज यदि गलती से भी ज़रा-सा हिले तो उन मनोहर आँखों की खैर नहीं और फिर भी खुजला रही थी, अशंक चित्त से। हाय-हाय, वह आश्रम ही ऐसे विश्वासपरायण प्रेमियों का निवास था। शकुन्तला ने भी तो इतने ही विश्वास के साथ आत्मसमर्पण किया था, पर दुष्यन्त ने कैसा व्यवहार किया! यही कलाकार की वेदना तो दुष्यन्त का अपना-कुछ था। रेखाओं से उसने जोड़ा, पर जुड़ नहीं सका। बहुत माथामच्ची के बाद उसे ठीक-ठीक बात सूझी—

कार्या सैकतलीनहंसमिथुना स्रोतोवहा मालिनी।
पादास्तामभितो निषण्णहरिणा गौरीगुरोः पावनाः।
शाखालंबितवल्कलस्य च तरोर्निर्मातुमिच्छाम्यधः।
शृंगे कृष्णमृगस्य वामनयनं कण्डूयमानां मृगीम्।

अब जाकर चित्र में रस आया। जो सबीह था वह रस-चित्र बन गया। कालिदास के समूचे काव्य में इस 'किञ्चिदन्वयन' का कौशल मुखर है।

कालिदास ने सम्पूर्ण अंग के सौंदर्य का शब्दचित्र भी दिया है। यद्यपि वह चित्रगत आकृति का वर्णन नहीं है पर ऐसा जान पड़ता है कि हम वास्तविक

चित्र ही देख रहे हैं। यह विचित्र संयोग है कि नृत्य-परायणा मालविका का चित्र होने के कारण वह मानों चित्रसूत्र की उस उक्ति की ही सरल व्याख्या है। यह चित्र इतना भावव्यंजक और सरस है कि उस पर विशेष टीका करना अनुचित जान पड़ता है। यह 'मालविकाग्निमित्र' नाटक में दो नृत्याचार्यों में अपनी कला-चातुरी के सम्बन्ध में तनातनी होती है। यह तय पाया है कि अपनी-अपनी शिष्याओं का अभिनय दोनों दिखाएँ और अपक्षपातिनी भगवती कौशिकी, दोनों में कौन श्रेष्ठ है, इस बात का निर्णय करें। दोनों आचार्य राजी हो गए। मृदंग बज उठा। प्रेक्षागार में दर्शकगण यथास्थान बैठ गए। भिक्षुणी की अनुमति से रानी की परिचारिका मालविका के शिक्षक आचार्य गणदास यवनिका के अन्तराल से सुसज्जिता शिष्या (मालविका) को रंगभूमि में ले आए। यह पहले ही स्थिर हो गया था कि चलित (छलित?) नृत्य—जिसमें अभिनेता दूसरे की भूमिका में उतरकर ही अपने मनोभाव व्यक्त करता है—के साथ होने वाले अभिनय को दिखाया जाएगा। मालविका ने गान शुरू किया। मर्म यह था कि दुर्लभ जन के प्रति प्रेमपरवशा प्रेमिका का चित्त एक बार पीड़ा से भर उठता है, और फिर आशा से उल्लसित हो उठता है, बहुत दिनों के बाद फिर उसी प्रियतम को देखकर उसी की ओर वह आँखें बिछाए है। भाव मालविका के हृदय से सीधे निकले थे, कण्ठ उसका करुण था। उसके अतुलनीय सौंदर्य, अभिनयव्यंजित अंगसौष्ठव, नृत्य की अभिराम भंगिमा और कंठ के मधुर संगीत से राजा और प्रेक्षकगण मंत्र-मुग्ध-से हो रहे। अभिनय के बाद ही मालविका परदे की ओर जाने लगी, तो विदूषक ने किसी बहाने उसे रोका। वह ठिठककर खड़ी हो गई—उसका बायाँ हाथ कटिदेश पर विन्यस्त था, उसका कंकण कलाई पर सरक आया था, दाहिना हाथ शिथिल श्यामा लता के समान सीधा झूल पड़ा था, झुकी हुई दृष्टि पैरों पर अड़ी हुई थी, जहाँ पैर के अँगूठे फर्श पर बिछे पुष्पों को धीरे-धीरे सरका रहे थे और कमनीय देहलता नृत्य-भंगी से ईषदुन्नीत थी। मालविका ठीक उसी प्रकार खड़ी हुई थी, जिस सौष्ठव के साथ देहविन्यास करके अभिनेत्री को रंगभूमि में खड़ा होना उचित था—

वामं सन्धिस्तिमितवलयं न्यस्तहस्तं नितम्बे
कृत्वा श्यामाविटपिसदृशं स्रस्तमुक्तं द्वितीयम्।
पादांगुष्ठालुलितकुसुमे कुट्टिमे पातिताक्षं
नृत्यादस्याः स्थितमतितरां कान्तमृज्वायताक्षम्।

परिव्राजिका कौशिकी ने दाद दी—अभिनय बिलकुल निर्दोष है। बिना

बोले भी अभिनय का भाव स्पष्ट ही प्रकाशित हुआ है, अंगविक्षेप बहुत सुन्दर और चातुरीपूर्ण हुआ है। जिस-जिस रस का अभिनय हुआ है, उस-उस रस में तन्मयता स्पष्ट लक्षित हुई है। भावचेष्टा सजीव होकर स्पष्ट हुई है, मालविका ने बलपूर्वक अन्य विषयों से हमारे चित्त को अभिनय की ओर खींच लिया है—

अंगैरन्तर्निहितवचनैः सूचितः सम्यगर्थः,
पादन्यासो लयमनुगतस्तन्मयत्वं रसेषु।
शाखायोनिर्मृदुरभिनयस्तद्विकल्पानुवृत्तौ,
भावो भावं नुदति विषयाद्रागबंधः स एव।

इस श्लोक में कालिदास ने उस युग के अभिनय का सजीव आदर्श तो उपस्थित कर ही दिया है, नृत्य और चित्र की अभिन्नता भी कौशलपूर्वक सिद्ध कर दी है। अस्तु।

वाक् और अर्थ का 'साहित्य'

कालिदास ने रघुवंश के आरम्भ में शिव और पार्वती के संपृक्त या मिलित रूप को वाक् और अर्थ के साथ-साथ रहने के भाव (साहित्य) के साथ तुलनीय माना है। उन्होंने स्वयं 'साहित्य' शब्द का प्रयोग तो नहीं किया पर 'संपृक्त' या संपर्कयुक्त कहकर उसी भाव की ओर संकेत किया है, जिसे बाद में 'साहित्य' कहा जाने लगा। कब से इस शब्द का प्रयोग चला यह निश्चित रूप से नहीं कहा जा सकता। भर्तृहरि ने इस शब्द का प्रयोग अवश्य किया था। बाद में तो व्यापक रूप से इसका प्रयोग उन रचनात्मक कृतियों के अर्थ में होने लगा है जिनमें शब्द के माध्यम से वह अन्तर्जगत् की उस भावराशि को प्रकाशित करना चाहता है जो किसी एक व्यक्ति के दुःख-सुख से संबद्ध होकर भी मनुष्य के समष्टि-चित्त को आन्दोलित, मथित और चालित करती है। कदाचित् आज से एक सहस्राब्दी या उससे भी अधिक पुराने आचार्य कुन्तल (या कुन्तक) ने इस शब्द को एक निश्चित अर्थ में अभिव्यक्त करने का प्रयास किया था। प्रयास इसलिए कह रहा हूँ कि उन्होंने इस शब्द का काव्य को समझाने के लिए गौण रूप में ही व्यवहार किया था। वे कहना चाहते थे कि शब्द और अर्थ की परस्परस्पर्द्धी चारुता का साथ-साथ रहने का जो भाव है—साहित्य है—वही काव्य है। शब्द और अर्थ की परस्परस्पर्द्धी चारुता या एक-दूसरे से होड़ लगाकर चलने और फिर भी साथ-साथ रहने की प्रवृत्ति को काव्य कहना उचित ही था, क्योंकि केवल शब्द काव्य नहीं हो सकता, वह कितना भी सुन्दर क्यों न हो। वीणा या वंशी की ध्वनि को हम काव्य नहीं कहते। इसी प्रकार केवल अर्थ, वह चाहे कितना भी सुन्दर क्यों न हो, काव्य नहीं कहा जा सकता। शृङ्गार रस का मनोहर से मनोहर मूक अभिनय काव्य नहीं कहा जाता। अतएव शब्द और अर्थ दोनों का साहित्य आवश्यक है और उनका सुन्दर होना भी जरूरी है। 'घड़ा' शब्द बोलते ही मिट्टी की एक विशेष आकृति वाला अर्थ—पदार्थ—उपस्थित हो जाता है। यहाँ शब्द और अर्थ का साहित्य तो है पर इसमें परस्परस्पर्द्धी चारुता नहीं है। इसलिए शब्दार्थ-साहित्य होते हुए भी यह काव्य

नहीं कहा जा सकता। जहाँ शब्द और अर्थ में, पद और पदार्थ में होड़ लग जाती हो कि कौन कितना सुन्दर है—शब्द सुन्दरता में अर्थ को मात दे रहा हो और अर्थ शब्द को मात दे रहा हो, ऐसे ही परस्परस्पर्द्धी चारुता के साहित्य को कुन्तल काव्य कहना चाहते थे। बाद में 'साहित्य' शब्द रचनात्मक शब्द-कृतियों का नाम हो गया और आगे चलकर तो वह काव्य से अधिक व्यापक अर्थों का सूचक हो गया।

'अर्थ' बहुत छोटा-सा शब्द है। परन्तु है तेजस्वी ! 'तेजवन्त लघु गनिय न रानी।' इसे छोटा नहीं समझना चाहिए। इसके पेट में सारा जगत् आ जाता है। जो कुछ है, वह पदार्थ ही तो है। वस्तु, विचार, भाव, रस, रसाभास—सभी अर्थ हैं। कुछ वाच्यार्थ हैं। कुछ लक्ष्यार्थ हैं। कुछ व्यंग्यार्थ हैं। अर्थ की सीमा में सब आ जाता है, पुराना भी, नया भी, अनागत भी। जिसे हम 'साहित्य' कहते हैं, उसमें शब्द और अर्थ—पद और पदार्थ की परस्परस्पर्द्धी चारुता का रहना आवश्यक है। यह आदि सत्य है। पहले भी माना गया है, आगे भी माना जाता रहेगा। चाहे तो कोई इसे एक शाश्वत आधार मान ले सकते हैं। मैं आग्रह नहीं करूँगा। वाग्देवता के अपूर्व इंगित विलास से शब्द और अर्थ के संबंधों में परिवर्तन होता रहता है। सीमाएँ टूटती रहती हैं, मिटती रहती हैं, बनती रहती हैं। शाश्वत है वाग्देवता की अन्तर्निहित विलास-लीला। पर हमें अनादि-अनन्त काल-प्रवाह का हिसाब लगाने के मोह में नहीं पड़ना चाहिए। मैं हज़ार-डेढ़ हज़ार वर्ष पहले से शुरू कर रहा हूँ। आशा करता हूँ, हज़ार-डेढ़ हज़ार वर्ष तक मनुष्य का मस्तिष्क ऐसा ही रहेगा। बाद में क्या होगा, कौन जानता है ?

लेकिन यह चारुता या सौन्दर्य क्या है ? कुछ लोग कहते हैं कि सौन्दर्य विषय-निष्ठ धारणा है। हम किसी विषय को इसलिए सुन्दर समझते हैं कि उससे हमारा कुछ मतलब है। हम उसमें अपनी तृप्ति के लिए आवश्यक तत्त्व पाने के कारण उसमें रुचि लेने लगते हैं। दूसरे लोग कहते हैं कि ऐसी बात नहीं है। सुन्दर माना जानेवाला पदार्थ हमें इसलिए आन्दोलित, चालित और हिल्लोलित करता है कि सुन्दर वस्तु में कुछ शक्ति या धर्म है जो ऐसा करने में स्वयं समर्थ है। सौन्दर्य विषय-निष्ठ धर्म है। एक तीसरे प्रकार के विचारक इसे उभय-निष्ठ धर्म मानते हैं। द्रष्टव्य वस्तु में सौन्दर्य एक ऐसी शक्ति या ऐसा धर्म है जो द्रष्टा को आन्दोलित और हिल्लोलित कर सकता है; और द्रष्टा में भी ऐसी शक्ति है, ऐसा एक संवेदन-तत्त्व है, जो द्रष्टव्य के सौन्दर्य से चालित और

हिल्लोलित होने की योग्यता देती है । तीसरी बात अधिक समझ में आने योग्य है । ग्रहीता और गृहीतव्य के अन्तरतर का आकर्षण ही तो वह लीला है जो अनादि शिव-तत्त्व और शक्ति-तत्त्व के शाश्वत लीला-विलास की व्यष्टि-निष्ठ अभिव्यक्ति है ।

यदि यह उभय-निष्ठ आकर्षण न होता तो हर वस्तु हर व्यक्ति को समान भाव से प्रभावित करती । हमारे देश के विचारकों ने रस-वस्तु को सहृदय-संवेद्य माना है । सहृदय व्यक्ति वह है जिसका चित्त उस दिशा में उन्मुख होता है जो कलाकार या कवि के विशिष्ट अनुभूति वाले सर्जक चित्त के साथ ताल मिलाकर चलने की स्थिति में होता है । इसे बात बदलकर सामान्य मनुष्यता या 'कॉमन ह्यू मैनिटी' की दशा कह सकते हैं । ऐसे चित्त को पुराने पंडितों की भाषा में 'सत्त्वस्थ' या 'सात्त्विक भाव-निष्ठ' चित्त कहते हैं। राजस-चित्त व्यक्ति का एकान्त चित्त होता है, और तामस विकृत और थोथा होता है । 'सुंदर' कही जानेवाली वस्तु यदि किसी एक को ही सुन्दर जँचे, अन्य लोगों को न जँचे, तो वह एक व्यक्ति ही या तो एकान्त व्यक्ति-निष्ठ माना जाएगा या फिर ऐन्द्रिय या मानसिक विकार से ग्रस्त । जो वस्तु अधिकांश लोगों को सफेद दीखे और किसी एक को पीली, तो पीली देखनेवाला ही विकृत दृष्टि का माना जाता है ।

वस्तु अपने-आप में पीली है, नीली है या सफेद है, यह कहना कठिन है; इसमें वैज्ञानिकों और दार्शनिकों के सूक्ष्म चिन्तन में अन्तर हो सकता है । सत्यों का सत्य यह है कि मनुष्य-चित्त से निरपेक्ष वस्तु-स्वरूप क्या है, या कुछ है भी या नहीं, यह जानने का कोई उपाय नहीं । हम जो कुछ देखते हैं, वह मानव-गृहीत सत्य है, मानव-निरपेक्ष सत्य हमारी पहुँच के बाहर है । ठीक यही बात सौन्दर्य के विषय में भी कही जा सकती है । कोई वस्तु अपने-आप में कितनी सुन्दर है या उसका वस्तुनिष्ठ—वास्तव—स्वरूप क्या है, यह हमारी पहुँच के बाहर की चीज है । जो वस्तु हमें सुन्दर लगती है, वह मानव-गृहीत रूप में ही हमारे मानस को चालित और आन्दोलित करती है । वह भी एक मानव-गृहीत सौन्दर्य है। सीधी भाषा में ऐसा समझिए कि एक प्रकार का व्यापक मानव-चित्त है, जो विश्वजनीन है । जो वस्तु इस समष्टि मानव-चित्त को सुन्दर लगती है, वही सुन्दर है । कुछ थोड़े-से व्यक्तियों को अगर सुन्दर न लगे तो मानना होगा कि वे समष्टि-चित्त से विच्छिन्न होने के कारण विकृत हैं और इसीलिए चिकित्स्य हैं । और सच पूछिए तो चिकित्सा है क्या चीज़ ? इसी समष्टि-चित्त के अनुकूल

बनाने की प्रक्रिया। मलेरिया कोई रोग है? क्या यह सत्य नहीं है कि कुछ मानवेतर जीवों के उल्लासपूर्ण नर्तन का नाम ही मलेरिया का बुखार है। केवल समष्टि-मानव-चित्त की संवेदनाओं के प्रतिकूल संवेदन उत्पन्न करने के कारण वह रोग समझा जाता है। फलितार्थ यह हुआ कि समष्टि-चित्त में अनुकूल भावान्दोलन पैदा करने वाला तत्त्व ही सौन्दर्य है। व्यक्ति उसके प्रतिकूल जाने पर विकृत माना जाता है, अनुकूल जाने पर प्रकृत। वस्तुतः समष्टि चित्त के द्वारा स्वीकृत धर्म ही अंग्रेज़ी में 'नार्म' कहे जाते हैं और उनके अनुकूल होने को ही 'नार्मल' कहा जाता है।

व्यक्ति-मानव का चित्त कालक्रम से और परिस्थितियों के अनुसार विस्तृत, विकसित और परिवर्तित होता रहता है। समष्टि-मानव-चित्त भी निरन्तर विकसित और परिवर्तित होता रहता है। इसलिए ये अंगीकृत सामान्य धर्म या 'नार्म' भी क्रमशः विकसित और परिवर्तित होते रहते हैं। आज से दो सौ वर्ष पूर्व जो बात नार्मल थी, वह आज भी नार्मल ही हो, यह ज़रूरी नहीं है। प्रकृत प्रसंग में समष्टि-मनुष्य द्वारा गृहीत सौन्दर्य-तत्त्व भी निरन्तर विकसित होता आ रहा है। आज का सहृदय हू-ब-हू वही नहीं है जो एक या दो शताब्दी पहले था। सौन्दर्य का शाश्वत धर्म इस निरन्तर विकासमान समष्टि-चित्त की संवेदना मात्र है। न कभी वह एकदम उच्छिन्न हो गया और न कभी वह एकदम उच्छिन्न होगा, बशर्ते कि मनुष्य बचा रहे। विकासमान समाज मनुष्य के द्वारा निरन्तर गृह्यमाण धर्म ही सौन्दर्य का शाश्वत आधार है।

शब्द और अर्थ मनुष्य के सामाजिक संबंधों के प्रतीक हैं। इनका संबंध तभी स्थायी और ग्राह्य होता है, जब उसे समाज के समष्टि-चित्त की स्वीकृति मिल जाय। यह स्वीकृति समाज के मान्य व्यक्तियों के माध्यम से प्राप्त होती रहती है। उन्हें हम वैयाकरण, कोशकार, कवि, नेता आदि के रूप में जानते हैं। ये लोग समाज के समष्टि-चित्त की स्वीकृति पहले से प्राप्त किए होते हैं। यह माध्यमाश्रित स्वीकृति समष्टि-चित्त के विकास की एक निश्चित प्रक्रिया है। शब्द और अर्थ की चारुता भी समष्टि-चित्त की स्वीकृति की अपेक्षा रखती है।

सौन्दर्य केवल चाक्षुष विषय नहीं है। उसकी स्वीकृति चेतना के विभिन्न स्तरों पर अपेक्षित होती है। सब बात वाणी से ही नहीं कही जाती। पर जो भी तत्त्व कुछ अर्थ प्रकट करे उसे 'वाक्' या 'वचन' कहा जा सकता है। वाक् या वचन वह है जो अर्थ सूचित करे। मालविका ने भाव-मनोहर नृत्य किया था। उसके अंगों के संचालन से गीत का अर्थ स्पष्ट हुआ था। कालिदास ने इन

अंगों को 'अन्तर्निहित वचन' कहा है। जो बोलते तो नहीं पर सारे अर्थ सूचित कर देते हैं, वचन जिनमें भीतर ही भीतर छिपा हुआ है। जो कुछ अभिव्यक्ति का माध्यम है वह वाक् है और जो कुछ भी इस अर्थ से प्रकाश्य है वह अर्थ है। वाक् और अर्थ अभिव्यक्ति के माध्यम और विषय हैं। संसार में जो कुछ दिख रहा है वह कुछ-न-कुछ अभिव्यक्त करता है। यह सारा संसार ही यहाँ देवता का रचित काव्य है। वैदिक ऋषि ने कहा था, 'पश्य देवस्थ काव्यं न विभेति न ऋष्यति'। सो वाक् का प्रयोग बड़े विस्तृत अर्थ में किया गया है। नृत्य, नाट्य-चित्र, मूर्ति, वस्तु, यहाँ तक कि सारा विश्व वाक् है और इसी से अभिव्यक्त अर्थ अपनी शक्ति के अनुसार हम ग्रहण कर रहे हैं। सारा विश्व वाक् और अर्थ की संपृक्तता की लीला है। पार्वती शिव की लीला-सखी हैं। यह लोक-रचना उनकी क्रीड़ा है, चिन्मय शिव उनके सखा हैं, सदानन्द उनका आहार है और वाक् और अर्थ आश्रयभूमि सज्जन हृदय ही उनका निवास है—

> **क्रीड़ा ते लोकरचना सखा ते चिन्मयः शिवः।**
> **आहारस्ते सदांनदो वासस्ते हृदयं सताम्** ॥ (ललिता स्तवराज)

◇

भावानुप्रवेश और यथालिखितानुभाव

○

कालिदास ने चित्रकला के प्रसंग में भावानुप्रवेश शब्द का व्यवहार किया है। राजा दुष्यन्त ने शकुन्तला का जो चित्र बनाया था उसमें रंगों के भरने से जो उच्चावच प्रदेशों की शोभा निखर आई थी उसे देखकर विदूषक ने कहा था कि "वाह सखे ! तुमने यह चित्र बहुत ही सुन्दर बनाया है और प्रत्येक अंग से मन के भाव प्रकट हो रहे हैं। चित्र के दर्शनीय स्थलों में मानसिक भावों के प्रवेश को ही विदूषक ने भावानुप्रवेश कहा था। उसने अपनी बात को और भी स्पष्ट करने के लिए बताया था कि मेरी आँखें इस चित्र में बने हुए ऊँचे-नीचे स्थानों में फिसल-सी रही हैं।" इसका मतलब यह हुआ कि चित्र केवल ऊपर के स्तर के यथार्थ के अनुरूप ही नहीं था उसमें अन्तस्तल के भाव भी उभर आए थे और वह केवल चित्र मात्र नहीं रह गया था, जीवन्त प्रतिमा बन गया था, प्रत्येक अंग में चित्रितव्य की भावधारा उच्छ्वसित हो रही थी। पास ही खड़ी अदृश्य सानुमती ने उस चित्र को देखकर कहा था, "अद्भुत है इस राजर्षि की निपुणता, ऐसा जान पड़ता है कि मेरी सखी शकुन्तला मेरे सामने ही खड़ी है।" चित्रितव्य के भावों को रेखा और रंगों में फिर से प्रवेश करा देना ही 'भावानुप्रवेश' है। परन्तु इतना ही काफी नहीं है, चित्रकार के आत्म-दान की आवश्यकता फिर भी बनी रहती है। राजा ने शकुन्तला को तो जीवन्त चित्रित कर ही दिया था परन्तु वह चित्र अधिक से अधिक प्राणवन्त ही बन सका था—उसमें दुष्यन्त का अपना हृदय नहीं उतर पाया था, इसीलिए चित्र उसे अधूरा लगा था। अन्य कलाओं में भी इस प्रकार के भावानुप्रवेश से कला प्राणवन्त हो उठती है। यह कालिदास का मत है। नृत्य कला के प्रसंग में उन्होंने इसी बात को और अधिक स्पष्ट किया है। वह प्रसंग मालविका के नृत्य का है। मालविका नें बड़ा ही मोहक नृत्य किया था। उसके सम्बन्ध में परिव्राजिका निर्णायिका थीं। मालविका के नृत्य-गुरु गणदास ने जब भगवती परिव्राजिका से पूछा कि आपने जहाँ जैसा गुण या दोष देखा हो, सब कह डालिए तो उन्होंने उत्तर दिया कि मैंने जो कुछ देखा उसमें कहीं भी कोई दोष नहीं दिखाई देता; क्योंकि मालविका

ने अपने ऐसे अङ्गों से, जिनके भीतर वाणी छिपी हुई थी अर्थात् जो बोलते-बोलते-से थे, सारे अर्थों को प्रकट कर दिया है। उसके चरणों के विन्यास लय के साथ-साथ चल रहे थे। फिर गीत के रस में भी वह तन्मय हो गई थी; उसके नृत्य ने देखनेवालों को मग्न कर दिया था, क्योंकि ताल के साथ होने वाले अभिनय में नानाभाव से अङ्गों को चालित करके जो भाव प्रकट किये गए, वे ऐसे आकर्षक थे कि देखने वालों के मन किसी और ओर नहीं जा पाए। जो भाव अन्य विषयों से मन को विरत करें और जिसमें नर्तकी दिखाए जाने वाले भाव में स्वयं प्रवेश कर जाए, वही रागबन्ध उत्तम होता है—

अङ्गैरन्तर्निहितवचनैः सूचितः सम्यगर्थः
पादन्यासो लयमनुगतस्तन्मयत्वं रसस्य।
शाखायोनिर्मृदुरभिनयस्तद् विकल्पानुवृत्तौ
भावो भावं नुदति विषयाद् रागबन्धः स एव ॥

(माल० २।८)

कहने का मतलब यह है कि नृत्य में जिस भाव को प्रदर्शित करना है उसी भाव में नर्तक का विलीन होना 'भावानुप्रवेश' है। वहाँ नर्तक नर्तितव्य विषय के साथ एकमेक हो जाता है। अभिनय तभी असफल होता है यदि वह उस भाव के साथ एकात्मता नहीं अनुभव नहीं करता जिसका अनुभव नृत्य के द्वारा आवश्यक है।

भावाभिनिवेश और भावानुप्रवेश

विक्रमोर्वशीय नाटक में तीसरे अंक में उर्वशी को अभिनय में जो प्रमाद हुआ था उसकी चर्चा है। भरत के दो शिष्य पेलव और गालव आपस में बातचीत करते हुए उस भूल की सूचना देते हैं। पेलव इन्द्रभवन की देव-सभा में अपने गुरु भरत के साथ गया था। लौटकर आया तो गालव ने उससे पूछा कि गुरु के प्रयोग से देवताओं की सभा प्रसन्न हुई या नहीं। उत्तर में पेलव ने कहा था कि यह तो मैं नहीं जानता कि देवसभा प्रसन्न हुई या नहीं, पर वहाँ जो 'लक्ष्मीस्वयंवर' नाम का नाटक अभिनीत हुआ था और जिसके गीत स्वयं सरस्वतीजी ने बनाए थे, उसमें सभा भिन्न-भिन्न रसों में तन्मय हो गई थी। लेकिन एक गलती वहाँ हो गई। उर्वशी ने प्रमादवश गलती कर डाली। नाटक में उर्वशी ने लक्ष्मी का अभिनय किया था और मेनका ने वारुणी का। जब वारुणी की भूमिका में उतरी हुई मेनका ने लक्ष्मी की भूमिका में उतरी हुई उर्वशी से पूछा कि "सखि! यहाँ तीनों लोकों से एक सुन्दर पुरुष, लोकपाल और स्वयं विष्णु भगवान् आए हुए हैं। इनमें किसी के प्रति भावाभिनिवेश है अर्थात् तुम्हारे मन की वृत्तियाँ किसमें लगी हैं?" नाटक के अनुसार उर्वशी को

उत्तर देना चाहिए था कि 'पुरुषोत्तम में' परन्तु उसने कह दिया कि 'पुरूरवा में'। यह प्रमाद हो गया, इस पर क्रोध में आकर भरत मुनि ने उसे शाप दे दिया कि तू स्वर्ग में न रहने पाएगी क्योंकि तूने मेरे सिखाए पाठ के अनुसार काम नहीं किया। पर ज्योंही नाटक समाप्त हुआ, खड़ी हुई उर्वशी से इन्द्र ने आकर कहा कि देखो उर्वशी, जिस राजर्षि से तुम प्रेम करती हो वह रणक्षेत्र में सदा मेरी सहायता किया करता है। उसके मन की भी बात कुछ होनी चाहिए। इसलिए शाप तुम्हारे लिए वरदान सिद्ध होगा। जब तक राजर्षि पुरूरवा तुम्हारी सन्तान का मुँह न देखे तुम मनचाहे समय तक पुरूरवा के साथ रह सकती हो। इस कहानी में दो बातों पर ध्यान देना चाहिए। वास्तविक जीवन में उर्वशी का प्रेम राजा पुरूरवा से था। वास्तविक जीवन की यह मनोकामना 'भावाभिनिवेश' है। किन्तु जब उर्वशी ने लक्ष्मी का अनुभव किया तो उसे अपने वास्तविक जीवन की बात नहीं कहनी चाहिए थी। वह जिसका अभिनय कर रही है उस व्यक्ति (लक्ष्मी) के भावों को अपना भाव मानकर चलना चाहिए था। यदि वह ऐसा करती तो उसे 'भावानुप्रवेश' कहा जाता, क्योंकि उस अवस्था में वह लक्ष्मी के साथ अपने को एकमेक करके बोलने में समर्थ होती। परन्तु वह ऐसा न कर सकी और 'भावानुप्रवेश' की स्थिति से च्युत हो गई।

कलाकार को वक्तव्य विषय के साथ तन्मय होना पड़ता है। जब तक वह 'तन्मय' (तत्+मय) नहीं होता तब तक वह उत्तम कला की सृष्टि भी नहीं कर सकता। कालिदास ने चित्रकला, नृत्यकला और नाटक के अभिनय के प्रसंगों में इस बात को स्पष्ट किया है। परन्तु यह सभी कलाओं का सत्य है। दुष्यन्त ने जो शकुन्तला का चित्र बनाया था और बनाते समय शकुन्तला के भावों में वह स्वयं प्रविष्ट हो गया था और इसीलिए वह जीवन्त चित्र बना सका था। शकुन्तला का वह चित्र इतना सुन्दर था और इतना सटीक था कि थोड़ी देर के लिए दुष्यन्त यह भूल ही गया था कि वह चित्र देख रहा है। जब तक वह चित्र बना रहा था तब तक वह शकुन्तला के भावों के साथ एकमेक हो गया था, परन्तु 'भावानुप्रदेश' की सफलता के बाद जो चित्र तैयार हुआ उसे देखकर वह एक दूसरी ही अवस्था में पहुँच गया। इस अवस्था का नाम कालिदास ने 'यथालिखितानुभाविता' किया है। अर्थात् जैसा लिखा उसे सत्य समझकर अनुभव करने के कारण चित्तगत विकार और उससे उत्पन्न स्वेद रोमाञ्चादि अनुभव उत्पन्न होने लगे। जहाँ-जहाँ चित्र का प्रसंग आया है, वहाँ-वहाँ कालिदास ने 'लिखितानुभाविता' का उल्लेख किया है।

यथालिखितानुभाव

यथालिखितानुभाव स्वयं बनाये हुए चित्र से जिस प्रकार अनुभाव उत्पन्न होते हैं वैसे ही अन्य कलाकार द्वारा बनाये चित्र से भी हो सकते हैं। मालविका ने जो अपने प्यारे महाराजा का चित्र देखा तो उसे ईर्ष्या होने लगी, क्योंकि चित्र में महाराज किसी और रानी की ओर एकटक देख रहे थे। चित्र में और हो भी क्या सकता था। चित्रकार ने जो टकटकी बँधाई सो बँधाई। वह स्थिर होकर रह जाती है पर मालविका को उससे ईर्ष्या हुई थी। उसकी सखी वकुलावलिका ने कहा था कि यह भोली, चित्रगत महाराज को सचमुच का महाराज समझकर रूठी जा रही है। पर उसकी ईर्ष्या के अनुभवों को स्वयं उसके प्रेमी राजा ने ही छिपकर देख लिया था। उसने अपने विदूषक मित्र से कहा था 'देखो मित्र' ईर्ष्या से इसने अपना मुंह फिरा लिया है, भ्रूभङ्ग के कारण इसके माथे की बिंदी टूट गई है, अधरोष्ठ फड़क रहे हैं, मुख ईर्ष्या से झुक गया है। अपने नृत्यगुरु से पति के अपराध से कुपिता नायिका के अनुभवों के अभिनय की जो शिक्षा उसे मिली है उसे मानों प्रत्यक्ष दिखा रही है—

भ्रूभङ्गभिन्नतिलकं स्फुटिताधरोष्ठं
सासूयमाननमितः परिवर्तयन्त्या।
कांतापराधकुपितेष्वनया विनेतुः
सन्दर्शितेव ललिताभिनयस्य शिक्षा॥ (माल० ४।९)

इस प्रकार 'यथालिखितानुभाव' का यहाँ भी उल्लेख है। विद्ध, किन्तु सरस चित्र की सफलता की कसौटी कलाकार की ओर से तो 'भावानुप्रवेश' है और सहृदय की ओर से 'यथालिखितानुभाव'। कालिदास ने कई प्रसंगों में इसकी चर्चा की है।

दुष्यन्त ने शकुन्तला का जो चित्र बनाया था उसमें उसके भाव-चिह्न भी दिखाई दे रहे थे। राजा ने शकुन्तला और उसकी दोनों सखियों का चित्र बनाया था। विदूषक को समझ में नहीं आ रहा था कि शकुन्तला कौन है ? फिर राजा के पूछने पर कि तुम अनुमान से बताओ कि इसमें शकुन्तला कौन है ? तो विदूषक ने प्रयत्न करके समझ लिया। उसने दिखाया कि चित्र में पानी की सिंचाई के कारण स्निग्ध और नवीन पल्लवों वाले आम के पेड़ से सटकर कुछ थकी हुई-सी खड़ी शकुन्तला चित्रित की गई थी। उसके शिथिल जूड़े से फूल गिर रहे थे और मुँह पर पसीने की बूंदें झलक आई थीं और वे दोनों कंधे झुक आए थे। विदूषक ने शकुन्तला को ठीक ही पहचाना। राजा ने विदूषक की प्रशंसा करते हुए कहा कि मित्र तुम बहुत चतुर हो, तुमने ठीक ही पहचाना है। इस चित्र में

मेरे 'भाव-चिह्न' भी हैं। यह जो चित्र के कोरों पर मलिन धब्बा दिखाई दे रहा है यह मेरी पसीजी अँगुलियों के स्पर्श से ऐसा हो गया है। फिर मेरी आँखों से जो आँसू टपका था वह शकुन्तला के कपोलों पर गिर गया है जिससे तूलिका से भरे हुए रंग कुछ फूटे हुए से दिखाई दे रहे हैं—

अस्त्यत्र मे भावचिह्नम्—

स्विन्नाङ्गुलिविनिवेशो रेखाप्रान्तेषु दृश्यते मलिनः।
अश्रु च कपोलपतितं दृश्यमिदं वर्तिकोच्छ्वासात्॥ (६—१५)

यही राजा के 'भाव-चिह्न' हैं अर्थात् शकुन्तला का चित्र बनाते-बनाते उसके अपने चित्त में जो प्रेमभाव उमड़े उनके कारण जो आँसू और पसीना गिरा उनसे चित्र मलिन हो गया। इसका मतलब यह हुआ कि पहले तो राजा ने चित्रितव्य शकुन्तला के भावों के साथ अपने को एकाकार बनाया और इस भावानुप्रवेश की प्रक्रिया से अंग-अंग को सरस और प्राणवंत बनाया परन्तु ज्यों ही चित्र पूरा होने को आया त्यों ही उसके अपने भाव उमड़ पड़े और चित्र के ऊपर अपना चिह्न छोड़ गए। इसी को कालिदास ने 'भावचिह्न' कहा है। इसके बाद चित्र को वास्तविक शकुन्तला समझकर राजा भावविह्वल हो गया। उसने चित्रलिखित भौंरे को देखकर कहा, 'ओ फूल और लताओं के प्यारे अतिथि! तुम इसके मुँह पर मँडराने का कष्ट क्यों कर रहे हो? तुम्हारे प्रेम की प्यासी भौंरी फूल पर बैठी हुई तुम्हारा इन्तजार कर रही है। वह बेचारी तुम्हारे बिना पुष्प-रस का पान भी नहीं कर रही।' इसके बाद भी जब भौंरा वहाँ से नहीं हटा तो राजा ने उसे दण्ड देने की घोषणा की। विदूषक ने तो उसे उन्मत्त ही मान लिया और मन-ही-मन कहने लगा कि यह तो पागल हो ही गया है, इसके साथ रहकर मैं भी पागल हुआ चाहता हूँ। अदृश्य सानुमती ने भी यह अनुभव किया कि वह साक्षात् शकुन्तला को देख रही है। उसी ने राजा को 'यथालिखितानुभावी' अर्थात् जैसा लिखा है वैसा ही अनुभव करने वाला कहा।

इस प्रकार प्रेमी चित्रकार की दो अवस्थाओं को कालिदास ने बताया है। प्रथम अवस्था में वह अपने को भूल जाता है और प्रेमिका के भावों में अनुप्रवेश करता है। दूसरी अवस्था में वह चित्र को वास्तविक समझता है और उसे देखकर उसके चित्त में वैसे ही सात्विक अनुभाव उत्पन्न होते हैं जैसे कि वास्तविक प्रेमिका को देखने से होते। इन दोनों अवस्थाओं के लिए कालिदास ने दो पारिभाषिक जैसे शब्दों का प्रयोग किया है। प्रथम अवस्था का नाम 'भावानु-

प्रवेश' है और दूसरी अवस्था का 'यथालिखितानुभाविता'। संक्षेप में हम इसे लिखितानुभाव कहेंगे।

जहाँ तक उत्तम कलाकार का प्रश्न है उसमें अनासंग भाव ही श्रेष्ठ है। क्योंकि चित्त जब सत्व गुण में स्थित होता है तो उसमें आसक्ति नहीं रहती। उत्तम कृति के लिए कलाकार का निःसंग या आसक्तिरहित होना बहुत आवश्यक है, परन्तु कालिदास ने दुष्यन्त को अनासक्त नहीं रहने दिया, क्योंकि उनका उद्देश्य दुष्यन्त को उत्तम कलाकार दिखाना नहीं था बल्कि उत्तम प्रेमी दिखाना था। केवल कलाकार का आदर्श निस्संग भाव है। वह समाधिस्थ होता है। उसकी चित्तवृत्ति बाहरी विषयों से हटकर अन्तर्मुखी हो जाती है। दिलीप की रचना करते समय कलाकार ब्रह्मा की क्या स्थिति रही होगी। इस बारे में कालिदास कहते हैं कि निस्संदेह ब्रह्मा ने 'महाभूतसमाधि' धारण करने के बाद ऐसे सुन्दर पुरुष का निर्माण किया होगा—'तं वेधा विदधेनूनं महाभूतसमाधिना।' अगर दुष्यन्त विशुद्ध कलाकार होता, तो उसे भी उत्तम वस्तु के निर्माण के लिए इसी प्रकार समाधि धारण करनी पड़ती। परन्तु वह मूलतः प्रेमी है। कलाकार उसका गौण रूप है। चित्र-निर्माण करने के समय वह थोड़ी देर के लिए समाधिस्थ अवश्य होता है किन्तु शीघ्र ही वह प्रेमासक्ति की दुनिया में आ जाता है। अपने ही बनाए हुए शकुन्तला के चित्र को देखकर उसकी आँखों में आँसू आ जाते हैं। वह कहता है कि "नींद न लगने के कारण मैं उससे स्वप्न में भी नहीं मिल पाता और सदा बहते रहने वाले यह आँसू उसे चित्र में भी नहीं देखने देते"—

> **प्रजागरात् खिलीभूतस्तस्याः स्वप्ने समागमः।**
> **बाष्पस्तु न ददात्येनां द्रष्टुं चित्रगतामपि॥** (६२२)

कुछ इसी प्रकार की बात 'मेघदूत' में भी कही गई है। यक्ष ने अपनी प्रिया के पास जो संदेश भेजा था उसमें एक स्थान पर उसने कहा है कि, "हे प्रिय! जब मैं शिलापट्ट पर गेरु से तुम्हारी रूठी हुई मूर्ति का चित्र खींचकर अपने-आप को तुम्हारे चरणों पर गिरा चित्रित करना चाहता हूँ तब तक उमड़ते हुए आँसुओं की धारा मेरी दृष्टि को आच्छादित कर लेती है। क्रूर विधाता उस चित्र में भी हमारा मिलन नहीं देख पाता"—

> **त्वामालिख्य प्रणयकुपितां धातुरागैः शिलायां**
> **आत्मानं ते चरणपतितं यावदिच्छामि कर्तुम्।**
> **अस्त्रैस्तावन्मुहुरुपचितैर्दृष्टिरालुप्यते मे**
> **क्रूरतस्मिन्नपि न सहते संगमं नौ विधाता॥**

करण-विगम और रसास्वाद की प्रक्रिया

कालिदास ने मेघदूत में एक स्थान पर 'करण-विगम' शब्द का प्रयोग किया है। वह श्लोक इस प्रकार है—

तत्र व्यक्तं दृषदि चरणन्यासमर्धेन्दुमौलेः
शश्वत्सिद्धैरुपचितबलिं भक्तिनम्रः परीयाः।
यस्मिन्दृष्टे करणविगमादूर्ध्वमुद्धूतपापाः
संकल्पन्ते स्थिरगणपदप्राप्तये श्रद्दधानाः॥

इसका अर्थ मल्लिनाथ के अनुसार इस प्रकार होता है, "वहाँ (हिमालय में) शिला पर स्पष्ट दिखाई देने वाले शिव के पद-चिह्न को भक्ति से नम्र होकर प्रदक्षिणा करना। इस चरण-चिह्न पर सिद्ध लोग सदा पूजा की सामग्री चढ़ाते हैं। इसके दर्शन से पाप नष्ट होते हैं और श्रद्धावान लोग शरीर त्यागने के बाद सदा के लिए शिव के गुणों का स्थिर पद प्राप्त करने में समर्थ होते हैं।" इसमें मल्लिनाथ ने जो 'करण विगमादूर्ध्वम्' का अर्थ किया है— शरीर त्यागने के बाद। करण शब्द इन्द्रियवाचक है। इसका अर्थ मल्लिनाथ ने शरीर कर लिया है। परन्तु स्वयं वे स्वीकार करते हैं कि करण का अर्थ इन्द्रिय है। इसका शरीर अर्थ करने के लिए उन्हें कुछ आयास करना पड़ा है। वे कहते हैं 'करणानि-इन्द्रियाणि विद्यन्ते यत्र तत् करणं वपुः अर्श आदिभ्योऽच्' अर्थात् करण शब्द का अर्थ इन्द्रिय है, इन्द्रिय जिसमें रहें, करण अर्थात् शरीर। परन्तु इतना खींच-तान करने की कोई जरूरत नहीं थी। 'करण-विगम' का सीधा-सादा अर्थ है— इन्द्रियों को उलटी दिशा में मोड़ना। परवर्ती संत-साहित्य में जिसे 'धारा को उलटना कहते हैं, अर्थात् इन्द्रियों को बाहरी विषयों की ओर से मोड़कर अंतर्मुखी करना। चित्त-वृत्तियों को बाहर की ओर से प्रयत्नपूर्वक निवृत्त करके चिदानन्द ज्योति की ओर उन्मुख करना आगम शास्त्र का पुराना सिद्धांत है। यद्यपि कालिदास के सभी टीकाकार, जिनमें मल्लिनाथ भी शामिल हैं, यह मानते हैं कि उनका परिचय आगम ग्रंथों से था और कई जगह तो उनकी बात को स्पष्ट करने

करण-विगम और रसास्वाद की प्रक्रिया

कालिदास ने मेघदूत में एक स्थान पर 'करण-विगम' शब्द का प्रयोग किया है। वह श्लोक इस प्रकार है—

तत्र व्यक्तं दृषदि चरणन्यासमर्धेन्दुमौलेः
शश्वत्सिद्धैरुपचितबलिं भक्तिनम्रः परीयाः।
यस्मिन्दृष्टे करणविगमादूर्ध्वमुद्धूतपापाः
संकल्पन्ते स्थिरगणपदप्राप्तये श्रद्दधानाः॥

इसका अर्थ मल्लिनाथ के अनुसार इस प्रकार होता है, "वहाँ (हिमालय में) शिला पर स्पष्ट दिखाई देने वाले शिव के पद-चिह्न को भक्ति से नम्र होकर प्रदक्षिणा करना। इस चरण-चिह्न पर सिद्ध लोग सदा पूजा की सामग्री चढ़ाते हैं। इसके दर्शन से पाप नष्ट होते हैं और श्रद्धावान लोग शरीर त्यागने के बाद सदा के लिए शिव के गुणों का स्थिर पद प्राप्त करने में समर्थ होते हैं।" इसमें मल्लिनाथ ने जो 'करण विगमार्दूर्ध्वम्' का अर्थ किया है— शरीर त्यागने के बाद। करण शब्द इन्द्रियवाचक है। इसका अर्थ मल्लिनाथ ने शरीर कर लिया है। परन्तु स्वयं वे स्वीकार करते हैं कि करण का अर्थ इन्द्रिय है। इसका शरीर अर्थ करने के लिए उन्हें कुछ आयास करना पड़ा है। वे कहते हैं 'करणानि-इन्द्रियाणि विद्यन्ते यत्र तत् करणं वपुः अर्श आदिभ्योऽच्' अर्थात् करण शब्द का अर्थ इन्द्रिय है, इन्द्रिय जिसमें रहें, करण अर्थात् शरीर। परन्तु इतना खींच-तान करने की कोई ज़रूरत नहीं थी। 'करण-विगम' का सीध-सादा अर्थ है— इन्द्रियों को उलटी दिशा में मोड़ना। परवर्ती संत-साहित्य में जिसे 'धारा को उलटना कहते हैं, अर्थात् इन्द्रियों को बाहरी विषयों की ओर से मोड़कर अंतर्मुखी करना। चित्त-वृत्तियों को बाहर की ओर से प्रयत्नपूर्वक निवृत्त करके चिदानन्द ज्योति की ओर उन्मुख करना आगम शास्त्र का पुराना सिद्धांत है। यद्यपि कालिदास के सभी टीकाकार, जिनमें मल्लिनाथ भी शामिल हैं, यह मानते हैं कि उनका परिचय आगम ग्रंथों से था और कई जगह तो उनकी बात को स्पष्ट करने

के लिए आगमशास्त्रियों का हवाला भी देते हैं। फिर भी इस प्रसंग में वैसा नहीं किया गया। इसीलिए इस शब्द की जैसी व्याख्या होनी चाहिए थी वह नहीं हो पाई। यहाँ कालिदास का आशय यह जान पड़ता है कि शिव के चरणन्यास का दर्शन करने से श्रद्धावान् मनुष्य को इन्द्रियों को बहिर्व्यापार से मोड़कर अन्तर्मुखी करने की शक्ति प्राप्त होती है और शाश्वत गणपद प्राप्त करने में सिद्धि प्राप्त होती है। इस शब्द का मिलता-जुलता प्रयोग शूद्रक के 'मृच्छकटिक' नाटक के मंगलाचरण वाले श्लोक में हुआ है। वहाँ 'व्यपगत-करणम्' शब्द क्रियाविशेषण के रूप में प्रयुक्त हुआ है। परन्तु अर्थ इससे मिलता-जुलता ही है। वहाँ कहा गया है कि शिव जिस ब्रह्मसमाधि में लगे हुए हैं उसमें व्यपगतकरण होकर स्वयं को देख रहे हैं अर्थात् उनके इन्द्रियव्यापार बाह्य विषयों से विरत होकर अन्तर्मुखी हो गए हैं और स्वयं में स्वयं को देखने की दृष्टि प्राप्त हो गई है। 'मृच्छकटिक' का श्लोक इस प्रकार है—

पर्यङ्कग्रंथिबंधद्विगुणितभुजगाश्लेषसंवीतजानो—
रन्तःप्राणावरोध व्युपरतसकलज्ञानरुद्धेन्द्रियस्य।
आत्मन्यात्मनमेव व्यपगतकरणं पश्यतस्तत्वदृष्ट्या
शम्भोर्वः पातु शून्येक्षणघटितलयब्रह्मलग्नः समाधिः॥

'करणविगम' शब्द का प्रयोग कालिदास ने निश्चित रूप से इसी अर्थ में किया होगा। आगमशास्त्रियों ने समाधि के लिए इस प्रकार के अन्तर्मुखीकरण पर बड़ा बल दिया है। 'अमरौघशासन' में बताया हुआ है कि सहज समाधि उसको कहते हैं—यत्र मनसा मनःसमीक्ष्यते। अर्थात् जहाँ मन से ही मन को देखा जाता है। 'मृच्छकटिक' के 'आतमन्यात्मानमेव पश्यतः' का भी यही भाव है। कालिदास के ग्रन्थों से स्पष्ट है कि सुन्दर वस्तु के दर्शन से मनुष्य की चित्तवृत्तियाँ बाह्य विषयों से हटकर अन्तर्मुखी हो जाती हैं। जिस चित्र, मूर्ति या सुन्दर पदार्थ में अन्तर्विलीन करने की जितनी ही अधिक शक्ति होगी वह उतना ही अधिक उत्तम होगा। यह पहले ही बताया गया है कि कालिदास कलाकार को रचना के साथ समाधिस्थ मानते हैं। यदि चित्र में कोई दोष रह जाता है तो उसका कारण रचयिता की समाधि का शिथिल हो जाना है, क्योंकि चित्र या मूर्ति केवल बाहरी अवयवों का संघटन मात्र नहीं है। जब तक रचयिता के चित्त में स्वयं रस की अनुभूति नहीं होती तब तक उसका चित्र दर्शक के हृदय में भी रस का उद्रेक नहीं कर सकता। 'नाट्यशास्त्र' में स्पष्ट रूप से रस को ही समस्त भावों का मूल बताया गया है। भाव अर्थ है। यदि केवल भावचालित होकर

चित्र या मूर्ति बनाई जाए तो वह दर्शक को भी भावदशा तक ले जाने में सफल होगी। यदि शारीरिक दृष्टि से चित्र बनाया जाए तो सहृदय दर्शक की दृष्टि भी बाह्य रूप और आकार तक ही आकर रुक जाएगी। इसीलिए सहृदय को भी रसानुभूति होनी चाहिए। केवल रसानुभूति की अवस्था में ही कलाकार का चित्त और अन्य इन्द्रिय बाह्य नियमों से विरत होकर अन्तर्मुखी होते हैं और समाधि की अवस्था में पहुँचते हैं।

सहृदय कौन है ? सहृदय शब्द का अर्थ है—समान हृदयवाला। कवि, चित्रकार, मूर्तिकार या शिल्पी के हृदय में जो विशिष्ट भाव रहते हैं उसको वही अनुभव कर सकता है, जो उसी प्रकार का अनुभूति-सम्पन्न हृदय रखता हो। कलाकार के चित्त में जो व्याकुलता होती है, उसे रूप देने का प्रयत्न ही कला है। उसके लिए उसे साधना की आवश्यकता होती है। जिस प्रकार की व्याकुलता उसके चित्त में होगी उसी प्रकार की व्याकुलता उसकी कृति सहृदय के हृदय में उत्पन्न कर सकती है, उससे ज्यादा नहीं। इसीलिए यदि कलाकार समाधिनिष्ठ हो सका है तो बदले में सहृदय को भी समाधिनिष्ठ कर सकता है। यदि वह शिथिल-समाधि है तो सहृदय की भी समाधि शिथिल होगी।

समाधि का अर्थ ही है—इन्द्रियों का बाहरी विषयों से निवृत्त होकर अंतर्मुखी होना। भारतीय आचार्यों के अनुसार जब तक कलाकार के चित्त में स्वयं रसानुभूति नहीं होती तब तक वह सहृदय को भी रस-बोध नहीं करवा सकता। कलाकार अन्तरतर की रसानुभूति को रूप देता है और सहृदय उस रूप का बाह्य प्रत्यक्ष करके अन्तर्मुखी होता है। सहृदय के रस-बोध की प्रक्रिया कलाकार से ठीक उल्टी दिशा की ओर होती है। ऐसा जान पड़ता है कि कालिदास यह मानते हैं कि सहृदय पहले बाह्य रूप को प्रत्यक्ष करता है और धीरे-धीरे सूक्ष्म से सूक्ष्मतर तत्त्व की ओर जाता है। इस प्रक्रिया को कालिदास के शब्दों में 'करण-विगम' कह सकते हैं। यद्यपि कालिदास ने इस शब्द का प्रयोग भक्ति के प्रसंग में किया है, परन्तु इसे कलाकृति के प्रसंग में भी प्रयोग किया जा सकता है। किसी सुन्दर वस्तु के रस की अनुभूति 'करण-विगम' से ही होती है, फिर यदि वह सचमुच सुन्दर हुई तो उसकी छाप मन पर पड़ती है। इसी मानसिक छाप का नाम ही 'भाव' है। यदि चित्रकार ने केवल अर्थ मात्र की अभिव्यक्ति करना चाहा है तो सहृदय का भीतर की ओर जाने वाला व्यापार यहीं समाप्त हो जाता है। परन्तु यदि कलाकृति और भी अधिक गहराई से निकली है तो अन्तर्मुखी व्यापार या भावन व्यापार और भी अधिक गहराई की ओर बढ़ता है

और 'करण-विगम' की प्रक्रिया तीव्र से तीव्रतर होती जाती है। साधारण आचार्यों ने काव्य और नाटक के प्रसंग में ही रसास्वाद की प्रक्रिया को समझाया है। वह कुछ इस प्रकार है।

रस लोकोत्तर अनुभूति है, ऐसा सभी आचार्यों का कहना है। इसका अर्थ यह है कि लोक में जो लौकिक अनुभूति होती है उससे भिन्न कोटि की यह अनुभूति है। प्रत्यक्ष जीवन में शकुन्तला और दुष्यन्त का प्रेम है वह लौकिक है। परन्तु नाटक या काव्यास्वादन से जो दुष्यन्त और शकुन्तला हमारे चित्त में बनते हैं वे उनसे भिन्न हैं। लोक में 'घट' शब्द का अर्थ है मिट्टी का बना हुआ पात्र-विशेष। किन्तु यह घड़ा स्थूल होता है। यदि हम इस शब्द का उच्चारण मन-ही-मन करें तो 'घड़ा' पद और 'घड़ा' पदार्थ सूक्ष्म रूप में चित्त में आ जाते हैं। इस प्रकार जो मानस-मूर्ति तैयार होगी वह सूक्ष्म घड़ा कही जाएगी। इस प्रकार स्थूल जगत् के सिवा एक सूक्ष्म जगत् की मानस-मूर्ति रचने की समार्थ्य मनुष्य-मात्र में है। इसे ही भाव-जगत् कहते हैं। लोक में जो घड़ा है वह स्थूल जगत् का अर्थ (पदार्थ=पद का अर्थ) है और मानस अर्थ भाव-जगत् का अर्थ है। 'घट' नामक पद का यह अर्थ सूक्ष्म है। लोक में प्रचलित स्थूल अर्थ से यह भिन्न है। इसलिए लौकिक न होकर अलौकिक, लोकोत्तर या भावगम्य है।

ध्वनिवादी आलंकारिक रस को व्यंग्यार्थ मानते हैं। रस, विभाव-अनुभाव आदि के द्वारा व्यंजित होता है। न तो विभाव (शकुन्तला, दुष्यन्त), न अनुभाव (स्वेद, कंप आदि ही) और न व्यभिचारी या संचारी भाव ही अपने-आप में रस हैं। मीमांसकों में अभिधा और लक्षणा, इन दो वृत्तियों के अतिरिक्त इस तीसरी वृत्ति (व्यंजना) को स्वीकार नहीं किया। वे मानते हैं कि वाक्य में तात्पर्य नामक वृत्ति होती है जो कहनेवाले के मन में जो अर्थ होता है उसे समाप्त करके ही विरत होती है। इस प्रकार वाक्यार्थ रस-बोध तक जाकर विश्रान्त होता है। व्यंजनावृत्ति को अलग से मानने की वे आवश्यकता नहीं समझते। मीमांसकों के इस मत का मूल है यह सूत्र—'यत्परः शब्दः स शब्दार्थः। (शब्द जिसके लिए प्रयुक्त होता है वह शब्दार्थ होता है।) इसका एक मतलब यह हो सकता है कि जिस अर्थ को बोध कराने के लिए शब्द प्रयुक्त होता है वही उसका अर्थ होता है (तदर्थत्व), दूसरा अर्थ यह हो सकता है कि शब्द सम्बन्ध-मर्यादा से सीमित रहकर जिस अर्थ की सूचना देता है वही उसका अर्थ होता है (तत्परत्व)। पहले अर्थ की व्यापकता स्पष्ट है। परन्तु मीमांसक

सम्बन्ध-मर्यादा को भी मानते हैं। इसलिए जिसे वे 'तात्पर्य' कहते हैं वह सीमित हो जाता है। उससे व्यंजनावृत्ति का काम नहीं चल सकता, क्योंकि व्यंजनावृत्ति संसर्ग-मर्यादा से बँधी नहीं होती। दशरूपककार तात्पर्यवृत्ति को पहले अर्थ में लेते हैं। उनकी दृष्टि में तात्पर्य की कोई सीमा नहीं है। वे तात्पर्य और तादर्थ्य में भेद नहीं करते। ऐसा मान लेने पर भी व्यंजनावृत्ति से जो विशिष्ट अर्थ ध्वनित होता है उसका एक विशेष नाम देना आवश्यक हो जाता है। इसलिए इस वृत्ति को अस्वीकार नहीं किया जा सकता। फिर भी रस को व्यंग्यार्थमात्र मानने में कठिनाई होगी। रस अनुभूति है, अनुभूति का विषय नहीं। भाव तो विभाव के चित्त में ही उठते हैं। दर्शक के मन में उनका एक मानस-सूक्ष्म रूप उत्पन्न होता है जिससे वह अपनी ही अनुभूतियों का आनन्द लेने में समर्थ होता है। सभी आलंकारिक आचार्य मानते हैं कि रस न तो 'कार्य' होता है और न 'ज्ञाप्य'। वह पहले से उपस्थित भी नहीं रहता। जो वस्तु पहले से उपस्थित नहीं रहती वह व्यंजनावृत्ति का विषय भी नहीं हो सकती। रस सहृदय श्रोता या दर्शक के चित्त में अनुभूत होता है, पात्र के चित्त में नहीं। अतः व्यंजनावृत्ति केवल श्रोता या दर्शक के चित्त में सूक्ष्म विभाव, अनुभाव और संचारी भाव को उपस्थित कर सकती है और जो कुछ कहा जा रहा है उससे भिन्न, जो नहीं कहा जा रहा है, या नहीं कहा जा सका है, उस अर्थ की उपस्थिति करा सकती है। भरत मुनि के सूत्र का तात्पर्य यही हो सकता है कि सहृदयों के चित्त में वासना-रूप से स्थित, किन्तु प्रसुप्त स्थायी भाव ही विभावादि से व्यंजित होकर रसरूप ग्रहण करते हैं। नाटक में व्यंजना के साधन केवल शब्द ही नहीं बल्कि अभिनेता की चेष्टाएँ भी हैं। इस प्रकार नाटक एक ओर तो कवि-निबद्ध शब्दों से रस की व्यंजना करता है, दूसरी ओर अभिनेता के अभिनय द्वारा। परन्तु इतना स्पष्ट है कि व्यंजना यदि शब्द-शक्ति और अभिनय-शक्ति मात्र है तो श्रोता के प्रस्तुत भावों को व्यंजित-भर कर सकती है, उस अनुभूति को नहीं व्यंग्य कर सकती जो शब्द और अभिनय के बाहर है और श्रोता या दर्शक के चित्त में अनुभूत होती है। आचार्य रामचन्द्र शुक्ल ने कहा है कि "भाव की अवस्थिति नायक और नायिका में होती है। और रस की अनुभूति श्रोता या दर्शक के द्वारा होती है। पात्र के मन में रस नहीं होता जो व्यंजित किया जा सके।" इस कठिनाई से बचने के लिए आलंकारिकों ने पुराने आचार्य भट्टनायक के सुझाए दो व्यापारों—भावकत्व और भोजकत्व—को किसी-न-किसी रूप में मान लिया है। मतलब यह है कि कवि के निबद्ध शब्दों और अभिनेता

के द्वारा अभिनीत चेष्टाओं में यह सामर्थ्य भी है कि श्रोता या दर्शक के पात्रों की भावना के साथ अपनी भावना का तादात्म्य स्थापित करा दे। ऐसी स्थिति में उनके भीतर पात्रों का विशेष रूप न रहकर साधारणीकृत रूप (पुरुष, स्त्री) रह जाता है, फिर उसमें एक भोजकत्व-व्यापार का आविर्भाव होता है और वह साधारणीकृत विभावादि और उनकी भावनाओं के आस्वादन में समर्थ हो जाता है।

कवि या नाटककार का कौशल पात्रों के विशेषीकरण में प्रकट होता है। हम उस कवि को ही सफल कवि मानते हैं जो पात्रों का विशेष व्यक्तित्व निखार सकता है। परन्तु ये विशेषीकृत पात्र लौकिक होते हैं। सहृदय के चित्त में जो पात्र बनते हैं वे उसकी अपनी अनुभूतियों से बनने के कारण लोकोत्तर या अलौकिक होते हैं। वह अपने सात्त्विक अभिनय द्वारा कवि के अन्तर्गत भाव को भवना कराते हुए होने के कारण यह भाव कहा जाता है। नाना अभिनय सम्बन्ध वाले रसों को भावित कराने के कारण ये भाव कहे जाते हैं। (नाट्य-शास्त्र ७-१-३) इससे जान पड़ता है कि विभाव द्वारा आहृत अर्थ को अनुभावादि द्वारा प्रतीति योग्य करने के कारण, कवि के अन्तर्गत भाव को अभिनयादि द्वारा भावना का विषय बनाने के कारण, विविध अभिनयों से सम्बन्ध रखने वाले रसों को सुवासित या रंजित करने के कारण इनका नाम भाव है। तीन स्थितियाँ हुई—(१) कवि के अन्तर्गत भाव, (२) विभाव द्वारा आहृत अर्थ और (३) अभिनयों से दर्शकों के चित्त में अनुभूत होने वाला रस। एक को प्रतीति-योग्य कराने का काम भाव का है (कवि के अन्तर्गत भाव को), दूसरे को भावना का विषय बनाने का काम भाव का है (विभावाहृत अर्थ को), तीसरे को रंजित या वासित करने का काम भाव का है (अनुभूति को)। इस प्रकार भाव कवि के चित्त में स्थित भावों को प्रतीति-योग्य बनाता है, विभव द्वारा आहृत अथ को भावनीय बनाता है और सहृदय के हृदय में वासना रूप में स्थित स्थायी भाव को भावित, वासित या रंजित करता है। ये केवल पात्र की मानसिक अवस्थाएँ नहीं हैं। कवि के भावों की प्रतीति के साधन, अनुकार्य पात्र की मनःस्थिति के साथ सहृदय के मनोभावों का सामंजस्य-स्थापन और उसके अन्तःकरण में प्रसुप्त स्थायी भाव को बहुविचित्र रंगों और वर्णों से रंजित-वासित करके अधिक उपभोग्य बनाने के साधन हैं। भरत मुनि ने 'भाव' शब्द का प्रयोग अभिनेता को दृष्टि में रखकर किया है। उन्होंने परिभाषा देते समय अवश्य ही मानसिक आवेग-संवेगों के अर्थ में इसका प्रयास किया है। इनमें आठ स्थायी हैं। आठ

सत्त्वज हैं और ३३ व्यभिचारी हैं। वैसे तो सभी व्यभिचारी हैं, पर आठ अपेक्षाकृत अधिक स्थायी होने के कारण स्थायी कहे गये हैं।

कई बार इन्हें मनोभाव-मात्र समझने का प्रयत्न किया जाता है। व्यभिचारी या संचारी कहे गए भावों में कुछ तो ऐसे हैं, जिन्हें मानसिक ही चित्त में अपना ही अनुभूतियों के ताने-बाने से भाव-जगत् के दुष्यन्त और शकुन्तला का निर्माण करता है। उन्हीं के सूक्ष्म भावों के मिश्रण से हम रस का अनुभव करते हैं। इसलिए कवि द्वारा विशेषीकृत पात्र सामान्य-मानव अनुभूतियों से पुनर्निर्मित होकर साधारण कर दिए जाते हैं। सहृदय अपनी ही मानस-भूमि के ईंट-चूने से इस प्रासाद का निर्माण करता है। इसलिए जब अर्थ अलौकिक स्तर पर आता है तो उसमें सामान्य मानव-अनुभूतियों से निर्मित होने के कारण लौकिक विशेषताओं का एक ऐसा रूप बनता है जिसे साधारणीकृत रूप कहते हैं।

भावकत्व व्यापार के द्वारा पात्रों की भावनाओं के साथ सहृदय की भावनाओं का तादात्म्य होता है, ऐसा ऊपर कहा गया है, पर यह स्पष्ट रूप से समझ लेना चाहिए कि सर्वत्र पात्र के साथ तादात्म्य नहीं होता। कुछ रसों में श्रोता का आलम्बन वही होता है, जो आश्रय का। इस प्रकार आश्रय के साथ तादात्म्य सम्भव होता है, पर कभी-कभी आश्रय ही श्रोता का आलम्बन हो जाता है। जहाँ आश्रय के साथ श्रोता या दर्शक का तादात्म्य हो जाता है वहीं रस पूर्णांग होता है। दूसरे प्रकार से रस में अपूर्णता रहती है। पहली स्थिति केवल शृङ्गार और वीर इन दो रसों में ही सम्भव है। ये ज्यादा भावात्मक होते हैं, जबकि अन्य रस अधिकतर कल्पनात्मक होते हैं। यही कारण है कि पूर्णांग रूपकों में केवल दो ही रस होते हैं—वीर और शृङ्गार।

इस बात का, चित्र और मूर्ति के प्रसंग में भी इसी प्रकार विनियोग किया जा सकता है। चित्र या मूर्ति भी मन में एक मानसमूर्ति की रचना करने में समर्थ होते हैं। वहाँ भी सहृदय दर्शक अपनी ही मानस-भूमि के ताने-बाने से अपने ही चित्त की अनुभूतियों का आस्वादन करता है। यह बात 'करण-विगम' की प्रक्रिया से ही सिद्ध हो सकती है।

यह स्पष्ट रूप से समझ लेना चाहिए कि मनुष्य जिन कलाकृतियों का निर्माण करता है वे एक प्रकार की माया ही हैं। उदाहरण के लिए चित्रलिखित शकुन्तला वस्तुतः शकुन्तला नहीं है, कागज है, रंग है, और रेखा है। उससे लौकिक शकुन्तला का काम नहीं चल सकता। दुष्यन्त ने शकुन्तला का जो चित्र बनाया था उसे देखकर वह स्वयं ऐसा व्यवहार करने लगा था, मानो वह

सचमुच हाड़-मांस की शकुन्तला हो। विदूषक ने मन-ही-मन कहा था कि अब यह पागल हो गया है। इसी पागलपन से राजा की निवृत्ति करने के लिए उसने राजा को बताया कि यह चित्र है। इस पर राजा ने कहा कि हाय मित्र! तुमने यह क्या अनर्थ कर डाला! मेरा हृदय तो शकुन्तलामय हो गया था और मैं उसका साक्षात् दर्शन अनुभव कर रहा था। तुमने याद दिलाकर मेरी प्रिया को फिर से चित्र बना डाला—

दर्शनसुखमनुभवतः
साक्षादिव तन्मयेन हृदयेन।
स्मृतिकारिणा त्वया मे—
पुनरपि चित्रीकृता कान्ता॥

यहाँ इंगित से 'करण-विगम' की प्रभविष्णुता दिखाई गई है। चित्र के बाहरी रूप ने दर्शक के हृदय में शकुन्तला की मानसी-मूर्ति का निर्माण किया और राजा यह भूल ही गया कि वह कागज़, रंग और रेखा देख रहा था। इसके पूर्व ही दुष्यन्त ने एक मनोरंजक बात कही थी। इस समय वह चित्रफलक हाथ में ले ही रहा था। अभी भी चित्र-दर्शन से उत्पन्न 'करण-विगम' की प्रक्रिया शुरू नहीं हुई थी। उस समय वह चित्रफलक को सचमुच ही चित्रफलक समझ रहा था। उस समय उसके मन की प्रतिक्रिया यह थी कि मेरी प्रिया जब साक्षात् उपस्थित हुई थी तब तो मैंने उसे त्याग दिया, पर अब चित्र में आँकी हुई उसकी तस्वीर ही मुझे बहुत जान पड़ती है। यह बहुत-कुछ वैसा ही है जैसे कोई आदमी भरी हुई नदी को छोड़कर मृगतृष्णा के पीछे दौड़ पड़े—

साक्षात् प्रियामुपगतामपहाय पूर्वं
चित्रार्पितां पुनरिमां बहुमन्यमानः।
स्रोतोवहां पथि निकामजलामतीत्य
जातः सखे प्रणयवान्मृगतृष्णिकायाम्॥

यहाँ जो चित्र को 'मृगतृष्णा' कहा गया है उसमें उसकी मायाविनी शक्ति की ओर ही इशारा किया गया है। मृगतृष्णा का पानी लौकिक पानी नहीं है बल्कि मानस-जगत् का कल्पित है। उसी प्रकार चित्र या मूर्ति मानस-जगत् में भावमूर्ति का निर्माण करते हैं। यह कलाकार की मायाविनी शक्ति नहीं तो और क्या है?

○

अबोधपूर्वा स्मृति और वासना

०

'अभिज्ञानशाकुन्तल' में एक जगह ऐसा कहा गया है कि रमणीय वस्तुओं को देखकर और मधुर शब्दों को सुनकर सुखी जन्तु में भी एक प्रकार की व्याकुलता (पर्युत्सुकीभाव) आ जाती है, उससे लगता है कि द्रष्टा या श्रोता जन्मजन्मान्तर के उन सौहार्दों को, जो भावरूप में मन में स्थिर हो गए हैं, बिना समझे-बूझे ही स्मरण किया करता है —

रम्याणि वीक्ष्य मधुरांश्च निशम्य शब्दान्
पर्युत्सुकीभवति यत्सुखितोऽपि जन्तुः ।
तच्चेतसा स्मरति नूनमबोधपूर्वं
भावस्थिराणि जननान्तरसौहृदानि ।।

कालिदास के युग में यह बात सिद्धान्त के रूप में स्वीकृत थी कि मनुष्य अनेक योनियों में घूमता हुआ दुर्लभ मानव जन्म पाता है। उसकी आत्मा पर अनेक भाव जमे रहते हैं। सभी हर समय स्मरण नहीं आते, परन्तु सौन्दर्यधायक वस्तु के साक्षात्कार से वे किसी पुरानी स्मृति को उभार देते हैं। इस उभरी हुई स्मृति को कालिदास 'अबोधपूर्वा' कहते हैं, अर्थात् जिसकी याद में विशेष तत्त्वों का स्मरण नहीं रहता, केवल निर्विशेष स्मृति-मात्र रहती है। नयायिकों की भाषा में इसे प्रमृष्टतत्ताक स्मृति कहा जाएगा। प्रमृष्टतत्ताक, अर्थात् जिसमें से तत्तत् वस्तुओं की विशिष्ट चेतना पुंछ गई होती है। चित्त के उपरले स्तर पर सद्योगृहीत स्मृतियाँ रहती हैं, जैसा कि राजा पुरूरवा की उपरली मानसभूमि में उर्वशी की स्मृति थी। परन्तु, कवि या पाटक के चित्त में उर्वशी का वह तथ्य नहीं है। न जाने, किस जन्म में कब किसी उर्वशी को पाठक ने देखा था। उर्वशी का अर्थ भी वहाँ स्वर्ग की अप्सरा नहीं है, वरन् पुरूरवा के चित्त के उद्वेलित भाव के समानधर्मा भावों को उद्वेलित कर सकनेवाली कोई सुन्दरी है।

आज का शिक्षित भारतीय कालिदासकालीन जन्मान्तरवाद को उतना मान नहीं देता। वह इसे और रूप में स्वीकार करता है। मनुष्य, मनुष्य-रूप में

आने के पूर्व न जाने कितनी योनियों से विकसित होता आया है। सबके कुछ-न-कुछ भावात्मक भग्नावशेष उसकी चित्तभूमि में सुरक्षित हैं। इन अबोधपूर्व स्मृतियों ने उसमें अनेक प्रकार के संस्कार पैदा किए हैं। सुन्दर को देख सकना, देखकर अनुभव कर सकना, अनुभूत को अभिव्यक्त कर सकना एक दिन में नहीं हुआ। न जाने, कितने युग-युगान्तर के संस्कारों का समुच्चय है यह मानव-चित्त। कालिदास की बात इस अधुना-गृहीत थीसिस के आलोक में भी उतनी ही महत्त्वपूर्ण है। कहा नहीं जा सकता कि जनि-तत्त्व के संस्कारों का यह लेखा-जोखा कब हाइपोथीसिस का रूप ले लेगा, पर नये थीसिस में भी मूल बात बनी रहेगी।

पुराने लोग प्रमृष्टतत्ताक स्मृति के नीचे मानव-चित्त के अतल गाम्भीर्य में वासना की स्थिति मानते हैं। मानव-चित्त के आवेगों, संवेगों, उद्वेगों के उत्स के रूप में यह आज भी नाम बदलकर स्वीकृत होता आ रहा है। आलंकारिकों ने इसी वासना-रूप में स्थित स्थायी भावों को रसास्वाद का मुख्य हेतु माना है। आज की भाषा में इसे अवचेतन मन कहा जाने लगा है।

कालिदास की बात का विश्लेषण किया जाय, तो वह निम्नलिखित रूप में स्पष्ट होती है—

१. बहिर्जगत् में कुछ बातें रम्य और मधुर होती हैं,
२. उन्हें देख-सुनकर स्मृतियाँ जगती हैं, जो द्रष्टा को पर्युत्सुक बनाती हैं,
३. वे स्मृतियाँ अबोधपूर्वा होती हैं, अर्थात् पहले से यह बताना संभव नहीं है कि वे किस विशेष परिस्थिति के भाव-रूप में अवस्थान करती हैं तथा
४. वे चित्त को चालित करती हैं।

प्रत्येक मनुष्य सौन्दर्य का अनुभव करता है; परन्तु सौन्दर्य क्या वस्तु है, इस विषय में बता सकना किसी भी व्यक्ति के लिए कठिन है। साधारण अर्थ में सौन्दर्य दृष्टि का विषय है। हम किसी फूल को, लता को, वृक्ष को, मूर्त्ति को, जब सुन्दर कहते हैं, तब हमारे मन में उस वस्तु की समग्रता से उत्पन्न एक आनन्दोद्रेचक भावना काम करती रहती है। किसी फूल को सुन्दर कहने का यह मतलब नहीं है कि उसकी पंखुड़ियाँ सुन्दर हैं, उसका आकार सुन्दर है, या उसके विभिन्न अवयव ुन्दर हैं, बल्कि उसका अर्थ यह होता है कि वह सब मिलाकर हमारे चित्त में एक प्रकार का आनन्दोद्रेक करता है। उस आनन्द को प्रकट करने के लिए ही हम उसे सुन्दर कहते हैं। साधारणतः किसी वस्तु को सुन्दर

कहते समय हमारी दृष्टि के सामने उसका संतुलन, आकार, रूप, विकासावस्था, विभिन्न अवयवों के बीच में छूटी हुई जगह, प्रकाश, रंग, गति, खिंचाव और अभिव्यक्ति जैसी चीजें आती हैं। इन्हीं के समञ्जस संतुलन से दर्शक के चित्त में आह्लाद उत्पन्न होता है। हर समय यह स्पष्ट नहीं होता कि कौन-सी बात दर्शक को विशेष रूप से आकृष्ट कर रही है। यह एक प्रकार का चाक्षुष निर्णय है। कभी-कभी सुन्दर वस्तु के अनेक गुणों में से कोई एक या दो अधिक आकर्षक जान पड़ते हैं; परन्तु थोड़ा विचार किया जाय, तो यह बात बहुत ऊपरी सिद्ध होगी। जैसे, किसी फूल का लाल रंग आकर्षक हो, तो भी यह नहीं कहा जा सकता कि वह वस्तु सिर्फ उस रंग के कारण सुन्दर दिखाई पड़ती है; क्योंकि उस प्रकार का रंग और जगह भी देखा जा सकता है। वस्तुतः, किसी सुन्दर वस्तु का लाल रंग अनेक परिप्रेक्ष्यों के भीतर होने से ही आकर्षक बनता है। आधुनिक मनोवैज्ञानिकों ने परीक्षण करके देखा है कि किसी वस्तु की समग्रता का बोध उसके समस्त अवयवों के बोध का योग नहीं है। वह उनसे भिन्न और विशिष्ट वस्तु है। Von Ernfeil ने यह अच्छी तरह सिद्ध कर दिया है कि वस्तु की समग्रता का बोध अवयव-बोध का समुच्चय नहीं है। मनोविज्ञान के इस सिद्धान्त का नाम गेस्टाल्ट-सिद्धान्त है। किसी विविधवाद्य-समन्वित संगीत की ध्वनि को सुनकर चित्त में जो भाव पैदा होता है, वह उस संगीत में सम्मिलित वाद्यों के अलग-अलग सुनने से उत्पन्न भावों का योग या समुच्चय नहीं है। इसी प्रकार, किसी मूर्ति को देखकर मन में जो भाव उत्पन्न होता है, वह उसके अवयवों को अलग-अलग देखने से उत्पन्न हुए भावों के समुच्चय से भिन्न प्रकार का अनुभव है। वस्तुतः कोई चीज़ जैसी होती है, वैसी ही हमें नहीं दीखती। हमारी दृष्टि-शक्ति के अपने नियम हैं, अपनी कार्यप्रणाली है। कोई वस्तु वैज्ञानिक दृष्टि से संतुलित हो सकती है; किन्तु दृष्टि को वह संतुलित नहीं भी दीख सकती। ऐसा क्यों होता है ? इसका कारण यह है कि दृष्टि-शक्ति निर्जीव कैमरे के लेंस की तरह क्रियाहीन, निरीह संग्राहिका-मात्र नहीं है, बल्कि स्वयं भी कुछ करती रहती है। मनुष्य की दृष्टि-शक्ति और कैमरे में यह बड़ा भारी अन्तर है—इच्छा-शक्ति-सम्पन्न सर्जक है, दूसरा इच्छा-शक्ति-विहीन संग्राहक, यह विषेश रूप से ध्यान देने की बात है कि मनुष्य की दृष्टि-शक्ति केवल उतना ही नहीं ग्रहण करती, जितना उसके सामने होता है; बल्कि अपनी कल्पना-शक्ति से वह उससे बहुत अधिक देखती है। केवल मुख की कुछ रेखाओं को उसके सम्मुख उपस्थित किया जाय, तो वह पूरे की कल्पना कर लेती है। मनुष्य की

दृष्टि-शक्ति का यह सर्जकत्व धर्म उसे यान्त्रिक प्रक्रिया से बड़ी सिद्ध करता है।

ऐसा क्यों होता है ? इसका कारण यह है कि मनुष्य की दृष्टि-शक्ति में कैमरे की भाँति केवल यंत्रमात्र नहीं हैं, बल्कि किसी अदृश्य चेतन-शक्ति से वह चालित होती है। इस चेतन-शक्ति में तीन बातें स्पष्ट हैं—१. वह ज्ञाता है, २. वह इच्छा-शक्ति-सम्पन्न है, ३. वह स्रष्टा है। वह द्रष्टव्य वस्तु को जानता है। अपनी मर्जी के मुताबिक उसमें से कुछ का ग्रहण करता है, कुछ को छोड़ देता है और गृहीत वस्तु को नवीन रूप में सजाता है, उसे रूप देता है।

जिसे हम सुन्दर कहते हैं, वह वस्तुतः हमारे भीतर की चित-शक्ति के ज्ञान, इच्छा और क्रिया का समन्वय है, परन्तु केवल ज्ञान, इच्छा और क्रियाशक्ति से समन्वित होने से कोई वस्तु सुन्दर नहीं कही जा सकती। सुन्दर होने के लिए कुछ और गुण भी आवश्यक हैं। प्रत्येक द्रष्टव्य वस्तु स्रष्टा के ज्ञान, क्रिया और इच्छा-शक्ति का समवेत रूप है; परन्तु प्रत्येक वस्तु सुन्दर नहीं कही जाती। बिचारणीय यह है कि वह कौन-सी वस्तु है, जो ज्ञेय वस्तु के इच्छित और श्रेष्ठ रूप में दूसरे प्रकार की महिमा भरती है।

मोटे तौर पर दो प्रकार की वस्तुओं को ह सुन्दर कहते हैं; एक तो वह, जो प्रकृति-प्रदत्त है। दूसरी वह, जो मनुष्य द्वारा निर्मित है और हमें आनन्द देती है। प्रथम कोटि में नदी, पहाड़, जंगल, फल, फूल, मनुष्य, पशु, पक्षी आदि आते हैं और दूसरी कोटि की सुन्दर वस्तुओं में मूर्ति, चित्र, संगीत, काव्य आदि आते हैं। इन दोनों में क्या अन्तर है, यह भी विचारणीय है। दोनों में अन्तर अवश्य है; पर दोनों एक ही जाति की चीजें हैं। इनमें से किसी प्रकार के द्रष्टव्य को देखकर हमारे अवचेतन के सुप्त संस्कार जाग्रत् होते हैं और देश, काल, पात्र, परिस्थिति आदि से सम्बद्ध होकर नवीन रूप में उपभोग्य बनते हैं। किसी-किसी तत्त्वज्ञानी ने बताया है कि इस प्रकार की उत्तेजक सामग्री के कारण होने वाले अवचेतन की आत्मोपलब्धि का नाम ही सौंदर्य है। इसमें उद्दीपक सामग्री और उद्दीप्त संस्कार दोनों का योग होता है। द्रष्टा दोनों की सत्ता का अनुभव करता है। यही कारण है कि एक ओर द्रष्टा जहाँ सौन्दर्य-बोध से उत्पन्न आनन्द का अनुभव करता है, वहीं वह उस वस्तु को सुन्दर भी कहता है। अर्थात्, ज्ञान के साथ-ही-साथ ज्ञेय की सत्ता को भी अनुभव करता रहता है। यह एक ही प्रक्रिया प्रकृति-प्रदत्त सुन्दर वस्तु के साथ भी चलती है और मानव-निर्मित कलाकृति के साथ भी। मनुष्य-निर्मित चित्र, मूर्ति, काव्य, संगीत आदि से भी द्रष्टा के अवचेतन में विद्यमान संस्कार उद्‍बुद्ध होते हैं, और प्रकृति-प्रदत्त वस्तुओं, जैसे

तारा-खचित आकाश, निर्झर-निनादित सानुभूमि, उद्धूम गिरि-गह्वर, तृणशाद्वल-शोभित वनस्थली आदि से भी उनके अवचेतन में अवस्थित संस्कार ही जाग्रत् होते हैं। ज्ञान और ज्ञेय, दोनों की प्रतीति अन्यत्र विद्यमान रहती है। वैदिक ऋषियों ने सृष्टि को 'देवता का काव्य' (**पश्य देवस्य काव्यं न बिभेति न रिष्यति**) कहकर इसी समानधर्मा अनुभूति की ओर संकेत किया था। मनुष्य-निर्मित काव्य की भाँति ही विधाता-निर्मित काव्य भी हमें आनन्द देता है। इस दृष्टि से दोनों में कोई अन्तर नहीं है। दोनों में ज्ञान और ज्ञेय—सौन्दर्य-बोध और सुन्दर पदार्थ की प्रतीति विद्यमान रहती है, दोनों ज्ञाता (द्रष्टा) के चित्त के अन्तर्निहित सुप्त संस्कारों के उद्बोधन के साथ ज्ञेय (द्रष्टव्य) की सत्ता के प्रति सचेत करते हैं, दोनों उसे नवीन रूप में आत्मोपलब्धि और तज्जन्य आनन्द का आस्वादन कराते हैं। इस प्रकार, दोनों एक हैं।

कैरिट ने एक स्थान पर कहा है कि कलागत एवं वास्तविक सौन्दर्य दोनों पूर्णतः समानजातीय हैं तथा प्रत्येक व्यक्ति कलाकार होता है। वह न केवल अपने भावों को भाषा के माध्यम से दूसरे तक पहुँचाता ही है, अपितु वह प्रकृति तथा कलाकृति दोनों को सौन्दर्य की दृष्टि से देखता और समझता भी है।

परन्तु, दोनों में अन्तर भी है। यह जो प्रकृति-प्रदत्त विराट् सृष्टि है, वह मनुष्य की अपनी आँखों से देखा हुआ मानव-सत्य है। मनुष्य को निखिल सृष्टि-विधात्री शक्ति—प्रकृति ने जैसा कुछ बनाया है, वह उसी प्रक्रिया की उपज है, जिससे आकाश, पर्वत, वनभूमि, धरित्री, वृक्ष, लता, पशु, पक्षी आदि बने हैं। कहते हैं, पुराकाल में यह विपुल ब्रह्मांड, जिसे देखने का सामर्थ्य मनुष्य पा सका है, केवल जड़-तत्त्वों से परिपूर्ण था। मनुष्य अपने सामर्थ्य के अनुसार जो कुछ जान सका है, वह यह है कि किसी समय तप्त गैसों से बने नीहारिका-खण्डों में क्षोभ या गति उत्पन्न हुई थी और विपुल ब्रह्मांड कुछ तारिका-पिण्डों में सिमटने लगा था। एक छोटी तारिका सूर्य थी। उसमें भी यह क्षोभ-प्रक्रिया काम करती गई। उसके कितने ही खण्ड टूटकर उसके चारों ओर चक्कर काटने लगे। उन्हीं खण्डों में से एक का नाम पृथ्वी है। दीर्घकाल तक धरती केवल निर्जीव जड़-तत्त्वों का संघात-मात्र थी। दीर्घकाल तक उसमें तप्त धातुओं की क्षुभित लीला चलती रही, धीरे-धीरे उसकी ऊष्मा कम होती गई और उसमें चित्-तत्त्व के आविर्भाव की सूचना मिली। कोई नहीं जानता कि इस सारी क्षोभ-लीला के भीतर यह चित्-तत्त्व कहाँ बैठा हुआ अवसर की प्रतीक्षा में पड़ा रहा है। एक दिन अत्यन्त दुर्बल तृणांकुर के रूप में प्रकट हुआ। यहीं से जड़

और चित् का द्वंद्व शुरू हुआ। जहाँ पहले केवल सत्ता थी, वहाँ अब चित्-तत्त्व का आविर्भाव हुआ। इस दिन सृष्टि में एक अघटित घटना घटी। जड़-तत्त्व में छोटे पिंडों को अपनी ओर खींच लेने की अद्‌भुत शक्ति है। वह शक्ति तब भी थी, अब भी है। क्यों है ? कोई नहीं बता सकता; पर यह महाकर्ष की शक्ति उसमें है। वैज्ञानिक उसे 'ग्रैविटेशन पावर' कहता है। अघटित घटना यह हुई कि जब छोटा-सा तृणांकुर सिर उठाकर खड़ा हो गया, तब निखिल ब्रह्मांड में व्याप्त महाकर्ष की प्रचण्ड शक्ति उसे नीचे नहीं खींच सकी। उसका सिर तभी झुका, जब उसकी प्राणशक्ति समाप्त हुई। पर, प्राणशक्ति क्या समाप्त हो गई ? जो बात कभी नहीं हुई थी, वह यह हुई कि प्राणशक्ति ने अपने को नये-नये प्रतिरूपों में प्रकट किया। एक व्यक्ति की प्राणशक्ति की समाप्ति स्वयं प्राणधारा की समाप्ति नहीं थी। अपने ही ढंग के अनेकानेक प्रतिरूपों को जगाकर व्यक्ति की प्राणशक्ति समाप्त हो गई; लेकिन प्राणधारा का प्रवाह चलता रहा। न जाने, कितने रूपों में उसने आत्माभिव्यक्ति की, और अन्त में वह मानव के रूप में प्रकट हुई। यहाँ आकर एक दूसरी अघटित घटना घटी। मानव-पूर्व सृष्टि में जीवतत्त्व केवल प्राणधारा की भीतरी शक्ति के बल पर आगे बढ़ता रहा परन्तु मनुष्य में इच्छा-शक्ति पूर्णरूप से विकसित हुई। जो जैसा है, वैसा मानने को मनुष्य तैयार नहीं हुआ, उसने 'जो जैसा होना चाहिए वैसा' बनाने का संकल्प किया। इस रचना का सर्वाधिक ।ऋसित रूप केवल आनन्द के लिए रचना था। इस प्रकार, सत्ता और चैतन्य के अनन्त.र आनन्द-तत्त्व का उन्मेष हुआ। इस प्रकार, मानव-सृष्टि पूर्वतर प्राकृतिक सृष्टि से भिन्न हो गई। प्रकृतिदत्त सौन्दर्य जैसा है, वैसा के अनुभव का आस्वाद है, मनुष्यकृत सौन्दर्य इस अनुभव और 'जैसा होना चाहिए वैसा' इन दोनों से उद्‌भूत विशिष्ट आनन्द है।

कालिदास के कथन का अर्थ है कि सौन्दर्य से एक ओर संस्कारों का उद्‌बोध-ज्ञान होता है, दूसरी ओर उद्‌बोधक सामग्री की प्रतीति भी रहती है। अतएव, जिस प्रकार साधारण ज्ञान के समय हमें ज्ञान के साथ ही उसकी उद्‌बोधक सामग्री की भी जानकारी रहती है, वैसे ही सौन्दर्य-बोध के समय भी हम जानते हैं कि हमने सुन्दर वस्तु को जान लिया है।

सौंदर्य, वस्तु की समग्रता का तत्त्व है। इसके दो मोटे रूप हम आसानी से देख सकते हैं। एक तो वह, जो हमें अभिभूत करता है, प्रभावित करता है, चालित करता है; पर इसलिए नहीं कि वह ऐसा चाहता है, हम यह भी ठीक नहीं जानते कि किसी अन्य अदृश्य शक्ति की इच्छा से वह ऐसा करता है। कोई

अदृश्य शक्ति उसके द्वारा हमें चालित, प्रेरित या अभिभूत करना चाहती है. यह बात किसी भी मनुष्य की कल्पना या तर्क का विषय है। गुलाब का फूल है। वह वर्ण से, गंध से, रूप से हमें मोहित करता है। हम उससे अभिभूत, मोहित, चालित होते हैं, यह सत्य है। पर, कोई और उसके द्वारा या वह स्वयं अपने आपके सौन्दर्य से ऐसा करना चाहता है, यह संदिग्ध है। हमें वह लाल दिखता है। 'लाल' शब्द हमारी रचना है। वह स्वयं अपने को लाल समझता है या नहीं, यह भी हमें नहीं मालूम। मनुष्य उसे लाल देखता है। 'लाल' शब्द मनुष्य की अनुभूति और रचना-प्रक्रिया का संकेत-मात्र है। 'लाल' कहने से हम एक चाक्षुष सत्य का परिचय मात्र देते हैं। भाषा की यह सीमा है। लाल सैकड़ों चीजें होती हैं। सबको एक ही लाठी से हाँकना संभव भी नहीं है, उचित भी नहीं है। मनुष्य की यह महिमा है कि उसने अनुभूति को अभिव्यक्ति दी है 'लाल' शब्द के द्वारा। मनुष्य की यह सीमा है कि वह संसार के सैकड़ों 'लाल' को अभिव्यक्त नहीं कर पाता। 'लाल' भी एक जाति है। यह एक सीमा है—पर मनुष्य के अद्भुत वैशिष्ट्य को व्यंजित करनेवाली सीमा। मम्मट ने जब **चतुष्टयी शब्दानां प्रवृत्तिः** का उपसंहार करते हुए कहा था—**जात्यादिर्जातिरेव वा**, तब उनका उद्देश्य सिर्फ पूर्वाचार्यों की संगति बैठाना मात्र नहीं था। वे इस सीमा की ओर भी संकेत कर रहे थे। पद-पद पर मानव-चित्त के अपार औत्सुक्य को प्रकट करनेवाली इच्छा भाषा की सीमा से टकराती है। फिर, वह उपमा का सहारा लेती है। कैसा लाल? जैसा कि अमुक वस्तु में होता है, वैसा। उससे भी काम नहीं चलता, तो उत्प्रेक्षा का सहारा लेती है—यदि अमुक वस्तु अमुक वस्तु से युक्त होती, तो जैसा होता, वैसा। पर, काम क्या निकलता है? मनुष्य छन्द से, वर्ण-विन्यास से, काकु से, वचनवक्रता से इस अपार इच्छा-शक्ति का समाधान करना चाहता है। इच्छा अनन्त है, क्रिया सान्त है। इच्छा नाद—कांटिनुअम है, क्रिया बिन्दु—क्वैन्टम है। इच्छा गति है, क्रिया स्थिति है; इच्छा काल है, क्रिया देश है। गति और स्थिति का यह द्वंद्व चल रहा है, इसी से रूप बनता है, इसी से छन्द बनता है, इसी से नृत्य बनता है, इसी से धर्माचरण बनता है, इसी से नैतिकता बनती है—इन सबको छापकर, सबको अभिभूत करके, सबको अन्तर्ग्रथित करके जो सामग्र्यभाव है, वह सौन्दर्य का दूसरा रूप है। एक प्राकृतिक सौन्दर्य है, दूसरा मानवीय इच्छाशक्ति का विलास है। दूसरा सौन्दर्य प्रथम द्वारा चालित होता है; पर है मनुष्य के अन्तरतर की अपार इच्छा को

रूप देने का प्रयास। एक केवल अनुभूति देकर विरत हो जाता है, दूसरा अनुभूति द्वारा अभिव्यक्त होकर अनुभूति-परम्परा का निर्माण करता है। भाषा में, धर्माचरण में, काव्य में, मूर्त्ति में, चित्र में, बाधा अभिव्यक्त मानवीय शक्ति का अनुपम विलास ही वह सौन्दर्य है, जिसकी हम मीमांसा करने का संकल्प लेकर चले हैं। अन्य किसी उचित शब्द के अभाव में हम उसे लालित्य कहेंगे। लालित्य, अर्थात् प्राकृतिक सौन्दर्य से भिन्न, किन्तु उसके समानान्तर चलने वाला मानवरचित सौन्दर्य।

मूल बात यह है कि बाह्य जगत् की सत्ता अवश्य है और वह एक क्षण में तथ्य के द्रष्टा के चित्त में भावमूर्त्ति की रचना करती है और उसके अन्तरतर की वासना को उद्‌बुद्ध करती है, उसकी किसी अबोधपूर्वा स्मृति को क्रियाशील बनाती है। रवीन्द्रनाथ ने जब कहा था कि हे नारी, तुम केवल विधाता की सृष्टि नहीं हो, पुरुष ने अपने अन्तर के सौन्दर्य को संचित करके तुम्हें गढ़ा है। वहीं से सोने के उपमा-सूत्र लेकर कवियों ने तुम्हारे लिए वस्त्र बुना है। शिल्पी ने तुम्हें नई महिमा देकर तुम्हारी प्रतिमा को अमर बनाया है। तुम्हारे ऊपर प्रदीप्त वासना (की दृष्टि) पड़ी है। तुम आधी मानवी हो, आधी कल्पना हो—

केवल विधाता की बनाई सृष्टि तुम हो नहीं नारी !
पुरुष ने तुमको गढ़ा है गहन अन्तरतर-जनित सौन्दर्य के संचार से निज,
हृदय-गह्वर बीच बैठ अनेक कवियों ने सुनहले सूत्र उपमा-रूपकों के गढ़
सँवारे हैं मनोरम वसन इस मनमोहिनी छवि के लिये,
दे-दे नवीन, अपार महिमा शिल्पियों ने रची है प्रतिमा तुम्हारी,
अमर कर दी है इसे... ... ...
तुम पर न जाने पड़े हैं कितने मधुर दृक्पात कोमल वासना के;
तुम कि आधी मानवी हो और आधी कल्पना की सृष्टि।[1]

---

१. शुधु विधातार सृष्टि नहो तुमि नारी,
पुरुष गड़ेछे तोरे सौन्दर्य संचारि
आपन अन्तर हते। बसि कवि गण
सँपिया तोमार 'परे नूतन महिमा
अमर करेछे शिल्पी तोमर प्रतिमा
पड़े छे तोमार 'परे प्रदीप्त वासना
अर्धेक मानवी तुमि अर्धेक कल्पना।

इस कविता में स्वीकार किया गया है कि काव्यार्थ बहिर्जगत से एकदम असंपृक्त नहीं है, यद्यपि वह हू-ब-हू वही नहीं है जो मनुष्य कवि के रूप में, शिल्पी के रूप में, नवीन रूप में, नवीन वेश में गढ़ता है। कवि द्वारा निर्मित यही नई मूर्त्ति नये सिरे से सहृदय पाठक या द्रष्टा के चित्त की वासनाओं के मिश्रण से नया रूप ग्रहण करती है। इस प्रकार, तथ्य की प्राकृतिक या निसर्ग-सिद्ध सत्ता की जो तरंग कवि-चित्त में उत्पन्न करती है, वह दूसरी बार नवीन रूप ग्रहण करके पाठक के चित्त को हिल्लोलित करती है। रवीन्द्रनाथ यह भी बताते हैं कि उपमा, रूपक आदि अलंकार कवि के अन्तरतर से ही उत्थित होते हैं। ये भी वासना की ही देन हैं। कुछ भारतीय अलंकारशास्त्रियों ने जो अलंकारों को कटक, कुण्डल आदि के समान बाहर से आरोपित बताया है, यह मानों उनका प्रतिवाद है। अलंकार वस्तुतः बहिर्निवेश्य नहीं हैं, कवि के अन्तरतर से ही उत्थित होते हैं। कालिदास की उपमाएँ इसकी साक्षी हैं।

भाषा सब समय इस भावमूर्त्ति को व्यक्त करने में समर्थ नहीं होती। इसी सामर्थ्य के अन्तराल को कवि उपमा, रूपक आदि अलंकारों से भरता है। सब समय ये भी काम नहीं करते। कवि 'मानों ऐसा, मानों वैसा' कहकर चित्रों पर चित्र बनाता जाता है। जो सामने उपस्थित है, प्रस्तुत है, उसे उन स्मृति-चित्रों से, जो प्रस्तुत नहीं है, भरता रहता है। इस अप्रस्तुत-योजना को वह मिथक तत्त्व से पूरित करता है, 'जो नहीं है', उसके द्वारा 'जो है', उसे बताने का प्रयत्न करता है। भाषा की यह चित्र-निर्माण-शक्ति वस्तुतः मिथक-कल्पनाओं से बनती है। लेकिन, उपमा और रूपक क्षण-चित्रों के सहारे उन सारी बातों को कहने में असमर्थ होते हैं। भाषा का चित्र-धर्म अलंकारों में व्यक्त होता है— अर्थालंकारों में। परन्तु, उसमें गति ले आने का कार्य संगीत करता है, जो छंद से, पद-गुंफन से, यमक से, अनुप्रास से चित्र को गतिमय बनाता है। ये दोनों तत्त्व अर्थ में गरिमा भरते हैं, गति देते हैं, उपभोग्यता और अर्थ में यथार्थता लाते हैं। इन्हीं के द्वारा साधारण प्रत्यय 'यथार्थ' बनता है। अर्थ-तत्त्व और संगीत-तत्त्व का पूर्ण सामञ्जस्य ही यथार्थ है।

योगी कहता है कि यह समूचा चराचर जगत् अर्थ है, पदार्थ है। उसके मूल में शब्द है। ठीक है। पर, अर्थ क्या केवल अर्थ है? वह अपने-आप में क्या कोई भाषा नहीं है? यह जो प्रातःकाल सूर्य की रश्मियाँ सोना बरसा देती हैं, चन्द्रकिरणें शाम को रजतधारा में धरित्री को स्नान करा देती हैं, ये क्या केवल अर्थ हैं? ये क्या कुछ कह नहीं जातीं? किसके लिए यह आयोजन है? इतना

रंग, इतना राग, इतना छंद, इतनी व्याकुलता जो जगत् में प्रतिक्षण उद्भासित हो रही है, वह क्या निरर्थक अर्थमात्र है ? बीज जब अंकुर-रूप में फटता है, तब क्या चराचर में व्याप्त उल्लास की वेदना के साथ ताल नहीं मिलता रहता ? रात को आसमान में जो इतनी लालटेनें निकल पड़ती हैं, वे क्या निरर्थक हैं ? किसी को खोजने की व्याकुल वेदना क्या उनमें नहीं सुनाई पड़ती ? कवि जो भाषा सुना करता है, वह क्या केवल पागलपन का विकल्पमात्र है ? जो लोग अपने को विशिष्ट ज्ञान-विज्ञान के अधिकारी घोषित करते हैं, वे क्या सबका ठीक-ठीक मतलब समझा सकते हैं ? कौन बताएगा कि रम्य वस्तुओं के वीक्षण से, मधुर शब्दों के श्रवण से चित्त में पर्यत्सुकीभाव क्यों आ जाता है ? मनुष्य का हृदय साक्षी है कि ये पदार्थ भी भाषा हैं, इनका भी कुछ अर्थ है। जगत् जो इतना रागमय है, छन्दोमय है, वर्णमय है, वह 'व्यर्थ', अर्थात् अर्थशून्य, निरर्थक, नहीं। इस दृश्यमान चराचर का भी अर्थ है, इस भासमान तरंग-साम्य का भी मतलब है।

योगी नहीं बताता कि अन्तरतर से जो छन्द के प्रति, राग के प्रति, रंग के प्रति इतना व्याकुल कम्पन उठा करता है, वह पराशक्ति की किस विलास-लीला की अभिव्यक्ति है। गहराई में कहीं कुछ छूट गया है, हठयोग और नादयोग उसे नहीं बता पाते। कहीं-न-कहीं अनुराग-योग का भी व्याकुल कंपन और आत्म-निवेदन मानव-हृदय के अन्तरतर में विकसित हो रहा है। उसी छूटे हुए तत्त्व का संधान शिल्पी करता है। वह अनुभवगम्य है। उसकी प्रतीति ही यथार्थ है और अनुभूति ही सत्य है। कालिदास ने उसी छूटे हुए तत्त्व को खोजने का प्रयास किया है,—तच्चेतसा स्मरति नूनमभूतपूर्वम् !

○

संस्कृतिमुखी प्रकृति

◇

कालिदास ने प्रकृति को तटस्थ की भाँति नहीं देखा। वह अलंकरण की या मनुष्य को भाव-विह्वल करने वाले आलंबन का ही काम नहीं करती। वह एक जीवंत संगिनी है। उसे हटा दिया जाय तो मनुष्य का भाव-जगत् मरुकान्तार के समान सूना और नीरस हो उठेगा। 'शाकुन्तल' में तो वह शकुन्तला की भाँति ही एक जीवंत पात्र है। वह पात्रों के सुख-दुःख में हाथ बँटाती है, उसके सीमित प्रयत्नों को सीमाहीन उद्देश्य देती है।

'कहा जाता है कि ऋतुसंहार कालिदास की आरम्भिक रचना है। उसमें जो तरुण-तरुणियों का मिलन संगीत है वह वासना के निम्न सप्तक से शुरू होता है, लेकिन 'शाकुन्तल' और 'कुमारसंभव' के समान तपस्या के तारसप्तक तक नहीं पहुँचता। फिर भी कवि ने नवयौवन की लालसा को प्रकृति के विचित्र और विराट् संगीत के साथ मिलाकर उसे उपयुक्त आकाश में झंकृत किया है। ग्रीष्म की धारायंत्र-मुखरित संध्या में चन्द्रकिरण अपना स्वर मिलाती है। वर्षाऋतु में, नव जल-सिंचित वनान्त में, हवा में झूमती हुई कदंब शाखाएँ भी इसी छंद से आंदोलित हैं। इसी ताल पर शरद्-लक्ष्मी अपने हंस-रुत-नूपुर की ध्वनि को मंद्रित करती है, वसंत के दक्षिण समीरण से चंचल कुसुमों से लदी हुई आम्रशाखाओं का कल मर्मर इसी की तान-तान में प्रसारित होता है।' (रवीन्द्रनाथ ठाकुर)

हमने ऊपर दिखाया है कि किस प्रकार कालिदास तपस्या और प्रेम के सामंजस्य में विश्वास करते हैं। वस्तुतः शकुन्तला और कुमारसम्भव दोनों में ही मूल वक्तव्य एक है—प्रेम और तपस्या का सामंजस्य। कालिदास ने दोनों ही स्थलों पर दिखाया है कि शारीरिक आकर्षण से उत्पन्न प्रेम स्थिर नहीं होता, वह एक ही झटके में समाप्त हो जाता है। तपस्या की अग्नि में तपकर ही रूप का सोना निखरता है। कालिदास ने कुमारसम्भव में अकाल वसन्त के आविर्भाव का

बड़ा ही मनोरम चित्र खींचा है। मोहजन्य प्रेम के अधिदेवता कामदेव के इशारे पर उसका सखा वसंत आविर्भूत हुआ और सारी वनस्थली में प्रेम का उन्माद छा गया। अशोक कन्धे पर से फूट पड़ा, आम का वृक्ष अकारण ही किसलय और मञ्जरियों से भर गया। कर्णिकार अपने पीले फूलों की समृद्धि से जगमगा उठा। लाल फूलों से पलास की शाखाएँ झूम उठीं। तिलक फूलों पर भ्रमरावली गुञ्जार करने लगी। प्रियाल के फूलों से पराग उड़-उड़कर हरिणों की मनोहर आँखों में गिरने लगे और उन्मत्त मृग वनभूमि के पत्तों पर मर्मर ध्वनि करते हुए इधर से उधर भागने लगे। आम की मंजरियों के आस्वादन से पुरुष-कोकिल का कण्ठ निखर गया और वह उन्मत्त भाव से कूजने लगा। अचानक सर्दी के खत्म होने से और गर्मी के आ जाने से किन्नर वधुओं के मुख पर शोभित होने वाले पत्रविशेष—पत्रछेद्य—पसीना आ जाने से छूटने लगे। तपस्वियों के मन में भी विकार पैदा होने लगे और बड़ी कठिनाई से वे रोकने में समर्थ हुए। ज्योंही फूलों का धनुष ताने मदन देवता रति को साथ लेकर वनस्थली में पधारे त्योंही वहाँ के सभी जन्तुओं में रमणेच्छा की प्रबल प्रेरणा दिखाई पड़ी। भ्रमर अपनी प्यारी भ्रमरी के साथ एक ही फूल की कटोरी में मकरन्द पीने लगा, कृष्णसार मृग अपनी सींगों से स्पर्शजन्य आनन्द से मीलितनयना मृगी को खुजलाने लगा, करेणुबाला अपने प्रियतम गजराज को बड़े प्रेम से कमल की सुगन्धि से भीना गण्डूष जल पिलाने लगी, आधे खाए हुए मृणाल नाल को चक्रवाल ने भी प्रिया चक्रवाकी को समर्पित किया, गान गाते-गाते बीच ही में किन्नर युवा ने पुष्पासव से घूर्णित नेत्रों वाली प्रिया का मुँह चूम लिया, और, और तो और वृक्षों ने भी अपनी लतावधुओं को आलिङ्गनपाश में बाँध लिया। समूची वनस्थली अनुराग चंचल हो उठी, शिव के गणों के चित्त में भी विक्षोभ हुआ, परन्तु गुहा द्वार पर बैठे हुए नन्दी ने मुँह पर अँगुली रखकर इशारे से उन्हें शान्त रहने का आदेश दिया। नन्दी के इशारे से वनस्थली एकाएक ठिठक गई, वृक्षों ने हिलना बंद कर दिया, भंवरों ने गूँजना छोड़ दिया, पक्षियों का यह चहकना रुक गया, जंगली जीवों की धमाचौकड़ी शान्त हो गई, नन्दी के इशारे से सारा वन ऐसा लगने लगा जैसे किसी काम के शुरू करने के समय एकाएक चित्र बना दिया गया हो। धीरे-धीरे काम देवता ने शिव की नज़र बचाकर आश्रम के कोने में लगे हुए नमेरु वृक्ष की पत्राकच्छादित शाखा पर अपना आसन जमाया। उसने देवदारु द्रुम की वेदी पर जो व्याघ्रचर्म से आच्छादित थी समाधिनिष्ठ शिव को देखा। कैसा देखा—

बैठे संयमी त्रिलोचन शिव,
पर्यङ्कबन्ध-स्थिर पूर्वकाय, ऋजु आयत झुके विशालकन्ध,
उत्फुल्ल कमल-से लाल-लाल
उत्तत करतल रख अंक मध्य,
उद्धत भुजंगवृत्त—जटाजूट,
कर्णावसक्त रुद्राक्ष सूत्र, द्विगुणित अटूट,
कण्ठद्युति से नीलातिनील
मृगचर्म वर्म-सा कस अढोल,
लोचन उनके भ्रूभंग-विरत,
किञ्चित् प्रकाश से स्तिमित-उग्रतारक, अडोल,
अस्पन्दित पक्ष्म-अराल-जाल,
नतनिम्न-प्रान्त नासाग्रबद्ध,
अन्तश्चारी चंचल प्राणानिल के
निरोध से स्थिर नितान्त
घनघुम्मर वृष्टि-पूर्व अम्बुद
या निस्तरंग निस्पंद जलाशय
या कि निवात-निकंपित दीपशिखा-से अचल-शान्त।

समूचे चित्र में असंयत कामचेतना की पृष्ठभूमि में निवात-निष्कंप दीपशिखा के समान स्थिर संयमी शिव का प्रशान्त रूप चित्रित किया गया है। असंयत प्रकृति का नाम ही विकृति है और संयत प्रकृति का नाम संस्कृति। विकृत काम-चेतना के कारण पूरी वनस्थली मोह से उद्भ्रान्त हो उठी थी। लेकिन संयत संस्कृति के द्वारपाल नन्दी के एक इंगित से वह ठिठककर खड़ी हो गई। कविवर रवीन्द्रनाथ ठाकुर ने इसी बात को ध्यान में रखकर कहा था, "कालिदास ने पुष्पधनु की प्रत्यंचा ध्वनि को विश्व संगीत के स्वर से विच्छिन्न नहीं होने दिया।"

शिव के शान्त-निस्पंद रूप को देखकर काम देवता धीरज खो बैठा। उसके हाथ से फूलों का धनुष गिरने को आया। इसी समय उद्दाम प्रकृति की असंयत पृष्ठभूमि में पार्वती का आविर्भाव हुआ। कैसी थीं पार्वती—

वन देवियों के साथ,
स्थावर-राज-कन्या-पार्वती दिख गई
अपनी मोहिनी तनुलता के सौन्दर्य-गुण से

पुष्पधन्वा के बुझे बल को जगातीं-सी;
सजीं मणि-पद्मराग-जयी विशोक अशोक कुसुमों से,
सुवर्णद्युतिहरणकारी मनोहर कर्णिकार प्रसून-दल से,
सित-धवल मुक्ता-कलाप-समान सुन्दर सिन्दुवारों से,
बसंत-विकासि-पुष्पाभरण से जगमग।
नवल प्रत्यूष के रवि की अरुणिमा से रँगी-सी चूनरी धारे,
अवनमित तनिक वक्षोभार से; ऐसी लगीं
मानों चली हो आ रही संचारिणी-सी एक पल्लविनी लता,
पर्याप्त पुष्पस्तबक-भार-विनम्र।
कटि-देश में विस्रस्त मौलसिरी सुमन की करधनी
सुकुमार भंगी में बँधी ऐसी दिखी
मानों कि उचित स्थान के मर्मज्ञ
मदन महीप ने
अपने कुसुम के धनुष की यह दूसरी मौर्वी
वहाँ विन्यस्त कर दी हो,
—कि यह सुकुमार केसरदाम-काञ्ची
बार-बार सरक रही थी,
और थीं उसको सम्हाले जा रहीं गिरिराज कन्या
किसलयों से भी मृदुल कर से।
सरस-निश्वास-सुरभित गंध से आकृष्ट
लोभी भ्रमर
उनके बिम्ब फल-से लाल अधरों के निकट मँडरा रहा था,
और भय से
भ्रमित-चंचल हो उठी थी चकित चितवन लोल;
वारण कर रही थीं उसे
कर-पल्लव-लसित
सुकुमार लीला-कमल से
अनवरत बारम्बार।

पार्वती का यह निसर्गललित रूप है। कालिदास ने यहाँ पर उदात्त की पृष्ठभूमि में ललित का मोहन रूप उपस्थित किया है। पार्वती की यह शोभा नैसर्गिक थी। हारते हुए कामदेव को एक और सहारा मिला। पार्वती के रूप

का सहारा लेकर कामदेवता ने अपना फूलों का बाण सम्हाला, ध्यानावस्थित धूर्जटि के हृदय को लक्ष्य करके वह दुरन्त सम्मोहन-शायक फूलों के धनुष से छूटा, क्षणभर के लिये शिव का हृदय चंचल हो उठा। कभी मर्यादा से विचलित न होने वाला समुद्र जिस प्रकार चन्द्रोदय के समय चंचल हो उठता है उसी प्रकार महादेव का अक्षोभ्य हृदय पार्वती के चन्द्रमुख को देखकर क्षणभर के लिये उच्छ्वसित हो उठा। लेकिन यह स्थिति देर तक नहीं रही। देवता लोग आसमान से शिव के क्रोध-संवरण के लिये कातर प्रार्थना करने लगे, परन्तु जब तक उनकी वाणी वायुमण्डल भेद करने में समर्थ हुई उसके पूर्व ही समाधिनिष्ठ महादेव के नयनाग्नि से कामदेवता कबूतर के समान कर्बुर रंग के भस्म में परिणत हो गया। पार्वती ने अपने शरीर के निसर्ग-ललित रूप को व्यर्थ समझा और तपस्या की तैयारी में लग गई। अकाल वसंत के समूचे आडम्बर को क्षण-भर में भस्म करके कालिदास पार्वती की तपस्या का वर्णन करने में जुट गए। तपस्या प्रकृति का संस्कार है। विकृति को बरबाद करके कालिदास ने संस्कृति का प्रासाद खड़ा किया है। दुरन्त भोगलालसा जीवन की विकृति है, तपः-पूत प्रेमयाचना जीवन की संस्कृति है। एकान्त वैराग्य भी एकान्त प्रेम के समान निष्फल है। फल देने वाला प्रेम केवल तपोवन में ही सम्भव है। 'कुमारसम्भव' का पाँचवाँ सर्ग उसी तपोवन की झाँकी उपस्थित करता है। वह जितना ही शान्त है उतना ही मनोरम। तपोवन कालिदास की कविता का प्रेरणास्रोत है। 'अभिज्ञान शाकुन्तल' तपोवन से आरम्भ होता है और तपोवन में समाप्त होता है। कविवर रवीन्द्रनाथ ठाकुर ने 'अभिज्ञान शाकुन्तल' के तपोवनों के विषय में कहा है—

'अभिज्ञान शाकुन्तल' नाटक में जो दो तपोवन हैं उन्होंने शकुन्तला के सुख-दुःख को विशालता और सम्पूर्णता दी है। उनमें से एक तपोवन पृथ्वी पर है, और दूसरा स्वर्ग लोक की सीमा पर। एक तपोवन में नवयौवना ऋषि-कन्याएँ सहकार-वृक्ष और नवमल्लिका लता के मिलनोत्सव से पुलकित होती हैं, मातृहीन मृगशिशुओं को मूठ-मूठ धान खिलाकर उनका पालन करती हैं, और काँटों से उनका मुँह कट जाने पर इंगुदी का तेल लगाकर शुश्रूषा करती हैं। इस तपोवन में दुष्यन्त-शकुन्तला के प्रेम को सरलता, सौंदर्य और स्वाभाविकता प्रदान करके कवि ने उस प्रेम का स्वर विश्व-संगीत के साथ मिला दिया है।

और अब दूसरा तपोवन देखिए, सन्ध्या के मेघ की तरह किंपुरुष पर्वत पर हेमकूट है, जहाँ देवता-दानवों के गुरु मरीचि, अपनी पत्नी के साथ तपस्या

कर रहे हैं। लता-जाल-जड़ित वह पक्षी-नीड़ों से शोभित अरण्य जटाओं को वहन करता है, योगासन में अचल शिव जैसे पूर्व की ओर देखते हुए ध्यान-मग्न हैं। उपद्रवी तपस्वी बालक सिंह-शिशु के बाल खींचता है और उसे माता के स्तन से अलग करता है। पशु का यह दुःख ऋषि-पत्नी के लिए असह्य हो जाता है। इस तपोवन में शकुन्तला के अपमान और विरह-दुःख को कवि ने एक महान् शान्ति और पवित्रता प्रदान की है।

यह मानना होगा कि पहला तपोवन मर्त्यलोक का है और दूसरा अमृतलोक का। अर्थात्, पहला वह है जैसा 'होता है'। दूसरा वह है जैसा 'होना चाहिए'। इसी 'होना चाहिए' का अनुसरण 'होता है' करता रहता है। इसी दिशा में चलकर वह अपने-आप को संशोधित करता है, पूर्ण करता है। 'होता है' ही सती है, अर्थात् सत्य है, और 'होना चाहिए' शिव है अर्थात् मंगल है। कामना का क्षय करके, तपस्या के बीच सती और शिव का मिलन होता है। शकुन्तला के जीवन में भी 'होता है' तपस्या द्वारा 'होना चाहिए' तक पहुँचता है। दुःख के भीतर होकर मर्त्य अन्त में स्वर्ग की सीमा तक पहुँचता है।

यह जो दूसरा काल्पनिक तपोवन है वह भी मनुष्य की प्रकृति का त्याग करके स्वतन्त्र नहीं हुआ है। स्वर्ग जाते समय युधिष्ठिर अपने श्वान को साथ ले गए थे। प्राचीन भारतीय काव्य में मनुष्य प्रकृति को साथ लेकर स्वर्ग पहुँचता है, प्रकृति से विच्छिन्न होकर अपने-आप बड़ा नहीं बन जाता। मरीचि के तपोवन में मनुष्य की तरह हेमकूट भी तपस्वी है, वहाँ सिंह भी हिंसा त्याग करता है, पेड़-पौधे भी इच्छापूर्वक प्रार्थियों की कमी पूरा करते हैं। मनुष्य अकेला नहीं है, निखिल चराचर को साथ लेकर ही सम्पूर्ण है। इसलिए कल्याण का आविर्भाव तभी होता है जब सबका परस्पर सहयोग हो।

कालिदास ने मनुष्य की परिपूर्णता प्रकृति के साहचर्य में ही देखी है। जहाँ मनुष्य सहजात वृत्तियों के इशारे पर आँख मूँदकर आगे बढ़ने लगता है वहाँ विनाश को निमन्त्रण देता है, परन्तु जहाँ वह तपस्या से अपने को ऐसा बना लेता है कि विश्व चराचर की प्रकृति उसके इशारे पर चलने लगती है तब वह अमृतत्व को निमन्त्रण देता है। कालिदास ने तपोवनों में प्रकृति के इंगतानुयायी रूप का साक्षात्कार किया है। यहाँ प्रकृति तपस्या द्वारा संस्कृत चित्त की अनुवर्तिनी है। कालिदास ने बार-बार प्रकृति के इस रूप को चित्रित किया है। उनके सभी ग्रन्थों में प्रकृति का यह संयत-मोहन रूप अवश्य मिल जाता है।

अलंकरण

कालिदास ने अपने ग्रन्थ में भूषण, आभरण, मण्डन आदि शब्दों का प्रयोग प्रायः समानार्थक रूप में किया है। जब शकुन्तला पतिगृह को जाने लगी तो कण्व ने आश्रम के वृक्षों और लताओं को संबोधन करते हुए कहा था कि, "शकुन्यला पतिगृह को जा रही है, आप सब लोग उसे अनुज्ञा दें। यह वही शकुन्तला है जो आपको जल पिलाए बिना कभी स्वयं जल नहीं पीती थी और आपके प्रथम पुण्योद्‌गम के समय उत्सव रचाया करती थी। यद्यपि वह प्रिय-मण्डना है अर्थात् उसे मण्डन या अलंकार बहुत पसन्द हैं तो भी तुम्हारे ऊपर उसका ऐसा स्नेह था कि अपने शरीर को सजाने के लिए उसने कभी तुम्हारा पल्लव नहीं तोड़ा" (शकुन्तला : ४—६)।

पातुं न प्रथमं व्यवस्यति जलं युष्मास्वपीतेषु या
नादत्ते प्रियमंडनापि भवतां स्नेहेन या पल्लवम्।
आद्ये वः कुसुमप्रसूतिसमये यस्या भवत्युत्सवः
सेयं याति शकुन्तला पतिगृहं सर्वैरनुज्ञायताम्॥ (शकुन्तला०, ४।६)

यहाँ वृक्षों के पल्लवों को मण्डन द्रव्य समझा गया है। इसी प्रकार वल्कल को भी मण्डन कहा गया है। शकुन्तला ने वल्कल धारण किया था फिर भी वह बहुत कमनीय दिखाई दे रही थी। दुष्यन्त ने कहा था कि मधुर आकृतियों के लिए कौनसी वस्तु मण्डन नहीं हो जाती—

इयमधिकमनोज्ञावल्कलेनापि तन्वी।
किमिवहि मधुराणां मंडनं नाकृतीनाम्॥ (शकुन्तला०, १।१६)

यहाँ वल्कल ही मण्डन है। 'कुमारसम्भव' में अप्सराओं के विभ्रमविलास के सहायक रूप में उन द्रव्यों को भी मण्डन कहा गया है जो अङ्गराग और उपलेपन आदि के उपकरण हैं। हिमालय इन मण्डनद्रव्यों का भाण्डार बताया गया है (कुमार० : १-४)।

यश्चाप्सरोविभ्रममण्डनानां संपादयित्रीं शिखरैर्बिभर्ति।
बलाहकच्छेदविभक्तरागामकालसंध्यामिव धातुमत्ताम्॥ (कुमार०, १।४)

ये सभी प्राकृतिक द्रव्य हैं; पल्लव भी, वल्कल भी और हिंगुल, हिंताल, लाक्षारस, गेरू आदि अङ्गराग के उपकरण भी। इससे अनुमान किया जा सकता है कि प्राकृतिक सौन्दर्य-प्रसाधनों को मण्डन कहा गया है। परन्तु कालिदास ने प्राकृतिक द्रव्यों को 'आभरण' भी कहा है। चित्रविचित्र वस्त्रों, नयनों में विभ्रम-विलास उत्पन्न करने वाली मदिरा के साथ पुष्प और किसलय को भी आभरण बताया गया है और उस लाक्षारस और महावर को भी जो लाल-लाल चरणों को और भी अधिक लाल बना देता था। जब शकुन्तला पतिगृह जाने लगी, तो किसी-किसी वृक्ष ने मंगलजनक क्षौम रेशमी वस्त्र दिया था, किसी ने लाक्षारस दिया था और कुछ देवियों ने दूसरे आभरण दिये थे (शकुन्तला : ४-५)। यही जान पड़ता है कि आभरण मांगल्य वस्त्र और लाक्षारस से कुछ भिन्न वस्तु है। 'कुमारसम्भव' में बताया गया है कि पार्वती ने वसंत-पुष्पों का आभरण धारण किया था। इस वसंत-पुष्प के आभरण में पद्मरागमणियों को लज्जित करने वाले अशोक पुष्प, सोने की द्युति को हरण करने वाले कर्णिकार पुष्प और स्वच्छ मोतियों की माला से लगने वाले सिन्दुवार पुष्पों की चर्चा है। इस प्रकार प्राकृतिक मण्डन द्रव्य भी आभरण कहे गए हैं—

अशोकनिर्भर्त्सितपद्मरागमाकृष्टहेमद्युतिकर्णिकारम् ।
मुक्ताकलापीकृतसिन्दुवारं वसन्तपुष्पाभरणं वहन्ती ॥ (कुमार०, ३-५३)

'ऋतुसंहार' में एक स्थान पर 'माल्य' और 'अनुलेपन' शब्द के साथ 'आभरण' शब्द का भी प्रयोग है। इससे अनुमान किया जा सकता है कि 'आभरण' माल्य और अनुलेपन से भिन्न वस्तु है। वर्षाकाल के वर्णन में कवि ने कहा है कि परदेसी लोगों की स्त्रियाँ अपने बिम्बाफल जैसे लाल और नवीन पल्लवों के समान मनोहर अधरों को नील कमल जैसी आँखों से सींचती हुई माल्य, आभरण और अनुलेपन को छोड़ बैठीं—

बिलोचनेन्दीवरवारिबिन्दुभिर्निषिक्तबिम्बाधरचारुपल्लवाः ।
निरस्तमाल्याभरणानुलेपनाः स्थिता निराशाः प्रमदाः प्रवासिनाम् ॥

(ऋतु०, २-१२)

ऐसा लगता है कि यहाँ 'आभरण' विशिष्ट अर्थ में प्रयुक्त हुआ है। परन्तु, साधारणतः 'आभरण' और 'मण्डन' शब्दों का प्रयोग एक-दूसरे के अर्थ में किया गया जान पड़ता है। 'मण्डन' का प्रयोग प्राकृतिक उपादान जैसे पुष्प,

पल्लव, वल्कल, मृणालवलय और अंगराग जैसे चन्दन, कुंकुम, गोरोचना, कस्तूरी, अलक्तक आदि के लिए किया गया है और आभरण का प्रयोग दोनों के लिये किया गया है। 'कुमारसम्भव' में एक स्थान पर कहा गया है कि विवाह के समय पार्वती को जब 'आभरण' पहनाया गया तो वह उसी प्रकार खिल उठीं जैसे फूलों के आने पर लताएँ, तारों के निकलने पर रात्रि और रंगबिरंगे पक्षियों के आने से नदी खिल उठती है—

सा संभवद्भिः कुसुमैर्लतेव ज्योतिर्भिरुद्यद्भिरिव त्रियामा ।
सरिद्विहंगैरिव लीयमानैरामुच्यमानाभरणां चकासे ।। (कुमार०, ७।२१)

यहाँ पार्वती के जिन आभरणों की चर्चा की गई है, उसमें दूर्वाप्रवाल, कौशेयवस्त्र, लोध्ररेणु, दूब में पिरोए हुई महुए के फूलों की माला, अगुर का अंगराग, लाल गोरोचना, कानों पर झूलने वाले यवांकुर, काजल आदि वस्तुओं की चर्चा है। कालिदास के ग्रन्थों से यह भी पता चलता है कि उन दिनों अनेक प्रकार के मण्डल द्रव्यों से शरीर की शोभा को निखार देने वाली प्रसाधिकाएँ हुआ करती थीं, जो कदाचित् पेशेवर होती थीं। पार्वतीजी की आँखें पहले से ही नीलकमल के समान काली-काली थीं, उनमें कालाञ्जन या काजल लगाना ज़रूरी नहीं था, फिर भी प्रसाधिकाओं ने यह समझकर काजल लगा ही दिया कि वैसा करना मंगलजनक है—

तस्याः सुजातोत्पलपत्रकान्ते प्रसाधिकाभिर्नयने निरीक्ष्य ।
न चक्षुषोः कान्तिविशेषबुद्धया कालाञ्जनं मङ्गलमित्युपात्तम् ।।
(कुमार०, ७।२०)

अज की बारात देखने के लिये विदर्भ की सुन्दरियों में जो हड़बड़ी मची, तो एक स्त्री अपनी प्रसाधिका से पैरों में महावर लगवा रही थी। जल्दी-जल्दी में उसने पैर खींच लिया और झरोखे की ओर दौड़ पड़ी। नतीजा यह हुआ कि झरोखे तक लाल पैरों की पंक्ति-सी बन गई—

प्रसाधिकालम्बितमग्रपादमाक्षिप्य काचिद्द्रवरागमेव
उत्सृष्टलीलागतिरागवाक्षादलक्तकाङ्कां पदवीं ततान ।। (रघु०,७-७)

यहाँ भी प्रसाधिका की चर्चा है। 'रघुवंश' के सत्रहवें सर्ग (१७-२२) में पुरुष प्रसाधकों की भी चर्चा आई है। अन्यत्र भी कालिदास ने प्रसाधनकला की चर्चा की है।

लेकिन, भूषण, आभूषण और अलंकार आदि शब्दों का प्रयोग प्रायः सुवर्ण, रत्न या मणि आदि से बने हुए अलंकारों के लिये किया गया है। कालिदास ने इन अलंकारों का वर्णन बड़े प्रेम से किया है।

सहज शोभा को निखारने वाले अलंकरण और प्रसाधन ही कालिदास को प्रिय हैं। प्राचीन भारत में (१) रत्न (२) हेम (३) वस्त्र (४) माल्य (५) मण्डन (६) द्रव्ययोजन और (७) इनके मिलित रूप, इन सात श्रेणियों के अलंकारों की चर्चा की गई है (सहृदय-हृदय लीला)। कालिदास मूल्यवान मणियों और सोने के अलंकारों की उपेक्षा तो नहीं करते, किन्तु मोटे, भद्दे और केवल तड़क-भड़क के लिये पहने जाने वाले अलंकारों को निश्चित रूप से पसंद नहीं करते। पुष्प, किसलय, मृणालसूत्र, लाक्षारस, परागचूर्ण, यवांकुर आदि को उन्होंने बहु मान दिया है। प्रकृति से गृहीत विभिन्न रंगों के पुष्प-पल्लव आदि आभरणों का प्रयोग रूप निखारने में उन्हें अधिक सहायक जान पड़ा है। जहाँ अलंकार ही प्रधान हो जाए और अलंकार्य उसके बोझ से दब जाए वहाँ उनका मन नहीं रमता। अलंकार शोभा को निखारने के साधन हैं। वे स्वयं अपने-आप में महत्त्वपूर्ण नहीं होते। जो बात सबसे अधिक ध्यान देने योग्य है वह यह है कि शरीर की शोभा को निखारने वाले आभूषणों के प्रसंग में उनकी दृष्टि सदा रंगों के सामञ्जस्य-विधान पर रही है। काले केशों की जूड़ा या धम्मिल को बाँधने के लिए सफेद मालती पुष्पों की माला का व्यवहार उन्हें रुचिकर जान पड़ता है। पर यही काले केश जब गोरे-गोरे कपोलों के पास झूलते हों तो फिर लाल-लाल अशोक फूलों की योजना उन्हें अधिक भाती है (चलेषू-नीलेष्वलकेषु अशोकः)। यहाँ गोरे कपोलों के ऊपर चंचल काले केश में लटकते हुए अशोक के फूल की योजना है, जो नील अलकों की गति और गोरे कपोलों की स्थिति के भीतर सेतु-निर्माण का काम करता है। अगर केश बँधे हों, तो आगण्डबिलम्बिकेशर, शिरीष पुष्प अपनी हरी और सुनहरी आभा के कारण अधिक रुचिकर दीखते हैं। कभी-कभी कानों में नवीन कर्णिकार के सुनहरे फूलों की योजना की गई है। केवल रंग ही नहीं आकृति, स्पर्श, गन्ध और स्थापन भंगिमा भी एक-दूसरे के साथ सामंजस्य विधान में रखे गए हैं। परन्तु यह समझना बड़ी भारी भूल होगी कि केवल बाह्य पदार्थ को ही चित्रित करने में कालिदास श्रम करते हैं। उनके काव्य के प्रसाधन-विधान को केवल अर्थ की दृष्टि से देखने से उसकी शोभा बहुत कम हो जाती है। वस्तुतः शब्दावली और छन्दोविधान से वे अर्थगत शोभा को अत्यधिक शक्तिशाली और आकर्षक

बना देते हैं। शकुन्तला के वक्षस्थलों पर शोभने वाले मृणालसूत्रों का सौन्दर्य आधे से कम हो जायेगा यदि उसे कालिदास के शब्दों में उसी छन्दोभंगिमा के साथ न कहा जाये। इन मृणालसूत्रों को उन्होंने 'शरत्चन्द्रमरीचिकोमलम्' कहा है अर्थात् ये मृणालसूत्र शरतकालीन चन्द्रमा की किरणों के समान कोमल थे। थे कि नहीं यह तो कहना बड़ा कठिन है, किन्तु कालिदास की शब्दावली ने ऐसा मोहक वातावरण उत्पन्न किया है, कि आगण्डविलम्बिकेशर, शिरीष पुष्प और शरतचन्द्रमरीचिकोमल मृणालसूत्र अपने अर्थ से कहीं अधिक की सूचना दे जाते हैं।

आभूषणों में सोना का प्रयोग सबसे अधिक होता है। मणि-मुक्ता आदि सोने का आश्रय लेकर ही अलंकरण बन सकते हैं। सबसे मुख्य रत्न हीरा है। कालिदास इसकी महिमा जानते हैं। परन्तु उसका वर्णन कम ही करते हैं। राजाओं के किरीट में या अंगद आदि आभूषणों में वह जगमगाता जरूर बताया गया है। वस्तुतः यह समृद्धि और प्रभुता का ही सूचक है। परन्तु कालिदास का अधिक प्रिय रत्न है मुक्ता या मोती। सुन्दरियों के उभरे हुए वक्षस्थलों पर कम्पमान मुक्तदान उन्हें बहुत प्रिय जान पड़ता है। सौन्दर्य के मोहक लोक के निर्माण में हेमसूत्रों में ग्रथित मोतियों की माला उन्हें बहुत उपयोगी जान पड़ी है। कौटिल्य के 'अर्थशास्त्र' को देखने से पता चलता है कि मोतियों के अनेक प्रकार के आभरण बनते थे। इन्द्रच्छद में १००८, विजयच्छद में ५०४, देवच्छद में १००, अर्धार में ६४, रश्मिकलाप में ५४, गुच्छक में ३२, नक्षत्र-माल में २७, अर्धगुच्छक में २४, माणवक में २० और अर्धमाणवक में १०, मोती हुआ करते थे। जो केवल समृद्धि के विज्ञापन पात्र हों उन पर उनकी सुरुचिपूर्ण दृष्टि टिक भी कैसे सकती थी। वे सूत्र में पिरोए हुए हारों की चर्चा करते हैं या फिर मणिमुक्ता की हारयष्टि या चित्रकारों की शोभा पर प्रसन्न होते हैं या फिर मणिमुक्ता की माला रत्नावली पर मुग्ध होते हैं। कालिदास को पतली या हिलती रहने वाली यष्टि (लड़ी) अधिक पसन्द है; इतनी चंचल कि वक्षस्थल के चन्दन को पोंछ डालती हो (विलोलयष्टिप्रविलुप्तचन्दनम् कुमार० : ५-८)। अनुमान किया जा सकता है कि कलाप, नक्षत्र मालिका, और गुच्छक जैसे हारों में उनकी अधिक रुचि होगी। 'कुमारसम्भव' में सिन्दुवार पुष्पों की माला को मुक्ताकलाप के समान बताया भी गया है। यह अपने हलकेपन के कारण सदा हिलते रहते होंगे और कालिदास की अलंकार-योजना में चंचलता का गुण अवश्य होना चाहिए।

मणियों से लाल-लाल पदम्राग मणि उन्हें बहुत प्रिय जान पड़ती है। फिर तृणांकुर के समान वैदूर्य, नीले रंग का इन्द्रनील, हरे रंग की मरकत मणि, सुन्दरियों के अधरों से स्पर्धा करने वाले विद्रुम, सूर्य की किरणों से समृद्ध पुष्प-राग मणि, लाल मूंगे या प्रवाल, स्वच्छ स्फटिक, सूर्यकान्त और चन्द्रकान्त मणियों की चर्चा वे प्रायः करते हैं। कालिदास इन मणियों की तुलना प्राकृतिक पदार्थों से और प्राकृतिक पदार्थों की तुलना इन मणियों से प्रायः किया करते हैं। वैसे तो शास्त्रकार प्रशस्त मणियों के अनेक गुण बताते हैं, उदाहरणार्थ उनका सुवृत्त या गोल होना, तीव्र रंग का होना, निर्मल, स्निग्ध और भारी होना यथा अर्चिष्मान् (किरण-युक्त), अन्तर्गत-प्रभ (भीतर प्रभावाली), और प्रभानुलेपी (दूसरे को चमकाने वाली) होना अच्छा माना जाता था; पर कालिदास अंतिम तीन गुणों की ही चर्चा अधिक करते हैं।

कालिदास का प्रिय धातु हेम या सोना है। इसके कई नाम उनके ग्रन्थों में आए हैं। हेम, सुवर्ण, कनक, शातकुंभ, जातरूप, स्वर्ण, हिरण्य, काञ्चन आदि। शास्त्रकारों ने इनमें से कई के भिन्न-भिन्न पारिभाषिक अर्थ बताए हैं। परन्तु अमर कोष काल में ये सभी समानार्थक मान लिए गए थे। कौटिल्य ने जाम्बूनद (जम्बू नामक नदी से उत्पन्न), शातकुंभ (शतकुंभ पर्वत से प्राप्त), हाटक (खान से प्राप्त), वैणव (वेणु पर्वत से प्राप्त), शृङ्ग शुक्तिज (सींग या शुक्ति से प्राप्त) जातरूप (जातरूप पर्वत से उत्पन्न शुद्ध सोना), रसविद्ध विभिन्न रसों (पारद आदि) और उपरसों (माक्षिक आदि) से मिले हुओं और आकरोद्गत (खान से प्राप्त) सोनों की चर्चा की है। सभी की शुद्धता समान नहीं होती। अनेक प्रकार की प्रक्रियाओं से इन्हें शुद्ध किया जाता है। सबसे उत्तम सोने को षोडश वर्णक (सोलहबानी) कहते हैं। खाद की मात्रा इसमें प्रायः नहीं होती। खाद की अधिकता के अनुसार एक बान, दो बान, तीन बान···सोलह बान तक का सोना कौटिल्य के समय में शुद्ध किया जाता था। ईरान में दस बान में शुद्ध सोना बनाया जाता था, उसे 'दह दही' कहते थे। इसीसे हिंदी का 'डह डही' शब्द बना है, बाद में पठान काल में बारहबान की शुद्धि होने लगी थी। जायसी ने इसी को 'कनक दुबादस बारह बानी' कहा है। जायसी पुरानी परंपरा के सोलह बानी सोने की भी चर्चा करते हैं। मध्यकाल के सोने के इन दो परि-निष्ठित रूपों के संबंध में डॉ० वासुदेवशरणजी अग्रवाल ने 'जर्नल ऑफ़ न्यूमेस्मेटिक सोसायटी' (१६वाँ जिल्द, भाग २) में विस्तारपूर्वक लिखा है। लेकिन सोलह बान की परंपरा बहुत पुरानी है। कम-से-कम वह कौटिल्य काल

की तो है ही। परन्तु जब कालिदास सुवर्ण के अनेक नामों का प्रयोग करते हैं, तो प्रायः सामान्य सोने के अर्थ में करते हैं। परन्तु गहना बनाने के लिये, चमक लाने और स्थिरता के लिये अनेक क्रियाओं का प्रयोग किया जाता था। चाँदी भी मिलाई जाती थी और ताँबा भी। कौटिल्य ने सोना चुरानेवालों की अनेक धूर्तताओं के प्रसंग में एक 'हेमापसारण' विधि की भी चर्चा की है (२. १४-१४)। उससे पता चलता है कि सोने में कुछ तांबा मिलाने से जो चमकदार सोना बनता था, उसे 'हेमन्' कहा जाता था। कालिदास जब 'हेमन्' शब्द का प्रयोग करते हैं, तो इस खादवाले सोने की ही शायद चर्चा करते हैं। उन्होंने रघुवंश में कहा है कि आग में तपाने के बाद ही पता चलता है कि हेम में कितनी विशुद्धि है और कितनी श्यामिका (खाद) है। कालिदास 'स्वर्ण' या 'जातरूप' की अपेक्षा 'हेम' के अलंकारों की अधिक चर्चा करते हैं। 'कांचन' भी अनिश्चित मात्रा में खाद मिलाए हुए सोने को कहा जाता होगा; दीप्ति के कारण ही इसे काञ्चन कहते थे। इसकी व्युत्पत्ति 'काचि दीप्तौ' धातु से बताई जाती है।

अक्षशालाओं में सोने के तीन प्रकार के कर्मों का उल्लेख मिलता है—क्षेपण अर्थात् मणियों या कांच आदि के जड़ने का काम, गुण-कर्म अर्थात् स्वर्ण की कड़ियों को जोड़कर या पीटकर सूत्र बनाना, और क्षुद्रक अर्थात् घन (ठोस) या छिद्र-युक्त (सुषिर) गुरियों का गढ़ना (कौटिल्य २-१४)। गुण कर्म से ही सोने का गुण या सूत्र बनता है, जिसका कालिदास ने बहुशः कर्णन किया है। गुण शब्द का अर्थ योजना या जोड़ना है। एक-में-एक कड़ियों को जोड़कर जो लर बनती होगी, वही प्रारम्भ में गुण कहलाती होगी, जो बाद में सूत्र के अर्थ में सामान्य रूप से रूढ़ हो गई।

क्षेपण, गुण और क्षद्रक विधियों के द्वारा हेम और रत्न के सैकड़ों आभूषण बनने लगे। राजानक रुय्यक के अनुसार (१) आवेध्य, (२) निबन्धनीय, (३) प्रक्षेप्य, और (४) आरोप्य। इन गहनों की चार मोटी जातियाँ हैं—ताटंक, कुंडल आदि अलंकार शरीर के अंगों को बेधकर या छेदकर पहने जाते हैं, इसीलिये ये आवेध्य कहे जाते हैं। कालिदास ने कर्णभूषण,[1] कर्णपूर,[2] कुण्डल,

---

१-२ कश्चिद्यथाभागमवस्थितेऽपि स्वसन्निवेशाद्व्यतिलङ्घिनीव।
वज्रांशुगर्भाङ्गुलिरन्ध्रमेकं व्यापारयामास करं किरीटे॥ (रघु०, ६-१९)

मणिकुण्डल[1] आदि आवेध्य अलंकारों का वर्णन किया है। जब कानों में प्राकृतिक प्रसाधन का प्रसंग आता है तो कालिदास उसका उल्लेख प्रायः निबन्धनीय के रूप में करते हैं। शकुन्तला के चित्र में कुछ कमी महसूस करने के बाद दुष्यन्त ने आगण्डविलम्बित केसर के शिरीष पुष्प को 'कर्णार्पितबन्धन' बताया था, अर्थात् उसे कान में बाँधा हुआ कहा था, छेद कर पहना हुआ नहीं। ऋतुसंहार में जहाँ कानों में पहने हुए पुष्पों की चर्चा आई है, वहाँ 'दत्तम्' (दिया हुआ) कहा है (कर्णेषु दत्तं नव कर्णिकारम्)। जिससे अनुमान किया जा सकता है कि ये सूते में गूँथकर ऊपर से डाल दिये जाते थे। तपोनिरता पार्वती के कपोल-स्थल, जिसपर कान पर लटकने वाले उत्पल पत्र चिरकाल से नहीं दिखाई दे रहे थे और धान की पकी बालों के समान पिंगल वर्ण की जटाएँ झूल रही थीं, यह देखकर ब्रह्मचारी बेशधारी शिव को बड़ा कष्ट हुआ था। हाय, वह हृदयहीन प्रेमी कौन होगा जो मोहन रूप की इस दुर्गति को बर्दाश्त करके स्थिर बैठा हुआ है—

अहो स्थिरः कोऽपि तवेप्सितो युवा चिराय कार्णोत्पलशून्यतां गते।
उपेक्षते यः श्लथलंबिनीर्जटाः कपोलदेशे कलमाग्रपिंगलाः॥

(कुमार० ५-४७)

अंगद (बाहुमूल में पहना जाने वाला अलंकार), श्रोणी-सूत्र (करधनी), मणिमेखला, चूड़ामणि, शिखा-दृढ़िका, आदि अलंकार बाँधकर पहने जाते हैं, इसलिये निबन्धनीय कहलाते हैं। कालिदास ने अंगद की चर्चा प्रायः वलय के साथ की है (प्रयान्ति अङ्गं वलयाङ्गदानि। ऋतु० ४-३) (भुजेषु सङ्गं वलयाङ्गदानि। ऋतु० ६-७)। इससे जान पड़ता है कि अंगद बाहुमूल में उसी प्रकार पहना जाता था जिस प्रकार कलाई में कंकण-वलय। यदि यह अनुमान ठीक हो तो अंगद निबन्धनीय न होकर प्रक्षेप्य अलंकार माना जाएगा। अंगद कुछ इस प्रकार के पेंच से कसा जाता था कि वह भुजभूल को कसके जकड़ लेता था। यह पुरुष और स्त्री दोनों का परिधेय था। कलिंगनाथ को 'अंगदाश्लिष्टभुज' कहा गया है। एक विलासी राजा का हार कंधे से जो सरका तो कसे हुए अंगद के किनारे अटक गया (रत्नानुविद्धाङ्गदकोटिलग्नम् रघु० ६-१४)। इसमें

---

१ ताडिल्लता शक्रधनुर्विभूषिताः पयोधरास्तोयभरावलम्बिनः।
स्त्रियश्च कांचीमणिकुण्डलोज्ज्वला हरन्ति चेतो युगपत्प्रवासिनाम्॥

(ऋतु०, २-२०)

मणि जड़ी होती थी। साधारणतः केयूर और अंगद एक ही गहने माने जाते हैं। अमरकोष में ऐसा ही बताया गया है। पर कालिदास ने केयूर को स्पष्ट रूप से निबन्धनीय अलंकार माना है (केयूर बन्धोच्छ्वसितैर्नुनोद। रघु० ६-६८)। 'अंगद' शब्द में ही अंग के अवपीड़न या कसकर पकड़ने की ध्वनि है।

श्रोणी-सूत्र, श्रोणी-दाम या जघन-काञ्ची अर्थात् कटि में पहने जाने वाली और पीछे की ओर झूलती हुई करधनी कालिदास का बहुत ही प्रिय अलंकार है। ऋतुसंहार में इसे 'हेममेखला' (१-६), 'मेखला' (१-४), 'कांची' (२-२०), 'रसना' (३-२०), 'कनककांची' (३-२६), कांची-गुण' (४-४), 'जघन-कांची' (६-७) 'हेमरसना' (६-२४) आदि कहकर बार-बार स्मरण किया गया है। इसमें मणि भी जड़ी जाती थी जिसके कारण 'मणि-मेखला' (६-२४) और 'कांचन-रत्न-चित्रा' (४-४) भी कहा गया है। उस काल के शिल्प में इस अलंकार का भूरिशः प्रयोग मिलता है।

विक्रमोर्वशीय में चूड़ामणि अर्थात् चूड़ा में धारण किए जाने वाले मणिमय अलंकार की चर्चा है। मेघदूत में सिर में पहने जाने वाले रत्न-जाल (उ० मे०-६६) और मुक्ता-जाल (उ० मे० ९) का उल्लेख है जो निबन्धनीय अलंकार है। रघुवंश में तिलक की मंजरी पर भौंरों के बैठने और ओस की बूंद के पड़ने से जो शोभा उत्पन्न होती है उसे सुन्दरियों के केश-पाश में बँधे हुए मौक्तिकजाल से तुलनीय बताया गया है[1]। पर कालिदास केश-रचना में पुष्प-पल्लवों को अधिक महत्त्व देते हैं। नील अलकों में शोभमान अशोक पुष्प[2], धम्मिल्ल या जूड़े को घेरकर शोभित होने वाली मालती-माला, चम्पक कुसुम, कदंब पुष्प आदि[3] को अधिक रुचि से चित्रित करते हैं।

उर्मिका, कटक, मंजीर (नूपुर) आदि अलंकार अंग में प्रक्षिप्त होते हैं। इसलिए प्रक्षेप्य कहलाते हैं। इनमें मंजीर या नूपुर कालिदास का प्रिय गहना है। कालिदास ने प्रायः पैर में रुन-झुन करने वाले नूपुरों को 'हंस-रुतानुकारी' अर्थात्

---

१ उपचितावयवा शुचिभिः कणैः अलिकदम्बकयोगमुपेयुषी।
सदृशकान्तिरलक्ष्यत मंजरी तिलकजालकजालकमौक्तिकैः ॥ (रघु० ९-४४)

२ कर्णेषु योग्यं नव-कर्णिकारं चलेषु नीलेष्वलकेष्वशोकम्।
पुष्पं च फुल्लं नवमल्लिकायाः प्रयान्ति कान्तिं प्रमदाजनानाम् ॥ (ऋतु० ६-६)

३ मालाः कदम्बनवकेसरकेतकीभिरायोजिताः शिरसि बिभ्रति योषितोऽद्य।
कर्णान्तरेषु ककुभद्रुममंजरीभिरिच्छानुकूलरचितानवतंसकांश्च ॥ (ऋतु० २-२१)

हंस की ध्वनि का अनुकरण करने वाला कहा है[1]। इसी मधुर ध्वनि के कारण इसे कलनूपुर (रघु० १६-१२), ऋतु० (३-२०) आदि कहा गया है। हाथ या पैर के कटक (कड़े) कालिदास को कम आकृष्ट कर सके हैं पर वलय (कंकण) उन्हें अधिक प्रिय हैं। पुरुषों के कनक-वलय की चर्चा उन्होंने की है[2]। अंगुलीय, अंगूलीयक (अँगूठी) की भी बहुत चर्चा है। अँगूठी में पहनने वाले के नामाक्षर भी अंकित रहते थे। दुष्यन्त की अँगूठी में उसका नाम खुदा हुआ था।

झूमती हुई हेम-माला, हेम-हार, रत्न-हार, नक्षत्र-मालिका आदि अलंकार आरोपित किए जाने के कारण 'आरोप्य' कहलाते हैं। हार कालिदास का सर्व-प्रिय अलंकार है। भारी हारों को वे बहुत पसन्द नहीं करते। हलके, कान्तिमान् और स्निग्ध हार उन्हें प्रिय हैं। हेम और मुक्ताहार के सर्वोत्तम उपादान हैं। स्त्रीसौंदर्य को सर्वाधिक आकर्षक बनाने वाले अंग का अलंकार होने के कारण यह कालिदास को इतना प्रिय है कि हार की चर्चा आते ही कालिदास उभरे हुए वृक्षस्थलों की चर्चा करते हैं[3]। हार-यष्टि और श्रोणी-सूत्र नव-यौवन के सर्वाधिक आकर्षक धर्म 'वपुर्विभिन्न' के अलंकारक, उद्दीपक और मोहक बनाने के कारण कालिदास को बहुत प्रिय हैं।

'अंशुक' शब्द का प्रयोग वस्त्र के सामान्य अर्थ में होता है। कभी-कभी कालिदास आंचल के अर्थ में भी इसका प्रयोग करते हैं। राजानक रुय्यक वस्त्रों के चार भेद बताते हैं : (१) कुछ छाल से बनते हैं (२) कुछ कपास की रुई से

---

१ निशासु भास्वत्कलनूपुराणां यः संचरोऽभूदभिसारिकाणाम् ।
नदन्मुखोल्काविचितामिषाभिः स वाह्यते राजपथः शिवाभिः ॥ (रघु०१६-१२)
हारैः सचन्दनरसैः स्तनमण्डलानि श्रोणीतटं सुविपुलं रसनाकलापैः ।
पादाम्बुजानि कलनूपुरशेखरैश्च नार्यः प्रहृष्टमनसोऽद्यविभूषयन्ति ॥
(ऋतु० ३-२०)

२ विस्रस्तमंसादपरो विलासी रत्नानुविद्धाङ्गदकोटिलग्नम् ।
प्रालम्बमुत्कृष्य यथावकाशं निनाय साचीकृतचारुवक्त्रः ॥ (रघु० ६-१४)

३ आलम्बिहेमरसनास्तनसक्तहाराः
कन्दर्प-दर्पशिथिलीकृतगात्र-यष्ट्यः ।
मासे मधौ मधुरकोकिलभृङ्गनादै—
र्नार्यो हरन्ति हृदयं प्रसभं नराणाम् ॥ (ऋतु० ६-२६)
दधति वरकुचाग्रैरुन्नतैर्हारयष्टिं प्रतनुसितदुकूलान्यायतैः श्रोणिबिम्बैः ।
नवजलकणसेकादुद्गतां रोमराजिं ललितवलिविभङ्गैर्मध्यदेशैश्च नार्यः ॥
(ऋतु० ६-२६)

(३) कुछ कीड़ों से, (४) कुछ जीव-जन्तु के रोओं या ऊन से। इन्हें क्रमशः क्षौम, कार्पास, कौशेय और रांकव कहते हैं। 'क्षौम' क्षुमा या तीसी के छाल से बनता था और चन्द्रमा के समान पाण्डुर वर्ण का होता था।[1] अन्य वृक्षों की छाल से भी सुन्दर महीन वस्त्र बनते थे। नागवृक्ष (नागफली), वकुच (वड़हर), वकुल (मौलिसिरी), और वट (बरगद) की बनी हुई क्रमशः पीले, गेंहुए, सफेद और नवनीत (मक्खन) के रंग की पत्रोर्णाओं की चर्चा कौटिल्य ने की है। पत्रोर्ण (पत्ते का ऊन) निश्चय ही बहुमूल्य वस्त्र था। मालविका पटरानी होने योग्य थी, पर उससे दासी का काम लिया जाता था। राजा ने दुःख के साथ कहा था, कि यह ऐसा ही है जैसे कोई पत्रोर्णा से देह पोंछने के गमछे का काम ले।[2] कौशेय रेशम बनाने वाले कीड़ों के कोष (कोए) से बनता है। कालिदास को कौशेय वस्त्र भी प्रिय है। हेमन्त-काल में रंगीन कौशेय वस्त्र स्त्रियों की साड़ी के काम आते थे, (सरागकौशेयविभूषितो यः)। रांकव या ऊन के वस्त्र कालिदास की दृष्टि आकृष्ट कर सके हैं। कार्पास या रुई के कपड़े भी तो प्रसिद्ध ही हैं। कौटिल्य के समय में वंग देश में वांगक दुकूल श्वेत स्निग्ध होते थे, पौण्ड्र (उत्तरी बंगाल) के श्याम और मणि-पृष्ठ के समान चिकने होते थे, सौवर्ण-कुड्यक नाम के दुकूल लाल बनते थे। ये सभी ऊन के या रेशम के हुआ करते थे। काशिक या बनारसी रेशमी दुकूल भी बहुत प्रसिद्ध थे। काशिक और पौण्ड्रक क्षौम वस्त्र भी बहुत सुन्दर माने जाते थे। कालिदास चीन के बने रेशमी वस्त्र (चीनांशुक) की भी चर्चा करते हैं।[3]

इन सभी वस्त्रों से परिधेय वस्त्र तीन प्रकार के बनते हैं, हेमालंकारों में कुछ अलंकार जैसे आवेध्य या अंग छेदकर पहनने योग्य होते हैं, वैसे वस्त्रों में नहीं होते। बाकी तीन प्रकार अर्थात् निबन्धनीय, प्रक्षेप्य और आरोप्य जाति के पहनावे वस्त्रों के भी होते हैं।

---

१ क्षौमं केनचिदिन्दुपाण्डु तरुणा माङ्गल्यमाविष्कृतम्।
निष्ठ्यूतश्चरणोपभोगसुभगो लाक्षारसः केनचित्,
अन्येभ्यो वनदेवताकरतलैरापर्वभागोत्थितै-
र्दत्तान्याभरणानि तत्किसलयोद्भेदप्रतिद्वंदिभिः॥ (शाकु० ४-५)

२ प्रेष्यभावेन नामेयं देवीशब्दक्षमा सती।
स्नानीयवस्त्रक्रियया पत्रोर्णेवोपभुज्यते॥ (माल० ५-१२)

३ गच्छति पुरः शरीरं धावति पश्चादसंस्तुतं चेतः।
चीनांशुकमिव केतोः प्रतिवातं नीयमानस्य॥ (शाकुन्तल० १-३२)

पगड़ी साड़ी आदि निबन्धनीय हैं। ये बाँधकर पहने जाते हैं। कालिदास में पुरुषों के वेश में वेष्टन या उष्णीष (पगड़ी) औद दुकूल-युग्म (दो दुकूलों) का उल्लेख मिलता है। दिलीप जब वन को जा रहे थे तो उन्होंने सिर पर वेष्टन या पगड़ी बाँध ली थी।[1] और उनके पुत्र रघु जब अपने पुत्र को राज्य देकर जाने लगे तो वेष्टन-शोभी सिर से पुत्र (अज) ने झुककर प्रणाम किया था।[2] दो दुकूल पुरुष के पहनावे में होते थे।[3] इनमें से एक तो उत्तरीय या चादर था जो कभी-कभी रत्न-ग्रथित भी होता था।[4] और दूसरा अधोवस्त्र या धौत-वस्त्र (धोती)। परन्तु कालिदास ने स्पष्ट रूप से इसका कोई नाम नहीं लिया है। उस काल के चित्रों में राजा के अंग पर केवल ये ही दो वस्त्र दिखाई देते हैं। स्त्रियों के पहनावे में दुकूल की बहुत भाँतियाँ कालिदास ने बताई हैं। कालिदास को झीने-महीन दुकूल अधिक रुचिकर लगते हैं। उभरे पीन वक्षःस्थल, सलीके के साथ, सुकुमार भाव से ओढ़े हुए तन्वंशुक अर्थात् महीन वस्त्र के आंचल[5], श्रोणी बिंब पर अलस-विलसित दुकूल प्रान्त[6] उनकी दृष्टि अधिक आकर्षित कर सके हैं। ये सित या श्वेत भी हो सकते हैं, कुंकुम के समान पीली गोराई लिये भी हो सकते हैं (तन्वंशुकैः कुंकुमरागगौरैः ६-५), कुसुम्भी रंग के भी हो सकते

---

१ पवनस्यानुकूलत्वात्प्रार्थनासिद्धिशंसिनः।
रजोभिस्तुरगोत्कीर्णैरस्पष्टालकवेष्टनौ ॥ (रघु० १-४२)

२ तमरण्यसमाश्रयोन्मुखं शिरसा वेष्टनशोभिना सुतः।
पितरं प्रणिपत्य पादयोरपरित्यागमयाचतात्मनः ॥ (रघु० ८-१२)

३ नवे दुकूले च नगोपनीतं प्रत्यग्रहीत् सर्वममंत्रवर्जम् ॥ (कुमार० ७-७२)

४ अथास्य रत्नग्रथितोत्तरीयमेकान्तपाण्डुस्तनलम्बिहारम्।
निःश्वासहार्यांशुकमाजगाम धर्मः प्रियावेशमिवोपदेष्टुम् ॥ (रघु० १६-४३)

५ समुद्गतश्वेदसिताङ्गसंधयो विमुच्य वासांसि गुरूणि साम्प्रतम्।
स्तनेषु तन्वंशुकमुन्नतस्तना निवेशयन्ति प्रमदा सयौवनाः ॥ (ऋतु० १-७)

६ दधति वरकुचाग्रैरुन्नतैर्हारयष्टिं प्रतनुसितदुकूलान्यायतैःश्रोणिबिम्बैः।
नवजलकणसेकादुद्गतां रोमराजिं ललितवलिविभङ्गैर्मध्यदेशैश्च नार्यः ॥
(ऋतु० २-२६)

न बाहुयुग्मेषु विलासिनीनां प्रयान्ति सङ्गं वलयाङ्गदानि।
नितम्बबिंबेषु नवं दुकूलं तन्वंशुकं पीनपयोधरेषु ॥ (ऋतु० ४-३)

है,[1] लाख के रंग के रँगे हुए लाल-लाल,[2] और चित्र-विचित्र भी हो सकते हैं।[3] पर कालिदास उनका बहुत भारी-भरकम होना पसन्द नहीं करते। जाड़े के दिनों में 'गुरुणि-वासांसि' आवश्यक थे, पर कालिदास प्रायः उनकी चर्चा तभी करते जब वे शरीर पर से उतारकर फेंक दिए जाते हैं।[4] हेमन्त वर्णन के प्रसंग में एक बार उन्होंने खिड़की-दरवाजा बन्द करके मोटे-मोटे कपड़े पहनने वालों की चर्चा कर अवश्य दी है पर ये पुरुष हैं। उनके शरीर पर मोटा कपड़ा कालिदास बर्दाश्त कर सकते हैं। सुकुमार शरीर पर तो वे कालिदास के बर्दाश्त के बाहर हैं। यहाँ भी उन्होंने स्त्रियों को मोटे लबादे में नहीं देखा। उनका सयौवना होना ही पर्याप्त है। इससे अधिक गरम वस्त्र और कौन-सा हो सकता है—

निरुद्धवातायनमंदिरोदरं हुताशनो भानुमतो गभस्तयः।
गुरूणिवासांस्यबलाः सयौवनाः प्रयान्ति कालेऽत्र जनस्य सेव्यताम्॥

'आवश्यकताओं की मार से अभिभूत कर देनेवाला काव्य कल्प-लोक नहीं बना सकता। अधोंशुक या परिधान साड़ी का पूर्व रूप है। यह निबन्धनीय वस्त्र नीचे की ओर पहना जाता था। उत्तरीय या ऊपर के दुकूल की अपेक्षा यह कदाचित् छोटा होता था। इसलिये इसे उपसंव्यान (अमर ६-११७) और उत्तरीय दुकूल को संव्यान कहते थे। 'संव्यान' अर्थात् आवरण और उपसंव्यान अर्थात् छोटा आवरण। उतरीय दुकूल को 'वृहतिका' (बड़ा आवरण) (अमर० ६-११७) कहना भी इसी तथ्य की ओर इंगित करता है। इस अधोवस्त्र या परिधान को सूत्र से बाँधते थे। शिवजी जब वर-वेश में नगर में पहुँचे तो स्त्रियों में देखने की उत्सुकता बढ़ गई थी। उतावली में एक के परिधान का सूत्र टूट गया, पर वह नीवी बाँधे बिना ही दौड़ पड़ी (प्रस्थानभिन्नां न बबन्ध नीवीं)। ठीक यही

---

१ कुसुम्भरागारुणितैर्दुकूलैर्नितम्बबिम्बानि विलासिनीनाम्।
तन्वंशुकैः कुंकुमरागगौरैरलंक्रियन्ते स्तनमण्डलानि॥ (ऋतु० ६-५)

२ ऋतु० ६-५
ऋतु० १-७

३ वासश्चित्रं मधुरनयनैर्विभ्रमादेशदक्षं, पुष्पोद्‌भेदं सह किसलयैर्भूषणानां विकल्पान्।
लाक्षारागं चरणकमलन्यासयोग्यं च यस्यामेकः सूते सकलमबलामण्डनं कल्पवृक्षः॥
(उत्तर मेघ० १२)

४ गुरूणि वासांसि विहाय तूर्णं तनूनि लाक्षारसरञ्जितानि।
सुगन्धिकालागुरुधूपितानि धत्ते जनः काममदालसाङ्गः॥ (ऋतु० ६-१५)

बात इसी प्रकार के प्रसंग में रघुवंश में भी आई है।[1] नीबीवंध की चर्चा कालिदास ने कई स्थलों पर की है।[2] इससे स्पष्ट है कि अधोंशुक या परिधान बाँधकर पहना जाता था।

एक और वस्त्र बाँधकर पहना जाता था। कालिदास ने इसे कूर्पासक (चोली) कहा है।[3] हारावली कोष में पूर्पासक को अर्द्ध चोली कहा है; पर अमरकोष में यह चोल का ही पर्याय बन गया है। वधू के लिये अवगुंठन या घूंघट का होना आवश्यक है। ऐसे समय में एक प्रकार का प्रावरण (बड़ी चादर) का व्यवहार होता था जिससे सारा शरीर ढक जाय। शकुन्तला में इसी प्रकार की ढकी वधू शकुन्तला का बर्णन है।[4] राजानक रुय्यक चोली को प्रक्षेप्य कहते हैं।

उत्तरीय दुकूल आरोप्य वस्त्र है। ऊपर इसकी चर्चा हो चुकी है।

जिस प्रकार हेमरत्नालंकारों के चार भेद हैं, उसी प्रकार माल्यों के भी चार ही भेद हैं। पर माल्य ग्रथित और अग्रथित भेद से दो प्रकार के होते हैं; इसलिए ये वस्तुतः आठ प्रकार के हो जाते हैं। राजानक रुय्यक ने पुष्पप्रसाधन के विविध रूपों के नाम इस प्रकार गिनाए हैं—(१) वेष्टित, जो अंग-विशेष को घेर ले; (२) वितत, जो एक पार्श्व में ही विस्तारित हो; (३) संघाट्य, जो अनेक पुष्पों के समूह से खचित हो; (४) ग्रन्थिमत्, जो बीच-बीच में विषम गाँठवाला हो, (५) अवलम्बित, जो विशेष भाव से स्पष्ट रूप में उम्भित अर्थात् एक साथ जुड़ा

---

१ जालान्तरप्रेषितदृष्टिरन्या प्रस्थानभिन्नां न बबन्ध नीवीम्
नाभिप्रविष्टाभरणप्रभेण हस्तेन तस्थाववलम्ब्य वासः ॥ (रघु० ७-९)

२ नीवीबन्धोच्छ्वसितशिथिलं यत्र बिबाधराणां
क्षौमं रागादनिभृतकरेष्वाक्षिपत्सु प्रियेषु।
अर्चिस्तुङ्गानभिमुखमपि प्राप्यरत्नप्रदीपा—
न्ह्रीमूढानां भवति विफलप्रेरणा चूर्णमुष्टिः ॥ (उत्तर मेघ० ७)

३ अन्या प्रियेण परियुक्तमवेक्ष्य गात्रम् हर्षान्विता विरचिताधरचारुशोभा।
कूर्पासकं परिदधाति नखक्षताङ्गी व्यालम्बिनीललितालककुञ्चिताक्षी ॥
(ऋतु० ४-१७)

मनोज्ञकूर्पासकपीडितस्तनाः सरागकौशेयकभूषितोरवः।
निवेशितान्तः कुसुमैः शिरोरुहैर्विभूषयन्तीव हिमागमं स्त्रियः ॥ (ऋतु० ५-९)

४ कास्विदगुण्ठनवती नातिपरिस्फुटशरीरलावण्या।
मध्ये तपोधनानां किसलयमिव पाण्डुपत्राणाम् ॥ (शाकुन्तल० ५-१३)

हुआ हो; (६) मुक्तक, जो केवल एक पुष्प से बना हो; (७) मंजरी, अर्थात् अनेक छोटे पुष्पों की लता, (८) स्तबक (पुष्प गुच्छ)। कालिदास पुष्पमाल्य के आभरणों का जम के वर्णन करते हैं। पार्वती पर्याप्त पुष्प-स्तबक के भार से झुकी हुई संचारिणी लता के समान शिव के पास गई थीं। कवि ने वसन्त-पुष्पों के आभरण—जिसमें पद्मराग को निर्मद करनेवाला लाल-लाल अशोक-पुष्प, हेम की द्युति को आहरण करनेवाला पीला-पीला कर्णिकार, और मोतियों की शोभा को उत्पन्न करनेवाला सिन्दुवार पुष्प भी था—की पृष्ठभूमि के लिये उदन्त सूर्य की आभावाले लाल-लाल अंशुक का सन्निवेश किया है—

अशोकनिर्भर्त्सितपद्मरागमाकृष्टहेमद्युतिकर्णिकारम्।
मुक्ताकलापीकृतसिन्दुवारं वसन्त पुष्पाभरणं वहन्तीम्॥
आवर्जिता किञ्चिदिव स्तनाभ्यां वासो वसाना तरुणार्करागम्।
पर्याप्तपुष्पस्तबकावनम्रा संचारिणी पल्लविनी लतेव॥ (कुमार० ३-५३, ५४)

उन्होंने सुन्दरियों के सिर पर पहनी जानेवाली कदम्ब, नवकेसर (मौलसिरी) केतकी की[1], तथा मालती पुष्पसहित मौलसिरी या खिले हुए अन्य नवीन पुष्पों के साथ जुही की कलियों की माला का मनोहर अलंकरण पसन्द किया था[2]। केवल बेला के प्रफुल्लित पुष्पों के गजरे को देखकर आह्लाद अनुभव किया था[3]। यद्यपि मृणाल सूत्रों की माला कालिदास को बहुत प्रिय है; शकुन्तला का चित्र राजा दुष्यन्त को तबतक अपूर्ण लगा था जब तक उन्होंने उसके कानों में गण्डस्थल तक झूलने योग्य केसरवाले शिरीष को नहीं पहनाया और वक्षःस्थल के ऊपर झूलनेवाले मृणाल सूत्रों का हार नहीं रच दिया—

कृतं न कर्णार्पितमण्डनं सखे शिरीषमागण्डविलम्बिकेसरम्।
न वा शरच्चन्द्रमरीचिकोमलं मृणालसूत्रं रचितं स्तनान्तरे॥

---

१ मालाःकदम्बनवकेसरकेतकीभिरायोजिताः शिरसि बिभ्रति योषितोऽद्य।
कर्णान्तरेषु कुकुभद्रुममञ्जरीभिरिच्छानुकूलरचितानवतंसकांश्च। (ऋतु० २-६)

२ शिरसि वकुलमालां मालतीभिः समेतां विकसितनवपुष्पैर्यूथिकाकुड्मलैश्च।
विकचनवकदम्बैःकर्णपूरं बधूनां रचयति जलदौघः कान्तवत्काल एषः॥
(ऋतु० २-२५)

३ कर्णेषु योग्यं नवकर्णिकारं चलेषु नीलेष्वलकेष्वशोकम्।
पुष्पं च फुल्लं नव-मल्लिकायाः प्रयान्ति कान्तिं प्रमदाजनानाम्॥ (ऋतु०६-६)

तथापि राजानक रुय्यक इस मृणाल सूत्र की गणना माल्य में नहीं करते। माला में फूल अवश्य चाहिए।

कस्तूरी, कुंकुम, चन्दन, कर्पूर, अगुरु, कुलक, दन्तसम, सहकार, तैल, ताम्बूल, अलक्तक, अंजन, गोरोचना, कुशीर, हरिताल, प्रभृति उपकरण मण्डन हैं। ये कालिदास को प्रिय हैं। इनमें कुछ की प्रकृति शीत है, कुछ की उष्ण, कुछ की सम। कुछ गर्मियों में काम आते हैं, कुछ सर्दियों में और कुछ सब ऋतुओं में। कालिदास अवसर देखकर सबका उपयोग करते हैं।

स्नान करने बाद ही मंडन द्रव्यों का उपयोग होता है। स्नान के पूर्व अभ्यङ्ग अर्थात् औषधि मिला तैल या आँवलों का कल्क आदि से शरीर में मालिश की जाती थी। कालिदास ने अभ्यङ्ग क्रिया का उल्लेख शाकुन्तल में किया है। पार्वती के विवाह में पहले लोध्र कल्क से उत्सादन या उद्वर्तन (उबटन) किया गया था। पुराने ग्रंथों में तैलाभ्यंग और उत्सादन के लिये अनेक स्वास्थ्यकर औषधों की चर्चा आती है। चरक, सुश्रुत, बृहत्संहिता आदि ग्रंथों में स्वास्थ्य और सौन्दर्य बढ़ानेवाली औषधियों का भूरिशः उल्लेख है, किन्तु कालिदास ने केवल इंगितमात्र कर दिया है। स्नान के जल को प्रस्तुत करने की विधियाँ भी शास्त्र में दी हुई हैं। कालिदास को उसकी जानकारी अवश्य थी, पर बहुत विस्तार से उन्होंने उसका उल्लेख नहीं किया है। नदी या सरोवर में स्नान उन्हें अधिक प्रिय जान पड़ता है। 'कृताभिषेक' पार्वती की कठिन तपस्या का हृदयग्राही चित्रण करते समय ब्रह्मचारी वेश में शिव आकर जो आवश्यक बातों की जानकारी प्राप्त करना चाहते हैं उनमें एक यह भी है कि तुम्हारे स्नान के लिये पर्याप्त जल मिल जाता है कि नहीं—'जलान्यपि स्नानविधिक्षमाणि ते।' विवाह के अवसर पर सोने के घड़े से मंगल-स्नान की चर्चा है[1]। परन्तु ऋतु-संहार में विलासियों के स्नान-कषाय शिरोरुहों की चर्चा से अनुमान किया जा सकता है कि स्नान के जल में किसी प्रकार सुगंधित-कषाय का प्रयोग होता था[2]। एक और स्थान पर पाटलामोद-रम्य-सुख-सलिल-निषेक कहकर उन्होंने सुगंधित जल से स्नान का उल्लेख किया है[3]। जान पड़ता है कि माघ की भाँति

---

१ विन्यस्तवैदूर्यशिलातलेऽस्मिन्नाबद्धमुक्ताफलभक्तिचित्रे।
आवर्जिताष्टापदकुंभतोयैः सतूर्यमेनां स्नपयांबभूवुः ॥ (कुमार० ७-१०)

२ नितम्बबिम्बैः सदुकूलमेखलैः स्तनैः सहाराभरणैः सचन्दनैः।
शिरोरुहैःस्नानकषायवासितैः स्त्रियो निदाघं शमयन्ति कामिनाम् ॥ (ऋतु० १-४)

३ ऋतु० १-२८

'स्वच्छाम्भःस्वपनविधौतमङ्गयष्टिः' होना, श्रीहर्षदेव की भाँति 'प्रत्यग्रमज्जनविशेष विविक्तकान्ति'—भाव ही कालिदास को भी रुचिकर था। स्नान के उपरांत अंगराग (अरगजा) जिसमें कस्तूरी, चन्दन आदि सुगन्धियों का समावेश है। कालिदास को ये अधिक आकर्षक जान पड़ते हैं। मतलब से मतलब! कालिदास ग्रीष्मऋतु में चन्दन[1] की खूब चर्चा करते हैं। घिसे हुए 'चन्दन पंक' की शीतलता भारतवर्ष में दीर्घकाल से समादृत है, उसे पयोधर-देश पर चर्चित करने की चर्चा भी बराबर मिलती है। कालिदास इसका कई प्रकार से उल्लेख करते हैं। 'पयोधराश्चन्दनपंकचर्चिताः,' में ग्रीष्म ऋतु का विलास है। चन्दन के पानी से भिगोये हुए ताल-व्यजन के वायु में भी ग्रीष्म-ताप निवारण की विधि है[2]। किन्तु विरह की उष्णता के शामक रूप में भी उन्होंने इसका स्मरण किया है। वर्षाऋतु कालागुरु अधिक मात्रा में मिलकर चन्दन के साथ लेप करने की बात कही गई है।[3]

जैसे-जैसे सर्दी बढ़ती जाती है और गर्मी कम होती जाती है वैसे-वैसे कालागुरु और कस्तूरी का प्रयोग भी बढ़ता जाता है। हेमन्त में शरीर कालेयक से अधिक चर्चित किया जाता है।[4] कालागुरु धूप-धूम का मान बढ़ जाता है।[5] कालीयक के अनुलेपन की धूम मच जाती है। पयोधर कुंकुम-राग-पिंजर होने लगते हैं, अगुरु-सुरभि-धूम से केश-पाश आमोदित करने की प्रक्रिया बढ़ जाती है।[6]

---

१ निशाः शशाङ्कक्षतनीलराजयः क्वचिद्विचित्रं जलयंत्रमन्दिरम्।
मणिप्रकाराः सरसं सचन्दनं शुचौ प्रिये यांति जनस्य सेव्यताम्॥
(ऋतु० १-२)

२ सचन्दनाम्बुव्यजनोद्भवानिलैः सहारयष्टिस्तनमण्डलार्पणैः।
सवल्लकीकाकलिगीतनिस्वनैर्विबोध्यते सुप्त इवाद्य मन्मथः॥
(ऋतु० १-८)

३ कालागुरुप्रचुरचन्दनचर्चिताङ्गयः पुष्पावतंससुरभीकृतकेशपाशाः।
श्रुत्वा ध्वनिं जलमुचां त्वरितं प्रदोषे शय्यागृहं गुरुगृहात्प्रविशन्ति नार्यः॥
(ऋतु० २-२२)

४ गात्राणि कालीयकचर्चितानि सपत्रलेखानि मुखाम्बुजानि।
शिरांसि कालागुरुधूपितानि कुर्वन्ति नार्यः सुरतोत्सवाय॥ (ऋतु० ४-५)

५ देखिए. टिप्पणी ३

६ अगरुसुरभिधूपामोदितं केशपाशं गलितकुसुममालं कुञ्चिताग्रं वहन्ती।
त्यजति गुरुनितम्बा निम्नमध्यावनता उषसि शयनमन्या कामिनी चारुशोभा॥
(ऋतु० ५-१२)

और फिर जब वसन्तकाल में सर्दी और गर्मी का धूप-छाँही मौसम आ जाता है तो प्रियंगु कालीयक कुंकुम के पत्र-लेखों के साथ मृगनाभि या कस्तूरी मिले हुए चन्दन और फिर केवल सित चन्दन से आर्द्र हार वक्षदेश को मंडित करने लगते हैं।[1] इस प्रकार स्नानोपरान्त विविध सौगन्धिक मंडनों का विधान कालिदास ने किया है। अंगराग और अनुलेपन का शब्दशः उल्लेख कई बार आया है। भारतवर्ष का सहृदय न जाने कब से गंधमाल्य का महत्त्व स्वीकार करता आया है। चरक ने कहा है (सूत्र० अ० ५-९६) कि गन्धमाल्य का सेवन बलवर्द्धक है, आयु बढ़ाने वाला है, पुष्टि-बलप्रद है, चित्त-प्रसन्न रखने वाला है, दारिद्रय को नष्ट करने वाला है और काम्य तो है ही।

गृहस्थ को और चाहिए क्या?

भ्रूघटना, केशरचना, जूड़ा बाँधना, सीमन्त रचना इत्यादि योजनामय अलंकार हैं। कालिदास के युग में पुरुषों के भी लम्बे-लम्बे केश रखे जाते थे। दिलीप जब वन गए थे तो उनके केश लताओं की छोटी-छोटी टहनियों से गुँथे थे।[2] लोग—विशेषकर बच्चों के बड़े-बड़े केशों का ऐसा सस्कार करते थे, जो कौए की पाँख की तरह मुड़े दिखते थे, जिसे काक-पक्ष कहते थे।[3] पुरुषों में श्मश्रु (दाढ़ी) रखने की प्रथा केवल तपस्वियों में थी, जो बिना संस्कार के कभी-कभी झाड़ू की तरह बड़ी और अस्त-व्यस्त हो जाती थी। परन्तु कालिदास ने अधिक रुचि के साथ सीमन्तिनियों के केशों की चर्चा की है। ये लम्बे केश

---

१ प्रियङ्गुकालीयककुङ्कुमाक्तं स्तनेषु गौरेषु विलासिनीभिः।
आलिप्यते चन्दनमङ्गनाभिर्मदालसाभिर्मृगनाभियुक्तम्॥ (ऋतु० ६-१४)
स्तनेषु हाराः सितचन्दनार्द्रा भुजेषु सङ्गं वलयाङ्गदानि।
प्रयान्त्यनङ्गातुरमानसानां नितम्बिनीनां जघनेषु काञ्च्यः॥ (ऋतु० ६-७)

२ लताप्रतानोद्ग्रथितैः स केशैरधिज्यधन्वा विचचार दावम्।
रक्षापदेशान्मुनिहोमधेनोर्वन्यान्विनेष्यन्निव दुष्टसत्वान्॥ (रघु० २-८)

३ सवृत्तचूलश्चलकाकपक्षकैरमात्यपुत्रैः सवयोभिरन्वितः।
लिपेर्यथावद्ग्रहणेन वाङ्मयं नदीमुखेनेव समुद्रमाविशत्॥ (रघु० ३-२८)
पर्यन्तसंचारितचामरस्य कपोललोलोभयकाकपक्षात्।
तस्याननादुच्चरितो विवादश्चस्खाल वेलास्वपि नार्णवानाम्॥ (रघु० १८-४३)

धूप-धूम से सुगन्धित किए जाते थे। उज्जयिनी की सुन्दरियों के केशों को सुगन्धित करने में इतना धुआँ होता था कि विरही यक्ष ने मेघ को इस धुएँ से मोटे हो जाने का प्रलोभन दिया था।[1] कपड़े भी सुगन्धि के लिए कालागुरु के धुएँ से धूपित किये जाते थे।[2] केशों का घन विकुञ्चित होना सौभाग्य का लक्षण माना जाता था। प्राचीन ग्रन्थों में केशों को कुञ्चित करने की विधियाँ भी बताई गई हैं। कालिदास नितान्त घुँघराली लटों में मालती माला की शोभा से नितान्त उल्लसित होते हैं। शिशिर और हेमन्त में स्त्रियाँ कालागुरु के धूम से विशेष रूप से केशों को धूपित करती थीं। शीतकाल में फूल की माला केशपाश से हट जाती थी, और उन्हें सुगन्धित और कुञ्चित करने की प्रक्रिया चल पड़ती थी[3]—शिरांसि कालागुरुधपितानि कुर्वन्ति नार्यः सुरतोत्सवाय ॥ ऋतु० (४-५) सुगन्धित केशों को सलीके से दो हिस्सों में विभक्त करके सीमन्त रचना की जाती थी। कालिदास तो सुन्दरियों को 'सीमन्तिनी' कहना अधिक पसन्द करते हैं। सीमन्त में कुसुम्भ-स्वच्छ सिन्दूर धारण करना तो सौभाग्य का लक्षण ही था।[4] किन्तु सीमन्त पर कदम्ब-पुष्प को धारण करना सुरुचि का चिह्न समझा जाता था। सजाने के लिए अन्य पुष्प और आभरण भी काम में लाए जाते थे।

सुसंस्कृत केशों को अनेक प्रकार से बाँधकर धम्मिल्ल या जूड़ा बाँधा जाता था। कालिदास ने इसकी बहुत अधिक चर्चा नहीं की है। उन्हें लहराते हुए केश या गुँथी हुई चोटी अधिक आकर्षक लगे हैं। अलक-राजि को गूँथकर पीठ

---

१ जालोद्गीर्णैरुपचितवपुः केशसंस्कारधूपै-
र्बन्धुप्रीत्या भवनशिखिभिर्दत्तनृत्योपहारः। (मेघ० ३५)

२ गुरूणि वसांसि विहाय तूर्णं तनूनि लाक्षारसरञ्जितानि।
सुगन्धिकालागुरुधूपितानि धत्ते जनः काममदालसाङ्गः॥ (ऋतु० ६-१५)

३ अगुरुसुरभिधूपामोदितं केशपाशं गलितकुसुममालं कुञ्चिताग्रम् वहन्ती।
त्यजति गुरुनितम्बा निम्नाभिः सुमध्या उषसि शयनमन्या कामिनी चारुशोभा॥
(ऋतु० ५-१२)

४ विकचनवकुसुम्भस्वच्छसिन्दूरभासा प्रबलपवनवेगोद्भूतवेगेन तूर्णम्।
तटविटपलताग्रालिङ्गनव्याकुलेन दिशि दिशि परिदग्धा भूमयः पावकेन॥
(ऋतु० १-२४)

पर लहराना 'प्रसिद्धि' कहलाता है। पार्वती 'मंगल-स्नान-विशुद्धगात्री' हुईं तो स्त्रियों ने पहले-पहल धूप-धूम से उनके केशों को सुखाया; फिर लहराते हुए केशों की फुनगी में पुष्पों का ग्रथन किया; फिर पीले-पीले महुए की माला उसमें बाँध दी। इस प्रकार प्रसिद्ध अलकों की शोभा न तो लग्न-द्विरेफ पत्र-पुष्प में मिलती है न समेघलेखा चन्द्रकला में।[1] विरहावस्था में संस्कारों की उपेक्षा से केश एक बेणी हो जाते थे। यक्ष-प्रिया के इन उपेक्षित केशों को कालिदास ने बड़ी ही करुण भाषा में चित्रित किया है।

'भ्रूघटना' की प्रथा केवल नगर की विलासिनियों में प्रचलित थी। जानपद वधुएँ 'भ्रूविलासानभिज्ञ' हुआ करती थीं। कालिदास सुभ्रुओं से बहुत अधिक परिचित जान पड़ते हैं। भ्रूभंग का उन्होंने जम के वर्णन किया है, सुन्दर बने हुए भ्रुवों के क्षेप में ही अपांग-वीक्षण की कुटिलता आती है (भ्रूक्षेपजिह्मानि च वीक्षितानि ६-१३) मेघदूत में[2] कहा है कि गंगाजी पार्वती की भृकुटि-रचना की, फेन रूपी हास से, उपेक्षा करती थीं।

प्रकीर्ण अलंकार दो प्रकार होते हैं: (१) जन्य, (२) निवेश्य। श्रम-जल, मदिरा-मद आदि जन्य हैं। दोनों का कालिदास ने जमकर प्रयोग किया है। ग्रीष्मकाल में भी 'प्रियामुखोच्छ्वासविकम्पितं मधु' को नहीं भूलते। वर्षा में भी 'ससीधु' वदनों का स्मरण करते हैं।[3] सर्दियों में भी उसके आनन्द से अभिभूत होते हैं[4], और वसन्त का तो कहना ही क्या? इसमें मदिरालस नेत्र (ऋृ० ६-१२) मदिरालस वाक्य (ऋृ० ६-१३), मधुसुरभि (ऋृ० ३६), निशिसीधुपानं (ऋतु० ६-३५) इनके सधे हुए प्रयोग हैं। जिन चरित्रों को उन्होंने आदर्श रूप में चित्रित किया है, वहाँ इसे घुसने की आज्ञा नहीं है। वहाँ यौवन ही 'अनासवाख्यं करणं मदस्य' है और कम-से-कम एक जगह उन्हें स्पष्ट रूप

---

१ लग्नद्विरेफं परिभूय पद्मं समेघलेखं शशिनश्च बिंबम्।
तदाननश्रीरलकैः प्रसिद्धैश्चिच्छेद सादृश्यकथाप्रसङ्गम्॥ (कुमार० ७-१६)

२ अङ्गानि निद्रालसविभ्रमाणि वाक्यानि किंचिन्मदिरालसानि।
भ्रूक्षेपजिह्मानि च वीक्षितानि चकार कामः प्रमदाजनानाम्॥(ऋतु०६-१३)

३ गौरी भृकुटिरचनां या विहस्येव फेनैः। (मेघ० ६-१६)

४ शिरोरुहैः श्रोणितटावलम्बिभिः कृतावतंसैः कुसुमैः सुगन्धिभिः।
स्तनैः सहारैर्वदनैः ससीधुभिः स्त्रियो रतिं संजनयन्ति कामिनाम्॥
(ऋतु० २-१८)

से पण्यस्त्रियों और उद्दामयौवन नागरों का सेव्य कहकर इसके प्रति अनास्था भी प्रकट की है ।[1]

निवेश्य अलंकार तो दूर्वा, अशोक पल्लव, यवांकुर, तमाल-दल, मृणाल वलय, करक्रीडनक आदि हैं । कालिदास के ग्रन्थों में इनका बहुत हृदयग्राही वर्णन है । सच पूछा जाय तो कालिदास को ये प्राकृतिक सुकुमार प्रसाधन जितने रुचिकर हैं उतने हेमालंकार, रत्नाभरण भी नहीं । अलका में कल्पवृक्ष जिन समस्त अवला-मंडनों को अकेले ही उत्पन्न करता रहता है उनमें ये वस्तुएँ हैं—अनेक रंगों के वस्त्र (चित्र वस्त्र), मधु या मदिरा, पुष्प, किसलय, अनेक प्रकार के आभूषण, लाक्षारस या महावर । अलका की विलासिनियाँ हाथ में लीलाकमल, केश में नये कुन्द के फूल, चूड़ा-पाश में ताजे कुरबक के पुष्प, कपोल देश पर लोध्र फूलों का पराग(पाउडर के स्थान पर), कानों में शिरीष पुष्प और सीमन्त में कदम्ब पुष्पों को धारण करती थीं ।[2] सब प्रकार से सुन्दरियों का प्रेम जब अपनी चरम-सीमा पर होता था, उस अभिसार-रात्रि में भी अलकों में मन्दार पुष्पों को पहनना नहीं भूलती थीं, कान में कनक-कमलों का पत्रच्छेद्य अवश्य धारणा करती थीं । विदिशा की फूल चुनने वाली 'पुष्प-लावियाँ' भी कान में कमल का कर्णफूल धारण करती

---

१ नीचैराख्यं गिरिमधिवसेस्तत्र विश्रामहेतो—
स्त्वत्संपर्कात् पुलकितमिव प्रौढपुष्पैः कदंबैः ।
यः पण्यस्त्रीरतिपरिमलोद्गारिभिर्नागरणा—
मुद्दामानि प्रथयति शिलावेश्मभिर्यौवनानि ।।
(पूर्वमेघ० २-६)

२ वासश्चित्रं मधुनयनयोर्विभ्रमादेशदक्षं
पुष्पोद्भेदं सह किसलयैर्भूषणानां विकल्पान् ।
लाक्षारागं चरण-कमलन्यासयोग्यं च यस्या
मेकः सूते सकलमबलामण्डनं कल्पवृक्षः ।। (मेघ० २-१२)

३ हस्ते लीला कमलमलके बालकुन्दानुविद्धं
नीता लोध्रप्रसवरजसा पाण्डुतामानने श्रीः ।
चूडापाशे नवकुरबकं चारुकर्णे शिरीषं
सीमन्ते च त्वदुपगमजं यत्र नीपं वधूनाम् ।। (मेघ० २-२)

थीं।[1] भवानी कानों में कुवलय-दल धारण करने की ही अभ्यस्ता हैं, पर पुत्रप्रेम से वे कभी-कभी मयूर-पुच्छ भी धारण करती हैं।[2] शकुन्तला के कानों में आगण्ड-विलम्बि शिरीष-पुष्प लटक रहा था, और सदा वक्षःस्थल पर मृणालवलय झूलता रहता था।[3] पार्वती के जूड़े में जो मधूक की माला पहनाई गई थी उसमें दूर्वा भी थी[4], उनके कपोल लोध्रकाषाय या लोध्र के पराग से रूक्ष बने हुए थे, जिस पर कानों में पहना हुआ यवप्ररोह (यवांकुर) शोभित हो रहा था।[5] स्वयं रति देवी के कानों में नील कमल के गहने शोभा देते थे।[6] कुकुभ द्रुम की मंजरियाँ वर्षाकाल में कर्णावतंस का काम करती थीं।[7] या फिर कदम्ब का पुष्प कर्णफूल के लिए उपयुक्त माना जाता था।[8] केश-पाश में पुष्पों के अवतंस मनोहरता को चार-चाँद लगाया करते थे।[9] शरत् काल में नितांत घननील विकुंचिताग्र केशों में नव-

---

१ विश्रान्तः सन् व्रज वननदीतीरजातानि सिञ्च-
न्नुद्यानानां नवजलकणैर्यूथिकाजालकानि।
गण्डस्वेदायनयनरुजा जलक्लांतकर्णोत्पलानां।
छायादानात्क्षणपरिचितः पुष्पलावीमुखानाम् ॥ (मेघ० १-२८)

२ मेघ० (१।४८)

३ शकु० (६।१८)

४ धूपोष्मणा त्याजितमार्द्रभावं केशांतमंतः कुसुमं तदीयम्।
पर्याक्षिपत्काचिदुदारबन्धं दूर्वावता पाण्डु मधूकदाम्ना ॥ (कुमार० ७-१४)

५ कर्णार्पितो लोध्रकषायरुक्षे गोरोचनाक्षेपनितान्तगौरे।
तस्याः कपोलापरभागलाभाद्बबन्ध चक्षूंषि यवप्ररोहः ॥ (कुमार० ७-१७)

६ कु० (४-८)

७ माला कदम्बनवकेसरकेतकीभिरायोजिताः शिरसि बिभ्रति योषितोऽद्य।
कर्णान्तरेषु ककुभद्रुममंजरीभिरिच्छानुकूलरचितानवतंसकांश्च ॥
(ऋतु० २-२१)

८ शिरसि बकुलमालामालतीभिः समेतां विकसितनवपुष्पैर्यूथिकाकुड्मलैश्च।
विकचनवकदम्बैः कर्णपूरं वधूनां स्मरयति जलदौघः कान्तवत्काल एषः ॥
(ऋतु० २-२५)

९ कालागुरुप्रचुरचंदनचर्चिताङ्ग्यः पुष्पावतंससुरभीकृतकेशपाशाः।
श्रुत्वाध्वनिं जलमुचां त्वरितं प्रदोषे शय्यागृहं गुरुगृहात्प्रविशन्ति नार्यः ॥
(ऋतु० २-२२)

मालती की माला धारण की जाती थी और कानों में नीलोत्पल।[1] वसन्तकाल में मनोहर कुसुम वक्षःस्थल में हार की जगह विराजमान होते थे।[2] कानों में नवीन कर्णिकार का पुष्प और चंचल नील अलकों में अशोक पुष्प लटका करते थे।[3] अशोक के नवीन पुष्प ही उन्हें प्रेमोद्दीपक नहीं जान पड़ते थे, प्रिया के कानों में अर्पित होने पर उसके किसलय भी मादक सिद्ध होते थे—

कुसुममेव न केवलमार्तवं नवमशोकतरोः स्मरदीपनम् ।
किसलयप्रसवोऽपि विलासिनां मदयिता दयिताश्रवणार्पितम् ॥
(रघु० ९-२८)

और प्रभात-कालीन धूप के रंग को मात करने वाली महीन साड़ी के साथ यवांकुर कानों में आभूषण का आसन ग्रहण करता था, और फिर कजरारे कोकिल भी कूक उठते थे। फिर तो संसार का निःशेष रस एकमात्र सुन्दरियों पर ही केन्द्रित हो उठता था—

अरुणरागनिषेधिभिरंशुकैः श्रवणलब्धपदैश्च यवांकुरैः ।
परभृतां विरुतैश्च विलासिनः स्मरबलैरबलैकरसाः कृताः ॥
(रघु० ९-४३)

सही तो, कालिदास के मत से, यह है कि दहकते हुए अंगार के समान वासन्तिक पुष्पों को कनकाभरण का प्रतिनिधि समझना चाहिए। अगर युवतियाँ कनकाभरण को छोड़कर इन पुष्पों का प्रसाधन रूप में उपयोग करती हैं तो यह उचित ही है। कालिदास ने इन प्रसाधनों को पवित्र और मंगलकारक माना है। विक्रमोर्वशीय (३-१२) में व्रत करने वाली रानी के केशों में पवित्र दूर्वांकुर शोभित हो रहा था। सफेद साड़ी और मंगलमात्र भूषण की पृष्ठभूमि में दूर्वांकुर की महनीयता कालिदास ही बता सकते हैं—

---

१ केशा नितान्तघननीलविकुञ्चिताग्रानापूरयन्ति वनिता नवमालतीभिः ।
कर्णेषु च प्रवरकाञ्चनकुण्डलेषु नीलोत्पलानि विविधानि निवेशयन्ति ॥
(ऋतु० ३-१९)

२ कुर्वन्ति नार्योऽपि वसन्तकाले स्तनं सहारं कुसुमैर्मनोहरैः ॥ (ऋतु० ६-३)

३ कर्णेषु योग्यं नवकर्णिकारं चलेषु नीलेष्वलकेष्वशोकम् ।
पुष्पं च फुल्लं नवमल्लिकायाः प्रयान्ति कान्तिं प्रमदाजनम् ॥ (ऋतु० ६-६)

४ पातुं न प्रथमं व्यवस्यति जलं युष्मास्वपीतेषु या
नादत्ते प्रियमण्डनाऽपि भवतां स्नेहेन या पल्लवम् ।
आद्ये वः कुसुमप्रसूतिसमये यस्या भवन्त्युत्सवः
सेयं याति शकुन्तला पति-गृहं सर्वैरनुज्ञायताम् ॥ (शाकु०४-९)

सिताशुंका मंगलमालाभूषणा पवित्रदूर्वांकुरलक्षितालका ।

कहाँ तक कहा जाय कालिदास प्राकृतिक प्रसाधनों के बहुत बड़े धनी हैं। शकुन्तला प्रिय-मंडना थी, परन्तु आश्रमवृक्षों के प्रति स्नेहाधिक्य के कारण उनके पल्लवों को तोड़ने में संकोच अनुभव करती थी। मंडन द्रव्यों से अनेक प्रकार के पत्रलेख बनाने की बात कालिदास में मिलती है। कोश में कई प्रकार के पत्रलेखों की चर्चा है—पत्रलेख, पत्रांगुली, तमालपत्र, तिलक, चित्रक, वैशिषिका तथा अन्यत्र मकरिका और नवमंजरी आदि की चर्चा मिलती है। जान पड़ता है शुरू-शुरू में पत्रों को काटकर अनेक प्रकार से चित्र-विचित्र आकृति बनती थी, जिससे बाद में उन्हें मंडन-द्रव्यों में लिखा जाने लगा। कुरबक के पीले-पीले पुष्पों पर काली भ्रमर-राजि को देखकर कालिदास को पत्र-विशेषकों का स्मरण हो आता है।[1] जब पार्वतीजी के गोरे शरीर पर शुक्ल अगुरु का विलेपन करके गोरोचना से पत्रलेख लिखा गया, तो शोभा गंगा के सैकत पुलिन पर चक्रवाकों के बैठने से बनी कान्ति को भी मात दे गई।[2]

इन रूप और अलंकारों के समवाय का नाम वेश है। स्त्रियों के समूचे वेश की सफलता इस बात में है कि प्रिय उसे देखे और देखकर प्रसन्न हो जाए। इसीलिए कालिदास ने कहा—'स्त्रीणां प्रियालोकफलो हि वेशः'।

कालिदास ने इन सुगंधित द्रव्यों के उद्गम और आयात का स्थान भी कभी-कभी इशारे से बता दिया है। कस्तूरी या मृगनाभि हिमालय से[3], कुंकुम केसर वाह्लीक (बलख) से, कालागुरु प्राग्ज्योतिष (आसाम) से[4], लोध्र हिमालय

---

१ विरचिता मधुनोपवनश्रियामभिनवा इव पत्रविशेषकाः ।
मधुलिहां मधुदानविशारदाः कुरवका रवकारणतां ययुः ॥ (रघुवंश ९-२९)

२ विन्यस्तशुक्लागुरु चक्रुरंगं गोरोचनापत्रविभक्तमस्याः ।
सा चक्रवाकाङ्कितसैकतायास्त्रिस्रोतसः कान्तिमतीत्य तस्थौ ॥ (कु० ७७-१५)

३ आसीनानां सुरभितशिलं नाभिगन्धैर्मृगाणां,
तस्या एव प्रभवमचलं प्राप्य गौरं तुषारैः ।
वक्ष्यस्यध्वश्रमविनयने तस्य शृङ्गे निषण्णः,
शोभां शुभ्रत्रिनयनवृषोत्खातपंकोपमेयम् ॥ (पू० मे० ५६)
विशश्रमुर्नमेरूणां छायास्वध्यास्य सैनिकाः ।
दृषदो वासितोत्संगा निषण्णमृगनाभिभिः ॥ (रघु० ४-७४)

४ चकम्पे तीर्णलौहित्ये तस्मिन्प्राग्ज्योतिषेश्वरः ।
तद्गजालानतां प्राप्तः सह कालागुरुद्रुमैः ॥ (रघु० ४-८१)

से[1], चन्दन मलयगिरि से,[2] ताम्बूल-दल कलिंग से, सालद्रुम और देवदारद्रुम हिमालय से,[3] एला कावेरीतट से,[4] पुन्नाग केरल से प्राप्त होता था।[5]

कालिदास ने ताम्बूल, विलेपन और माला धारण करने की बात लिखी अवश्य है;[6] पर ताम्बूल पर उनका अधिक ध्यान नहीं है। लाक्षारस या अलक्तक को वे अधिक उत्तम अलंकरण के रूप में चित्रित करते हैं। सच पूछिए तो कालिदास ने लाक्षारस को प्रमुख प्रसाधन द्रव्य के रूप में इतनी प्रकार से और इतनी बार चित्रित किया है कि संदेह होता है कि कहीं अधर की रँगाई के लिए भी ये इसी का उपयोग तो नहीं बताते। वस्त्रों को तो वे लाक्षा-रस-रंजित कह ही चुके हैं (ऋतु० ६)। वात्स्यायन में अधरों को रँगने के लिए अलक्तक और मोम (सिक्थ) का जो प्रयोग है, वह शायद उन्हें भी रुचता था।

गन्ध-युक्ति की विद्या इस देश में बहुत पुरानी है। कालिदास के पूर्व से ही इसका प्रयोग चला आता है। उत्सादन, अनुलेपन, अंगराग, केश और वस्त्रों का सुगन्धीकरण और ताम्बूल में अनेक प्रकार की सुगन्धित वस्तुओं के योग से निःश्वास को सुगन्धित बनाना, कलाओं में गिना जाता था। ललित-विस्तर में जिन कलाओं की चर्चा है उनमें भी इनकी गणना है। भगवान बुद्ध के युग में यह बात इतनी प्रचलित थी कि भिक्षु और भिक्षुणियों तक में इनका बहुत

---

१ स पाटलायां गवि तस्थिवांसं धनुर्धरः केसरिणं ददर्श।
अधित्यकायामिव धातुमय्यां लोध्रद्रुमं सानुमतः प्रफुल्लम्॥ (रघु० २-२९)

२ भोगिवेष्टनमार्गेषु चन्दनानां समर्पितम्।
नास्त्रसत्कारिणां ग्रैवं त्रिपदीछेदिनामपि॥ (रघु० ४-४८)

३ कपोलकण्डूः करिभिर्विनेतुं विघट्टितानां सरलद्रुमाणां।
यत्र स्रुतक्षीरतया प्रसूतः सानूनि गन्धः सुरभीकरोति॥ (कुमार० १-९)
भागीरथीनिर्झरसीकराणां वोढ़ा मुहुः कम्पितदेवदारुः।
यद्वायुरन्विष्टमृगैः किरातैरासेव्यते भिन्नशिखण्डिवर्हः॥ (कुमार० १-१५)

४ ससञ्जुरश्वक्षुण्णानामेलानामुत्पतिष्णवः।
तुल्यगन्धिषु मत्तेभकटेषु फलरेणवः॥ (रघु० ४-४७)

५ खर्जूरीस्कन्धनद्धानां मदोद्गारसुगन्धिषु।
कटेषु करिणां पेतुः पुंनागेभ्यः शिलीमुखाः। (रघु० ४-५७)

६ गृहीतताम्बूलविलेपनस्रजः पुष्पासवा मोदितवक्त्रपंकजाः।
प्रकामकालागुरुधूपवासितं विशन्ति शय्यागृहमुत्सुकाःस्त्रियः॥ (ऋतु० ५-५)

प्रवेश था। कालिदास ने थोड़े-से द्रव्यों का नाम लिया है, परन्तु वह सिर्फ यह बताता है कि उन्हें इस कलासमूह का पूरा ज्ञान था।

ध्यान से देखने पर मालूम होगा कि अलंकारों की योजना में कालिदास रंगों के सामंजस्य का बड़ा ध्यान रखते हैं। रूप और वर्ण-समवाय के समंजस विधान से ही निखरता है। लेकिन अलंकार-योजना का उद्देश्य आभिजात्य, विलासिता और परिपाटी-विहित साजसज्जा को अधिक आकर्षक करना भी है। इस दृष्टि से कालिदास की अलंकार-योजना सफल और आकर्षक है।

मांगल्य

नाट्यशास्त्र में एक कहानी दी हुई है कि भरत मुनि से मुनियों ने प्रश्न किया कि यह जो नृत्य (ताण्डव) है यह रसभावविवर्जित है। इसका प्रवर्तन शिवजी ने क्यों किया ? इस पर भरत मुनि ने उत्तर दिया कि नृत्य किसी अर्थ की अपेक्षा नहीं रखता। यह शोभा के लिए प्रयुक्त होता है। लोग स्वभावतः ही इसे पसन्द करते हैं और यह मंगलजनक है। इसीलिये शिवजी ने इसे प्रवर्तित किया। विवाह, जन्म, प्रबोध, अभ्युदय आदि के उत्सवों पर यह विनोदजनक है, इसलिये भी इसका प्रवर्तन हुआ। यह एक विचित्र उत्तर है। हिन्दू शास्त्रों में जिन बातों के लिए कोई तर्कसम्मत उत्तर नहीं मिलता और फिर भी उनका होना आवश्यक माना जाता है तो उसके लिए एक उत्तर दिया जाता है कि यह मंगलजनक है। ऊपर-ऊपर से यह उत्तर अन्धविश्वास के समान प्रतीत होता है। परन्तु, वस्तुतः यह अन्धविश्वास नहीं है।

चित्रकला सभी कलाओं में श्रेष्ठ बताई गई है। परन्तु घर में चित्र क्यों होनें चाहिए ? इसके उत्तर में कहा गया है कि यह मंगलजनक है—मांगल्यं प्रथमं चैतत्त-दगृहे यत्र प्रतिष्ठितम्। इसी प्रकार कल्पवल्ली भारतीय चित्रों की एक अपनी विशेषता है। उसका कोई अर्थ नहीं होता परन्तु फिर भी चित्रकला में उसका महत्त्वपूर्ण स्थान है। कारण क्या है ? यही कि वह मंगलजनक है। सन् ईस्वी से पहले की ही प्राप्त होनेवाली कलाकृतियों में नानाभाँति की कल्पवल्लियों का संधान पाया जाता है। भरहुत की कई कल्पवल्लियाँ इतनी अभिराम हैं कि किसी-किसी ने यह अनुमान लगाया है कि यह मामूली कारीगरों की कल्पना नहीं हो सकती। निश्चय ही किसी महान् कवि की कल्पनाओं से उन्हें प्रेरणा मिली होगी। यह भी सुझाया गया है कि यह महान् कवि और कोई नहीं कालिदास ही थे। यह बात तो विवादास्पद है परन्तु भरहुत की कल्पवल्लियों में अनेक ऐसी हैं जिन्हें देखकर बरबस कालिदास की कविता याद आ जाती है। शकुन्तला के लिए कण्व को वनदेवताओं ने बिन माँगे जो उपहार दिए थे उनका

वर्णन करते हुए कालिदास ने कहा है कि किसी वृक्ष ने शुभ मांगलिक वस्त्र दे दिया, किसी ने पैरों में लगाने की महावर दे दी और वनदेवियों ने तो अपने कोमल हाथों से अनेक आभरण दिए। वनदेवियों के ये कोमल करतल ऐसे थे जो कलाई से ऊपर ही वृक्ष की शाखाओं से सटे हुए निकले थे और ऐसा लगता था कि वे उन वृक्षों के किसलयों से प्रतिद्वन्द्विता कर रहे हैं। भरहुत की एक कल्पवल्ली में सचमुच ही एक वनदेवी का किसलय प्रतिद्वन्द्वी हाथ अंकित किया गया है। उसे देखकर ऐसा ही लगता है कि कालिदास की कविता से शिल्पी ने अवश्य प्रेरणा ली होगी। क्योंकि कालिदास की यह उपमा अपनी जान पड़ती है और शिल्पी को प्रेरणा देने योग्य भी है। श्लोक इस प्रकार है—

अन्येभ्यो वनदेवताकरतलैरापर्वभागोत्थितै—
र्दत्तान्याभरणानि तत्किसलयोद्‌भेदप्रतिद्वन्द्विभिः।

बोधगया से भी एक कल्पवृक्ष का अंकन प्राप्त हुआ है जो 'मेघदूत' के एक श्लोक के भाव से बहुत साम्य रखता है। इन कल्पवल्लियों की क्या आवश्यकता थी ? क्यों ये सुन्दर मनोहर चित्र बनाए जाते थे ? आधुनिक चित्रकार उसे मोटिफ़ (Motif) या अभिप्राय कहकर सन्तोष कर लेता है, परन्तु पुराना भारतीय मनीषी उसे देखकर सीधा-सा उत्तर देता है—यह मांगल्य है। अनेक प्रकार के भूषण मांगलिक माने जाते हैं। कालिदास ने तो कभी-कभी साधारण गहने के अर्थ में 'मंगल' शब्द का प्रयोग किया है। परन्तु उनकी कविता से स्पष्ट है कि वे 'मंगल' शब्द का अर्थ प्रयोजनातीत ही मानते हैं। अर्थ प्रयोजन हुआ करता है, मंगल प्रयोजनातीत। पार्वती की आँखें स्वभावतः ही काली थीं। उनमें काजल देने की कोई भी ज़रूरत नहीं थी। परन्तु विवाह के अवसर पर काजल दिया अवश्य गया। क्या प्रयोजन था ? कालिदास उत्तर में कहते हैं कि उसके देने से आँखों की कान्ति में कुछ वृद्धि होगी, ऐसी बात तो नहीं थी, सिर्फ़ यह समझकर सखियों ने काजल लगा दिया कि ऐसा करना मंगल है—न चक्षुषोःकान्तिविशेषबुद्ध्याकालाञ्जनममंगलमित्यु-पात्तम्। यह बात हमारे प्राचीनों ने इतने प्रकार से कही है कि इसका अर्थ समझने का कुछ प्रयत्न होना चाहिए। जिसका कुछ प्रयोजन नहीं, अर्थ नहीं, भाव नहीं, उसे मंगल क्यों कहा गया है ? अर्थ, प्रयोजन या प्रभाव से बड़ी भी कोई चीज़ होती है क्या ?

जिसे 'प्रयोजन' कहा जाता है, वह मनुष्य की सीमा का परिचायक है। मनुष्य को अन्न चाहिए, वस्त्र चाहिए, जीविका चाहिए, यह केवल प्रयोजन है,

स्थूल प्रयोजन ! परन्तु कभी वह उल्लास-मुखर होकर गा उठता है, कभी नाच उठता है। इसका क्या प्रयोजन हो सकता है ? इसका प्रयोजन केवल यह है कि यह अपने-आपको पा जाता है। किसी सुन्दर वस्तु को देखकर, किसी मोहन संगीत को सुनकर, उसमें एक प्रकार का ऐसा आनन्द आता है जो जड़-सीमाओं से घिरे हुए शारीरिक बन्धनों से जड़ीभूत चिदात्मा को क्षण भर के लिये चालित और आन्दोलित कर देता है। यदि यह आनन्द क्षणिक हुआ तो वह 'फड़क उठता है, यदि कुछ अधिक स्थायी हुआ तो वह आन्दोलित होता है जिसे अंग्रेज़ी में 'मूव' (move) होना कहते हैं। नृत्य चिदात्मा का उल्लास है, जो वह पृथ्वी के जड़ आकर्षण और मिट्टी की बनी हुई जड़ काया के बन्धन को अस्वीकार करके ऊपर की ओर उठने का प्रयास करता है। तपस्या इसी प्रकार के उल्लास का ही रूप है। जो तपस्या जड़-प्रयोजनों की सिद्धि के लिये की जाती है उसे शास्त्रकार तामसिक कहते हैं। परन्तु जहाँ विशुद्ध आनन्द है, जहाँ अन्तरतर के चैतन्य को उपलब्ध करने का आनन्द है वहाँ वह सात्त्विक होती है। किसी उत्तम कविता को पढ़कर, किसी मनोहर संगीत को सुनकर या किसी सुन्दर कलाकृति को देखकर मनुष्य जब रसास्वाद की स्थिति को पहुँचता है तो शास्त्रकार उसे सत्वोद्रेक की दशा कहते हैं। जड़ में नीचे की ओर खींचने की अपार शक्ति होती है। वस्तुतः समूचे ब्रह्माण्ड में जड़-पिण्ड एक-दूसरे को खींचकर ही अपनी-अपनी स्थिति में बने हुए हैं। चैतन्य जड़त्व के बन्धन को अस्वीकार कर ऊपर जाने की चेष्टा निरन्तर करता रहता है। पृथ्वी की दुर्वार आकर्षण शक्ति छोटे-से तृणांकुर में निहित प्राण-शक्ति को नीचे नहीं खींच पाती। जहाँ कहीं भी विशुद्ध आनन्द है वहाँ चित्त सत्वस्थ होता है यानी सात्विक भाव में स्थित होता है। जड़ता के आकर्षण को छिन्न करके ही मनुष्य सत्वस्थ हो सकता है। गीता में कहा है :—

ऊर्ध्वंगच्छन्तिसत्वस्यामध्येतिष्ठन्ति राजसाः।
जघन्यगुणवृत्तिस्था अधो गच्छन्ति तामसाः॥"

अर्थात् जो सात्विक भाव में स्थित होते हैं वे ऊपर की ओर जाते हैं, राजसिक भाव वाले बीच में टिके रहते हैं और जो जघन्य गुणवृत्ति वाले तामस लोग हैं वे नीचे की ओर जाते हैं।

जिसे साधारण बोलचाल की भाषा में प्रयोजन कहते हैं, वे वस्तुतः हमारे स्थूल प्रयोजन होते हैं। उनका उद्देश्य चिदात्मा के चारों ओर लिपटे हुए जड़-तत्त्वों को तृप्त करना होता है। इस चिदात्मा के ऊपर कई परत हैं। सबसे ऊपर

वाला हिस्सा दस इन्द्रियों वाला शरीर है, उसके भीतर प्राण है, फिर मन है, फिर बुद्धि है और इन सब परतों के भीतर चिदात्मा विराजमान है। जिसे हम साधारण बोलचाल की भाषा में प्रयोजन या अर्थ कहते हैं, वे या तो बाह्य इन्द्रियों की तृप्ति के लिये होते हैं या फिर प्राण, मन और बुद्धि को तृप्त करते हैं। जो सच्चा आनन्द है वह प्रयोजनों की सीमा में नहीं बँधता। गीता को फिर से उद्धृत किया जाए तो कहा जा सकता है कि शरीर की अपेक्षा इन्द्रिय सूक्ष्म हैं, इन्द्रियों से भी अधिक सूक्ष्म मन है, मन से भी अधिक सूक्ष्म बुद्धि है, लेकिन जो चिदात्मा है वह बुद्धि से भी परे है—

इन्द्रियाणि पराण्याहुरिन्द्रियेभ्यः परं मनः।
मनसस्तु पराबुद्धिर्योबुद्धेः परतस्तु सः॥

वस्तुतः यह शरीर, मन, प्राण, बुद्धि सभी जड़ प्रकृति के विकार हैं। चैतन्य आत्मा इनसे भिन्न है। जिस वस्तु से यह चैतन्य उद्बुद्ध और उल्लसित होता है वही सुन्दर और वास्तविक कल्याणप्रद होता है। जो वस्तु वास्तविक कल्याणप्रद है वही मंगल है।

ताण्डव, कल्पवल्ली आदि को जब मांगल्य कहा जाता है तब उसका मतलब यह होता है कि इनके द्वारा शरीर या बुद्धि का परितोष करने वाला प्रयोजन नहीं सिद्ध होता बल्कि इनमें ऐसा सौंदर्य होता है जो हमारे अन्तरतर के चैतन्य को उल्लसित और आनन्दित करता है। वस्तुतः जब कहा जाता है कि ताण्डव में कोई रस और भाव नहीं होता तो उसका मतलब सिर्फ यह होता है कि यह शरीर और मन के स्थूल-प्रयोजनों को सिद्ध नहीं करते। वे विशुद्ध आनन्द-जनक हैं, इसीलिये प्रयोजनातीत हैं। मेघ जब आसमान में घुमड़ता है तो धरती के नीचे छिपे हुए बीज में निहित प्राणशक्ति भीतर-ही-भीतर व्याकुल हो उठती है और जड़ आवरणों को छिन्न करके बाहर फूट आना चाहती है। कौन बता सकता है कि उसका क्या उद्देश्य होता है ? स्थूल प्रयोजन की दृष्टि से इसकी व्याख्या नहीं की जा सकती। कालिदास जैसा अन्तर का मर्मज्ञ कवि ही उस आनन्द को समझ सकता है। मेघ के श्रवण-सुभग गर्जन को सुनकर चैतन्य का जो व्याकुल स्फोट होता है, कुकुरमुत्ते जैसे नगण्य पौधे के बीज में भी जो हलचल पैदा होती है और धरती देखते ही देखते अवन्ध्या हो उठती है, उस आनंद का उल्लासनर्तन कालिदास ही समझ सकते हैं—

कर्तुं यच्च प्रभवति महीमुच्छिलीन्ध्रामवध्याम्।
तच्छ्रुत्वा ते श्रवण-सुभगं गर्जितं मानसोत्काः॥

मेघ के गर्जन को कालिदास ने 'श्रवण-सुभग' कहा है। 'सुभग' उसको कहते हैं जिसकी ओर अकारण प्रियजन उसी प्रकार आकृष्ट होते हैं जैसे भँवरे फूल की ओर। सुभग में जो गुण होता है उसी का नाम सौभाग्य है (सहृदय हृदय लीला)। इसी प्रयोजनातीत जड़ आवरण को छिन्न करने के व्याकुल आनन्द को रस कहा जाता है। परन्तु यह भी प्राणत्व का उल्लास है। आध्यात्मिक आनन्द और भी सूक्ष्म होता है। जिन नृत्यों और चित्रों को रसभावविवर्जित कहा जाता है वे वस्तुतः इससे भी सूक्ष्म और परे हैं। वे विशुद्ध आनन्द हैं। इसी को भरत मुनि ने 'मांगल्य' कहा था। यह विश्वव्यापी छंदोधारा के अनुकूल चलता है। यह निष्प्रयोजन नहीं है, प्रयोजनातीत है। कालिदास मंगल के इस रूप को बराबर ध्यान में रखते हैं।

यह प्रश्न हो सकता है कि इस बात की क्या पहचान है कि जिस वस्तु का कोई स्थूल प्रयोजन नहीं है वह मांगल्य ही है। क्या सभी स्थूल प्रयोजन से रहित वस्तुएँ मांगल्य कही जा सकती हैं? परन्तु ऐसी बात नहीं। केवल स्थूल प्रयोजन का न होना ही मांगल्य का निर्देशक नहीं। वह वस्तु ऐसी होनी चाहिए जो सृष्टिव्यापी छन्दोधारा के अनुकूल हो अर्थात् जिस मूल इच्छा से सृष्टि की यह अभिव्यक्ति हुई है उसके अनुकूल होने वाली वस्तुएँ ही मंगलमय हैं। इस मूल सृष्टिधारा को ही हिन्दू शास्त्रों में 'ईश्वरेच्छा' कहा गया है। इसी को 'नादरूपा' या 'शब्दमयी इच्छा' कहा गया है। यह सृष्टि ज्ञान, इच्छा और क्रिया रूप में अभिव्यक्त हो रही है। जिस प्रकार समष्टिरूप ज्ञान, इच्छा और क्रिया के द्वारा विराट् सृष्टि की अभिव्यक्ति हुई है उसी प्रकार व्यष्टिचित्त में भी नित्य नई सृष्टि होती रहती है। ज्ञान से उसका उद्भव होता है, इच्छा रूप में वह गतिशील होती है और क्रिया रूप में रूप ग्रहण करती है। जिसे हम सुन्दर कहते हैं वह इच्छारूपा सृष्टि है, किन्तु क्रिया रूप में भी यदि वह मूल ज्ञान के अनुकूल हो तभी मंगल का रूप धारण करती है। जिन वस्तुओं को हम असुन्दर कहते हैं वे व्यक्ति-चित्त में स्फुरित होने वाली समष्टि-व्याप्त इच्छा के विरुद्ध जाती हैं। परन्तु, जिनको हम अमंगल कहते हैं वे समष्टिव्यापिनी इच्छाशक्ति के विरुद्ध होते हैं और इसीलिए परमार्थतः वे असुन्दर होते हैं। दीर्घकालीन अनुभवों के बाद मनुष्य ने परमार्थतः सुन्दर वस्तुओं को पहचाना है। इन्हीं का नाम 'मांगल्य' है। कई बार वे रूढ़िरूप में स्वीकृत होते हैं, अर्थात् उनके पीछे जो तत्त्ववाद काम करता है वह भुला दिया गया होता है। उस अवस्था में वे ज्ञानशक्ति से वंचित होकर धीरे-धीरे यांत्रिक मात्र रह जाते हैं और अपना

सौन्दर्य खो देते हैं। यह तो नहीं कहा जा सकता कि कालिदास इन रूढ़ियों का प्रयोग करते ही नहीं। सही बात तो यह है कि कालिदास के युग तक भारतीय मनीषा ने इतिहास के बड़े लम्बे रास्ते को पार कर लिया था, और बहुत से विश्वास रूढ़ बन चुके थे। अनेक मांगल्य-द्रव्यों के सम्बन्ध में भी यह बात थी। परन्तु कालिदास का कौशल इन रूढ़ियों के सामंजस्य-विधान में प्रकट हुआ है। वे रूढ़ियों को स्वीकार करते हुए भी उनको ज्ञान-विच्युत रूप में मान नहीं देते। उदाहरण के लिए मणियों का धारण करना मांगल्य है, परन्तु शिव के लिए ऐसे मांगल्य अनावश्यक हैं, क्योंकि वे विश्वमूर्ति हैं। 'कुमारसम्भव' में पार्वती ने कहा था कि "शिव विश्वमूर्ति हैं। इसलिए उनका शरीर विभूषणों से उद्भासित हो या साँपों से लिपटा हुआ हो, वे हाथी का चमड़ा लपेटे हों या दुकूल धारण किए हों, कपालधारी हों या शिर में चन्द्रकला द्वारा विभूषित हों, उनके लिए मंगल-अमंगल का विचार नहीं है। चिता का भस्म अशुभ है, परन्तु शिव के शरीर को पा करके वह पवित्र हो जाता है। इसलिये जब वे ताण्डव करते हैं तो उनके अंग से झड़ी हुई भस्म को देवता लोग शिरसा धारण करते हैं। इत्यादि—

विभूषणोद्भासि पिनद्धभोगि वा गजाजिनालम्बि दुकूलधारि वा
कपालि वा स्यादथवेन्दुशेखरं न विश्वमूर्तेरवधार्यते वपुः।
तदङ्गसंसर्गमवाप्य कल्पते ध्रुवं चिताभस्म रजोविशुद्धये।
तत्थाहि नृत्याभिनयक्रियाच्युतं विलिप्यते मौलिभिरम्बरौकसात्॥

यहाँ शुभ या अशुभ का विचार उन लोगों के लिए है जो मूल तत्त्व-ज्ञान से अपरिचित हैं अर्थात् उनके लिए शुभ या अशुभ का विचार रुढ़िमात्र है। शिव चूंकि विश्वमूर्ति हैं, इसलिये वे मूल सृष्टिधारा के प्रतीक हैं। वे जो कुछ भी धारण करेंगे वह मूल सृष्टिधारा के अनुकूल होगा—और इसलिए मंगलमय होगा। कालिदास ने इंगित से यहाँ बताया है कि मंगल विश्वमूर्ति का आनुकूल्य है और अमंगल उसका प्रतिकूल्य। ताण्डव और कल्पवल्ली में विश्वमूर्ति छन्दोधारा का आनुकूल्य होता है। इसलिए उन्हें 'मांगल्य' कहा जाता है।

श्रेष्ठ अलंकरण

०

कालिदास ने विलासिनियों के सुकुमार वर्णन में अद्भुत कुशलता का परिचय दिया है। उन्होंने अनेक प्रकार के रत्न, मालय, आभरण, मणि, मुक्ता, सुवर्ण आदि का बड़ा ही वैभवपूर्ण उज्ज्वल चित्र अंकित किया है। मदिरा-पान तक को उन्होंने इस प्रकार दिखाया कि मानो वह भी एक विशिष्ट मण्डन हो। 'मालविकाग्निमित्र' नाटक में तो रानी इरावती अपनी चेटी से पूछती है कि ऐसा सुना जाता है कि मदिरा स्त्रियों का विशेष मण्डन है, यह लोकवाद क्या सत्य है? 'निपुणिका' उत्तर में कहती है कि पहले तो यह लोकवाद ही था अब तुम्हें देखकर सत्य सिद्ध हुआ है। वस्तुतः कालिदास ऐसे सौंदर्यग्राही कवि हैं कि वे हर जगह कुछ-न-कुछ सौंदर्य खोज ही लेते हैं। इसलिए यह कह सकना कठिन हो जाता है कि अपने बताए हुए विविध अलंकरण द्रव्यों में वे किसे श्रेष्ठ समझते हैं?

इसकी एक कसौटी बनाई जा सकती है। उनके काव्यों और नाटकों में जो अविस्मरणीय नायिकाएँ हैं, उनका वेश कैसा है? वे कैसा अलंकार धारण करती हैं? उनकी कौन-सी चेष्टाएँ कालिदास को कहने योग्य जान पड़ी हैं? इस दृष्टि से देखा जाय तो कालिदास की प्रमुख नायिकाओं में जो नाम सबसे पहले स्मृति पथ पर आएँगे, वे हैं—पार्वती, सुदक्षिणा, सीता और शकुन्तला। यह विचित्र बात है कि ये सारी आदर्श सुन्दरियाँ तपोवनों में ही खिली हैं। इनमें एक भी ऐसी नहीं है जिसने प्रेम, शील, सेवा, संयम, तप आदि की तुलना में सुवर्ण, मणि-रत्न आदि से अपने को सजाया हो। जहाँ कहीं भी अवसर आया है, कालिदास ने उनके शृंगार के लिये पुष्पों, पल्लवों, किसलयों, दूर्वांकुरों आदि की ही योजना की है। उनका वास्तविक सौन्दर्य अन्तस्तल का है। उसका वास्तविक तेज विपत्ति या कष्ट में प्रत्यक्ष होता है। 'ऋतुसंहार' और 'रघुवंश' के अन्तिम सर्ग में जिन विलासवती सुन्दरियों की चर्चा है, वे मादक अवश्य हैं, परन्तु कालिदास के मन में उनके लिये विशेष गौरवपूर्ण स्थान

नहीं है। गौरव का स्थान उनके लिए है जो तपोवनों में पली हैं, नियम और संयम में बढ़ी हैं, जिनका हृदय पति के प्रेम के लिये व्याकुल है और जिनका चरित्रबल अग्नि में तपे हुए सोने की भाँति दमका है।

दूसरी कोटि में भी जो नायिकाएँ आती हैं, जैसे मालविका, उर्वशी, यक्षप्रिया, रति, इन्दुमती, वे भी विलास में नहीं कष्ट में ही निखरी हैं। ऐसा जान पड़ता है कि यद्यपि कालिदास सब स्थानों से सौंदर्य का चयन कर लेते हैं, तथापि जब सौंदर्य का निर्माण करने बैठते हैं तो शील, संयम, तपस्या, सदाचार और दुःख के द्वारा वासित प्रेम के ऊपर ही अपना चित्र उरेहते हैं।

कालिदास का एक अत्यन्त प्रिय विषय है—विवाह के मांगल्य आभरणों से वधू को सजाना। प्रायः हर काव्य और नाटक में इस प्रकार के प्रसंग वे अवश्य उत्थापित करते हैं और प्राण ढालकर इस मांगल्य-योजना का अनुष्ठान करते हैं। कालिदास की एक बड़ी भारी विशेषता यह है कि हर प्रेम-व्यापार को वे विवाह की ओर ले जाते हैं और वधू के मातृत्व पर ही उसका अवसान करते हैं। ऐसा लगता है जैसे कि वे प्रेम का रूप तब तक बन्ध्य ही मानते हैं जब तक पुत्र-प्राप्ति के रूप में उसका पर्यवसान न हो। वात्सल्य भाव, कालिदास द्वारा वर्णित प्रत्येक प्रेम-व्यापार के आदि और अंत में अवश्य आता है। नायिका पहले पिता-माता के उमड़ते हुए वात्सल्य का विषय बनती है और बाद में मातृत्व का वरदान पाकर धन्य हो जाती है। उनके प्रत्येक प्रेम-व्यापार की योजना में वात्सल्य स्नेह के कुछ-न-कुछ छींटे अवश्य आ जाते हैं।

इन सब बातों से यह सिद्ध होता है कि कालिदास प्रेम के पूर्ण रूप में विश्वास करते हैं। वह वात्सल्य से शुरू होकर वात्सल्य में ही पर्यवसित होता है। वह कभी भी लक्ष्यहीन विलास मात्र नहीं है। वह अंकुर से बढ़ता हुआ सफल वृक्ष के रूप में पूर्ण होता है। उसमें एक प्रकार की शृङ्खला बँधी रहती है, जो अपने-आप के समान ही नये, जीवन्त तं[illegible] को उत्पन्न करके ही विरत होता है। वह गतिशील जीवन-प्रभाव को आगे बढ़ाकर ही चरितार्थ होता है। इसलिए वह 'मंगल' कहा जाता है। जो प्रेम प्रजातंतु का व्यवच्छेद करता है वह [illegible] है, निष्फल है और इसीलिए अमंगलजनक है। कालिदास को वह प्रिय नहीं। इस विषय में वे पूर्णतः भारतीय परम्परा के श्रेष्ठ प्रतिनिधि हैं।

रवींद्रनाथ ठाकुर ने लिखा है, "तपोवन में सिंह-शिशु के साथ नर-शिशु का जैसे क्रीड़ा-कौतुक है, वैसे ही उनके काव्य-तपोवन में योगी और गृही

के भाव समन्वित हैं। काम की कारसाजी ने उस सम्बन्ध को विच्छिन्न करने की चेष्टा की थी। इसी से कवि ने उस पर वज्र-निपात करके तपस्या द्वारा कल्याणमय गृह के साथ अनासक्त तपोवन का पवित्र सम्बन्ध फिर से स्थापित किया है। कवि ने आश्रम की नींव पर गृहस्थ धर्म का मंदिर प्रस्तुत किया है और कामदेव हठात् आक्रमण से नर-नारी के पवित्र सम्बन्ध का उद्धार करके उसे तपःपूत और निर्मल योगासन के ऊपर प्रतिष्ठित किया है। भारतीय शास्त्रों में स्त्री-पुरुष का संयत सम्बन्ध कठिन अनुशासन के रूप में आदिष्ट है और वही कालिदास के काव्यों में सौंदर्य के उपादानों से सुसंगठित हुआ है। यह सौंदर्य श्री, ह्री और कल्याण से उद्भासित है, गम्भीरता की ओर से नितान्त एकाकी और व्याप्ति की ओर से विश्व का आश्रयस्थल। वह त्याग से परिपूर्ण, दुःख से चरितार्थ और धर्म से ध्रुव निश्चित है। इसी सौंदर्य से स्त्री-पुरुष के दुर्निवार और दुर्गम प्रेम के प्रलयकारी वेग ने अपने को संयत करके मंगल रूपी महासमुद्र में परमस्थिरता प्राप्त की है। इसी से यह संयत प्रेम, बंधनहीन दुर्धर्ष प्रेम की अपेक्षा महान् और आश्चर्यजनक है।"

निस्संदेह कालिदास को नारी के सौंदर्य-चित्रण में विशेष रुचि है, लेकिन यह सौंदर्य मंगल आभरण में ही अधिक निखरता है। अलकों से सज्जित उमा की मुखःश्री के सामने भ्रमरों से घिरा हुआ कमल और मेघखंडों से घिरा हुआ चन्द्र-बिम्ब दोनों ही हतप्रभ हो जाते हैं। विवाह के आभरणों से सज्जित उमा की सहज शोभा वैसे ही निखर उठती है जैसे तारों के निकलने पर रात जगमगा उठती है और विविध वर्ण के पक्षियों के आ जाने से नदी जगमगा उठती है। यह मांगल्य वेश कुछ इतना मनोहर है कि पार्वती स्वयं अपने को आईने में देखकर अभिभूत हो जाती हैं, क्योंकि स्त्रियों का शृङ्गार तभी सफल होता है जब वह प्रिय के आलोकन का विषय बन सके।

आत्मानमालोकि च शोभमानम् आदर्शबिम्बे स्तिमितायताक्षी।
हरोपयाने त्वरिता बभूव स्त्रीणां प्रियालोकफलो हि वेषाः॥

कहने का मतलब यह है कि कालिदास सबसे बड़ा अलंकरण उस मांगल्य आभरण को मानते हैं जो अन्तःस्थित प्रेम-भावना को व्यञ्जित करता है। वह प्रेम-भावना से ही उद्भूत होता है और उसका फल भी प्रिय की तृप्ति होता है।

प्रेम-व्यापार को उजागर करने में कालिदास सिद्धहस्त हैं। ऐसा जान पड़ता है कि कुछ निश्चित अभिप्राय उन्होंने स्वीकार किए हैं जो प्रेम की सूचना

देने के लिये प्रयुक्त होते हैं। आरम्भ में नायिका का नायक को साभिलाष दृष्टि से देखने का एक बहु प्रयुक्त बहाना यह है कि विदा होते समय उसका वस्त्र या हार या और कुछ काँटे में उलझता है या काँटा चुभ जाता है और वह पीछे मुड़कर देखने का अवसर पाती है। शकुन्तला भी ऐसा ही करती है और उर्वशी भी। इसमें नायिका की शिष्टता, सलज्जता, प्रेमाभिलाष सभी एक साथ मुखर हो उठते हैं। शकुन्तला जब जाने लगी तो दो-चार पग चलकर सहसा यह कहकर रुक गई कि मेरे पैर में कुश का काँटा चुभ गया है और यद्यपि उसका वल्कल कहीं उलझा नहीं था फिर भी घूँघट सरकाकर धीरे-धीरे पेड़ की शाखा से अपना वल्कल सुलझाने का बहाना बनाकर दुष्यंत की ओर एक नजर डालने का अवसर निकाल लिया—

दर्भाङ्कुरेण चरणः क्षत इत्यकाण्डे
तन्वी स्थिता कतिचिदेव पदानि गत्वा।
आसीद्विवृत्तवदना च विमोचयन्ती
शाखासु वल्कलमसक्तमपि द्रुमाणाम्।

उर्वशी की वैजयंती माला लता की शाखा में उलझ गई थी। ऐसे अवसरों पर कालिदास प्रेमोत्फुल्ल नयनों की शोभा और कटाक्ष-निक्षेप का बड़ा ही हृदयग्राही वर्णन करते हैं। विरहावस्था में नामाक्षरों के गिनने की बात भी अभिप्राय रूप में आई है। कालिदास अनेक कवि-प्रसिद्धियों का बड़ा ही हृदयग्राही वर्णन करते हैं। अशोक में दोहद उत्पन्न करना तो उनकी अतिप्रिय प्रसिद्धि है, पर ऐसे स्थलों पर वे प्रसिद्धि या रूढ़ि के रूप में उनकी चर्चा नहीं करते। रूढ़ि में सब समय 'अभिप्राय' नहीं होता। जब निश्चित उद्देश्य से किसी बात का वर्णन किया जाता है तो 'अभिप्राय' कहा जाता है। ऐसे बहुचर्चित प्रसंगों में कवि का उद्देश्य प्रेम का गांभीर्य, नायिका की शिष्टता और अभिलाषा की प्रखर गति को चित्रित करना होता है। यह अभिलाष भाव नायिका को सर्वाधिक मंडित करता है। इस प्रगाढ़ प्रेम के द्वारा हर वस्तु को अलंकरण रूप में उपस्थित करने में कालिदास को अद्भुत सफलता प्राप्त हुई है।

०

परिशिष्ट

उद्धृत श्लोकों की सूची

○ ○ ○

विषयानुक्रमणिका